齊善鴻講道德經

齐善鸿 — 著

天地出版社 | TIANDI PRESS

图书在版编目（CIP）数据

齐善鸿讲道德经 / 齐善鸿著 . 一成都：天地出版社，2020.9
ISBN 978-7-5455-5777-0

Ⅰ.①齐… Ⅱ.①齐… Ⅲ.①道家 ②《道德经》—研究 Ⅳ.①B223.15

中国版本图书馆CIP数据核字（2020）第103487号

QI SHANHONG JIANG DAODEJING

齐善鸿讲道德经

出 品 人	陈小雨　杨　政
作　　者	齐善鸿
责任编辑	王业云
装帧设计	今亮后声 HOPESOUND pankouyugu@163.com
责任印制	王学锋

出版发行	天地出版社
	（成都市锦江区三色路238号　邮政编码：610023）
	（北京市方庄芳群园3区3号　邮政编码：100078）
网　　址	http://www.tiandiph.com
电子邮箱	tianditg@163.com
经　　销	新华文轩出版传媒股份有限公司

印　　刷	北京文昌阁彩色印刷有限责任公司
版　　次	2020年9月第1版
印　　次	2024年11月第18次印刷
开　　本	710mm×1000mm 1/16
印　　张	27.25
字　　数	386千字
定　　价	88.00元
书　　号	ISBN 978-7-5455-5777-0

版权所有◆违者必究

咨询电话：(028) 86361282（总编室）
购书热线：(010) 67693207（营销中心）

目录

前言 《道德经》——百姓的精神食粮 //001

导论一 《道德经》到底在讲什么？//004

导论二 学习《道德经》的六点收获 //009

第一章　从自心走向大道 - 001

第二章　正面加反面叫全面 - 006

第三章　是什么搅乱了人心？- 011

第四章　老子的创世说 - 015

第五章　圣人不仁 - 019

第六章　谷神不死 - 024

第七章　自私之谜 - 028

第八章　上善若水 - 033

第九章　心想事难成 - 040

第十章　守住本心 - 044

第十一章　无用大用 - 049

第十二章　人形木偶 - 052

第十三章　宠辱若惊 - 056

第十四章　天眼见道 - 060

第十五章　悟道高人 - 064

第十六章　虚极静笃 - 068

第十七章　领导智慧级别 - 072

第十八章　道德钥匙 - 076

第十九章　绝智弃辩 - 080

第二十章　独异于人 - 084

第二十一章　悟道见真 - 088

第二十二章　曲径通幽 - 091

第二十三章　人生伴侣 - 095

第二十四章　越想越错 - 099

第二十五章　认识天母 - 104

第二十六章　人生不倒翁 - 108

第二十七章　真善如神? - 113

第二十八章　回路与出路 - 117

第二十九章　不要过分 - 121

第三十章　军师谋略 - 125

第三十一章　哀兵有道 - 129

第三十二章　大小王对决 - 133

第三十三章　打败自己 - 137

第三十四章　谁能成为老大? - 141

第三十五章　鬼使还是神差? - 145

第三十六章　阴谋还是阳谋? - 149

第三十七章　无所不为 - 153

第三十八章　无根之草 - 158

第三十九章　万法归一 - 162

第四十章　道在反面 - 166

第四十一章　修理还是被修理? - 170

第四十二章　让思想倒着走 - 175

第四十三章　穿墙越屋 - 179

第四十四章　永不亏本 - 183

第四十五章　大将风范 - 188

第四十六章　知足之足 - 194

第四十七章　高级理性 - 199

第四十八章　为学与为道 - 204

第四十九章　两个层次的是非观 - 209

第五十章　悟道长生 - 214

第五十一章　玄德之妙 - 218

第五十二章　开门关门 - 223

第五十三章　人为财死 - 228

第五十四章　三个中心定乾坤 - 232

第五十五章　比于赤子 - 237

第五十六章　玄妙的同 - 241

第五十七章　乱局解法 - 245

第五十八章　福祸双胞胎 - 250

第五十九章　生命之根 - 254

第六十章　鬼神之上 - 258

第六十一章　大小谁胜? - 263

第六十二章　大道保佑谁? - 268

第六十三章　万难总秘 - 273

第六十四章　认识失败 - 278

第六十五章　圣人劝愚 - 283

第六十六章　王者在哪？- 287

第六十七章　圣人"三宝" - 292

第六十八章　常胜法则 - 298

第六十九章　常胜战法 - 303

第七十章　六字真言 - 307

第七十一章　人类顽疾 - 311

第七十二章　真正的高贵 - 316

第七十三章　勇者易死 - 320

第七十四章　替天行道 - 325

第七十五章　刑不上大夫 - 330

第七十六章　柔生刚死 - 335

第七十七章　天道与人道 - 341

第七十八章　霸道与王道 - 346

第七十九章　消解恩怨 - 352

第八十章　复归田园 - 358

第八十一章　悟道圆满 - 365

附录：《道德经》实修答疑 - 379

《道德经》——百姓的精神食粮

说起《道德经》，很多人都知道这是一部道家的经典，但是这部经典在世界上的地位与声誉却是大部分人没有想到的。在西方，除《圣经》外，《道德经》的发行量最大。不知道我们中国又有多少家庭有《道德经》呢？

读过《道德经》的人往往觉得它艰涩难懂；听到一些人的解读，又觉得它玄之又玄，似乎明白了什么，但往往变得更糊涂了，以致这样一部中华文化的宝典，一直很难走进寻常百姓的生活。正因为如此，《道德经》的智慧似乎变成了某些"高端"人士独享的精神奢侈。

我本人从小就喜欢诗词，历史上有一位大诗人，我把他当成偶像，原因就是他的诗很接地气。他的名篇《长恨歌》自诞生以来，传唱千年，"在天愿作比翼鸟，在地愿为连理枝"已经成为许多人对忠贞爱情的一种最为经典的表达；他的另一篇著名的诗作《琵琶行》中的"千呼万唤始出来，犹抱琵琶半遮面"更是脍炙人口。相传，这位大诗人有一个习惯，每作一首诗就会念给目不识丁的老妇人听，老妇人如果听不懂他就会修改，直到老妇人能够听懂他才收笔定稿。这位有如此情怀的大诗人，就是白居易。因为他心中装着百姓，所以他的诗才能很接地气，也因此他才能受到百姓的爱戴。

实际上，我本人也是从寻常百姓家走出来的，自学《道德经》三十多年了。坦率地说，自学《弟子规》这样的经典是容易的，可自学《道德经》真的是很难的。几十年前，遇到问题也不容易找到合适的老师去请教，因为我并不满足于搞懂经文中的那些字义，我对修行落地的方法更为着迷。因为我知道，国学不是简单的知识，而是落地的人生智慧，更是一种人生的修行方法。对于我们普通人来说，如何既能明白《道德经》的文字意义，又能理解它的修行智慧呢？过去多年来，此事一直困扰着我，也是我想突破的难题。

我跟很多人一样，学习《道德经》是为了自己在生活中能使用它的智慧，而不是将其作为纯粹的知识。我想老子当初写《道德经》，也是为了让人们能够将其中的智慧运用到生活中来提升自己的心智的。为此，我不放弃一切机会向各界人士请教，几十年在修行的路上不断地探索，吸纳了很多老师的经验与智慧；而我自己也在努力向融会贯通的方向发展，把自己的生命、生活当作修行中的一个样品，积累了一些行之有效的方法。这次，借着出版本书的机会，与各位国学爱好者、《道德经》的研究者做一个交流，向各位同道请益。

我在这本解读《道德经》的书中，将按照以下三个原则进行解读。

第一，要忠实于老子大道的思想精髓，向大家呈现老子的智慧要义。

第二，要考虑到学习的阶段性，按照循序渐进的规律，先以《道德经》的核心要义为主线，不刻意地追求逐字逐句的解读，这样便于大家抓住《道德经》的核心与要害。

第三，要紧贴实际生活，将老子的智慧与大家生活中的痛点和盲点结合起来，争取学一章就能够明白几个基本道理，能够将老子的智慧落地在大家的生活中。

粗看起来，《道德经》每章的内容都有所不同，但围绕的是一个核心主线：走出自我主观的局限，让生命亲近客观自然大道，体悟主观感觉之外的客观规律之玄妙。实际上，人生就是让有限的主观合于无限的客观，就是精神对物质的胜利。让我们的灵魂从小我、物质和外部事物的桎梏中解放出来，完成我们每一个人这一生中灵魂自由的解放运动。关于修行，有句名言，叫

"心死神活"，意思是一旦我们能够洞察自己主观的局限与错误，直至让这些局限与错误被智慧控制，进而顺应客观规律，就能走出自我的陷阱，走向光明的人生大道。

总之，让《道德经》走进寻常百姓家这样一个愿望，就是将老子《道德经》的智慧链接到生活，再从生活进入我们每个人的生命与灵魂。这些年来，我们中国人走过的是先解决温饱再来丰满精神这样的一个发展历程。实际上，这也是合乎规律的，正所谓"衣食足而知荣辱"。好在我们有五千年的文化积淀，有祖宗留下的历久弥新的伟大智慧，让我们在物质富足的同时，也能成为精神上的贵族。这是我们每一位华夏子孙最大的福气，也是我们每个人通向精神自由的必经之路。

让我们一起在《道德经》智慧的指引下，转苦为乐，转难为易，实践"大道至简"的理想，使我们中国人再次巍然屹立于世界民族之林。

《道德经》到底在讲什么？

从古至今，从国内到国外，因为《道德经》所享有的盛誉，一方面很多人为之着迷和自豪，但另一方面很多人又觉得它读起来艰涩难懂。那么，《道德经》到底在讲什么呢？

关于《道德经》到底在讲什么，我从以下四个方面来进行梳理。

第一个方面，《道德经》就是在讲道德。

你也许会想，道德我们大家都懂啊，从懂事开始，就一直在听成年人的道德说教，心里都有点烦了。可是你再想一想，为何老子所讲的道德那样迷人呢？为什么古今中外那么多成功者那般推崇这部经典呢？

原来，老子所讲的道德，跟我们所熟悉的道德有着天壤之别。我们平时听到比较多的是关于道德的教条，而老子所说的道德却揭开了天地万物与人生的秘密。不少人总在思考：宇宙是从哪里来的？我们人又是从哪里来的？老子帮我们发现了这个秘密：宇宙与万物，当然也包括我们人类，都是一种叫作"道"的力量所造就的，"道"就是宇宙与天地万物，也包括我们人类最终极的源头。西方《圣经》中说，是上帝创造了宇宙和人类，但《圣经·新约》中也说："太初有道，道与神同在，道就是神。"说到这里，即使你还不能理解，但应该也大致了解了我们所疑惑的宇宙与人类的终极秘密：大道。

大道生育了万物，万物又成了呈现大道的载体和形式。圣人告诉我们：

格物即能致知，也就是通过理解万物的客观规律，来了悟大道的存在与规律。若是掌握了这个规律，也就等同于掌握了天地间万物的一把总钥匙。说到这里，你也许就明白了，为什么有那么多优秀的人以悟道作为自己人生的最高追求。

看看我们的现实，我们为什么会痛苦？为什么会纠结？为什么会郁闷？为什么会失败？根本原因就是我们不懂得规律，如果懂得了万事万物的总规律，我们心灵上的这些困扰就会烟消云散，这才是真正幸福圆满的人生啊！

在我们的生活中，"道德"是一个词；在老子这里，"道"和"德"是两个不同含义的哲学概念，上面我们说的就是"道"，下面我们再来说说"德"。

说到"德"，我们会联想到"道德""品德""美德"这样一些词汇；如果再往深处问一下，这些所谓的"德"，又是从哪里来的呢？这样的"德"，对我们人类有什么用呢？

老子在《道德经》中就回答了这个问题。生育万物的源头和隐藏在万物中的规律，就叫"道"；知道了这样一个源头，明白了万物中的规律，并按照规律去做的人，就是有"德"的。"道"在外，是客观规律；"道"若入心，并驱动行动，就是有"德"。

由此可见，"道"在先，"德"在后，"道"是客观规律，"德"是人心悟道。因此，自然就会得出一个结论：有"道"才能有"德"，无"道"自然无"德"。

说到这里，人们自然就会想起另外一个问题：我们现在有"道"吗？在不确定是否有"道"的情况下，我们的"德"是真的还是假的？这就是我想跟大家说的《道德经》的第二个方面的主题。

第二个方面，道德与我们的真面目。

即使我们在生活中坚信了一些道德准则，往往也不懂得它的来龙去脉，因此，有的时候就会产生一些疑惑或者动摇。比如，好人被坏人欺负了，我们会感叹好人难做；我们很诚实，但是被人骗了，于是我们又会说诚实的人总吃亏；一些坏人使用各种手段让自己发了财，本分的人又说做好人有什么用！

从这类生活现象我们知道：即使你是好人，也未必是懂得规律和悟道的人，那就有可能不按照规律做事，当然也就没有办法把事情做好、做大、做成。至于坏人，他已经背离了天地人间正道，即使掌握了一些术，得到的也不是受益，而是罪证，失败是必然的，这又有什么好羡慕的呢？

由此可见，坏人背道而驰是显而易见的，但好人也并不等同于悟了道的人。说到这里，也许你已经看清了自己和坏人的真面目，也就知道了，人生唯有悟道，才能走上健康发展的道路。说到这里，很多朋友可能会急不可待地问：我们怎么才能悟道呢？这就是下面我要说的第三个方面的主题。

第三个方面，悟道又是什么？

通过上面的讲解，我们知道，大道是外部的客观规律；悟道，就是让我们的主观认识与外部的客观规律完全一致。可是我们的主观却不是这样运作的，我们主观最典型的运作方式是：把有限的知识当成真理，把个人的认识当成普遍真理，把有限的经验变成永恒的真理。这当然就会出错，比如，我们平时想事，肯定是在用自己有限的知识和经验；我们平时说话，肯定是在说"我认为""我以为""我觉得"，这些都是我们的"主观"在说话。

人类自诩为一种高级动物，大脑十分发达，又发展出了远远高于其他动物的文明，让我们觉得自己就在食物链的顶端，很骄傲，也很傲慢。但在面对自然界的一些运动时，如地震和海啸，我们的骄傲和傲慢又会被打个粉碎，忽然之间又觉得自己十分渺小。

我们所有人都是活在自然界中的，久处其中又往往会忽视它的存在。我们人生的大部分时间都是在与人进行交往，有权力、有财力和有经验的人，往往会在那些比自己弱的人面前感觉自己很强大，于是就会去压制别人，而忘记了还有天道规律。等到吃的教训多了，又会反省和总结：人在做，天在看；尽人事，听天命。

说了这么多，悟道到底是什么呢？道在客观事物中，悟道就是将客观事物的道或者规律，装进自己的心中，让自己的主观认识和客观规律合为一体。

有朋友会问，怎么合为一体呀？老子告诉我们，先要知道信道，然后清空自己内心的主观偏见，达到虚极静笃的状态，也就是要尊敬、平静、干净和宁静，让自己的主观不再出来捣乱，这样就有希望领悟客观规律了。人一旦知道了客观规律，并按照客观规律去做，自己的生命、生活和事业，就会步入正轨，就会走向幸福和成功。

知道、信道、修道、悟道、行道、得道，这六个"道"展示了人生的轨迹。也许有很多朋友会为此感到十分兴奋，似乎知道这六个"道"就已经掌握了人生成功的钥匙。但是，对于现实中的人们来说，悟道是一生的事情，片刻都不能够放松，正如《中庸》里说的："道也者，不可须臾离也；可离，非道也。"如果我们修道，是为了人生成功的功利目标，就一定会遇到更加严重的问题。"失败是成功之母，成功是失败之父。"失败了就一定能够成功吗？实际上，这是一句鼓励人的话，要看你自己是否能够真正吸取教训，是否能够借着失败而领悟大道。成功又怎么会成为失败之父呢？原来，人一旦成功，就非常容易偏离大道，这也是"爬得越高，摔得越重"这句咒语背后的真意。人生看起来真的是不容易啊，成功本身就不容易，但成功了还会面临重大的危险，这可怎么办呢？这就是《道德经》告诉我们的第四个方面的主题。

第四个方面，"玄德"是最大的保险。

虽然成功者中屡屡出现重大的失败者，但成功者中也有常青树，他们又是怎么做的呢？如果一个人只是一味地想追求成功，却不知道失败的秘密，那也许他所追求的成功，正是在向着失败前进。这听起来是不是有点吓人呢？那就让我们来看看那些成功者中的常青树是怎么做的吧！

这些成功者一般都懂得尊重别人，善待部下，对弱者慈悲。如果你看到一个成功者，不再尊重别人，而是苛刻地对待自己的部下，鄙视弱者，那他可能已经走在失败的道路上了。

有人说：我现在还不是成功者，那又怎么做呢？实际上，尊重别人，并向别人学习；善待别人，并与别人成为朋友；对弱者慈悲，并把他们看成亲人，就是那些成功者走向成功的心灵基因。

那些成功者，财富无数，却愿意布施天下，而不是一味地让自己过骄奢淫逸的生活，把自己的生命与许许多多的人的生命连在一起，虽然钱多，但并没有被巨额的财富压垮。人们一直在说"得人心者得天下"，这只是一个方面，实际上还有一个更重要的方面，就是不能让自己的状态偏离正常的心态。所以，成功者中的"常青树"，都是时刻以自己为"敌"的人，都是能够最终战胜自己的人，都是取得了精神对物质胜利的人，都是有效管控自己自大倾向的智者。

用老子的思想来说，就是不管得到什么或者遇到什么，自己的本心不变，不会让自己成为权力、成功、荣誉与财富的奴隶，这就是老子所说的"玄德"：越是成功，就越是低调和谦卑；越是富有，就越是简朴和真诚；越是荣耀，就越是冷静和自知；越是位高，就越是审慎和自律；越是受捧，就越是自省和改过。人若是没有这套高级的道德心灵逻辑，一旦成功了，多半会走向失败。若是在追求成功的道路上，能够把这样的一套高级程序植入自己的内心，就将无往而不胜。

由此可见，"玄德"，既是我们走向成功的一个重要的法宝，也是我们成功之后的一个重要的保险。

通过以上四个方面的解读，你能够抓住老子《道德经》中的精髓与核心了吗？

你是不是已经在悄悄下决心，要好好学道、修道、悟道了呢？如果是这样，我就祝福你，我的道友，让我们一起学习《道德经》，开启人生的智慧之门。

学习《道德经》的六点收获

我学习《道德经》三十多年，总会遇到一些朋友问：你花几十年的工夫研习《道德经》，那它到底给你带来了什么收益呢？看来，也不仅仅是"商人无利不起早"，大部分人要花精力去学东西之前都会先问能得到什么。

说起老子和《道德经》，世界上无数人充满敬仰和向往。尤其是历代帝王、国家领袖和社会精英的推崇，更是让很多人对老子和《道德经》感到神往，并且产生进一步了解的冲动。可是，真正愿意把生命投入进来下功夫研究的人又实在不多。

当然，几千年来，人们公认的一点是：《道德经》难学，看起来区区五千言，实则妙理深奥，令许多人望而却步。也有一些迷恋《道德经》的人，读了很多年，也不敢妄言真正领悟到了《道德经》的真意。

在此，我以一个同修的身份，将自己三十多年学习、修行和领悟《道德经》的感受跟大家做一个交流，希望对大家学习《道德经》有所帮助，也希望得到高道的指教与启迪。我学习《道德经》之后，在心灵精神与生活事业上有以下六点收获。

第一点收获：突破了自满与傲慢。

生活中，有几种自满与傲慢表现会让人陷入一种很荒唐的地步。第一种表现是，有些人明明没有什么道理却依然蛮横。现实中，有些人上车霸占座位，跳广场舞不管别人感受，公共场所大声喧哗，别人过来提醒还很蛮横。这种人是不是缺乏一点儿人的味道？第二种表现是，有些人刚有一丁点儿能耐就到处吹牛皮。自己停止了进步，还让人讨厌，这样的人是不是出了问题呢？第三种表现是，有些人有了权力，从脸色、神态、语气都没有了正常人的样子。第四种表现是，有些人通过各种手段暴富，到处炫耀自己的财富，说话也撇着嘴，好像谁都不如他。第五种表现是，有些人刚有了一些成就，讲话就像是宣讲真理，说话也口无遮拦。这样的人也会拥有很多粉丝，于是自以为是群众领袖一样。

我们都知道一句话："谦受益，满招损。"为什么谦虚、谦卑是美德？为什么自满会招致损失？学了《道德经》就会明白：自满、骄傲，就是过于相信自己的认识，过于夸大自我成就的价值。为什么过了呢？因为很多人使用的参照系是不如自己的人，而不是真理。若是跟真理相比，我们的认识和经验只能是被超越的对象，而不是固守的对象。那些认自己死理的人，连普通生活和交朋友都会很困难。当然，一旦骄傲自满，就不仅仅是不讨人喜欢的问题，更为严重的是自己的认知能力会下降，人生必然会走向失败。

我们都要自问一下：我能不断地超越自我吗？我若总是跟比我弱的人比较，进而生出骄傲自满，不就是自欺吗？我若是与高人或者真理比较，就会谦卑吧？就能吸纳能量和提升自己吧？老子告诉我们：大道才是主宰我们的力量，任何个人的认识与经验都微不足道。

第二点收获：把嘴巴上的功夫用在做事上。

这个时代，传播的媒介很多，很多人总想说说自己的观点，甚至搞点离奇古怪的东西，以此来哗众取宠，刷刷存在感。但也别忘了，中国历史中的文明是那些踏踏实实的人做出来的。即使在今天这样浮躁的时代，也还是有一大批人在为国家默默无闻地付出和奉献。

我们要少说多听，说话留有余地，懂得说别人的心里话。老子在《道德经》中就告诫人们："多言数穷，不如守中""是以圣人处无为之事，行不言之教""善者不辩""大辩若讷"。在生活中我们也知道"祸从口出""言多必失""话多伤人""说大话就是吹牛"的道理，也知道"轻诺必寡信"。可对于很多人来说，不说话又怕被人小瞧。实际上，老子的智慧就在于：行胜于言，事实胜于雄辩。与其把功夫花在嘴巴上，不如用在做事上。少说，一方面降低了人生的风险，另一方面将精力集中在行动与结果上，这一反一正的能量加减，可是人生的一本大账啊！

第三点收获：摆脱魔鬼般的冲动。

现实中，我们看到很多人非常躁动，没钱的人躁动，有钱的人也躁动。很多人的脾气变得很坏，遇到事情就会发火，产生冲突就会变成事故，有的人甚至因此丧命。随着中国经济的发展，很多人变得富裕了，但是精神贫困的人还有很多！

静能生慧，这是很多人都懂的道理。可是，我们还是会冲动：比如听人一说什么，不去深入了解就开始进行评判。想想看，只是听别人一面之词，信息掌握都不充分，判断很可能是错的。此时，"兼听则明"的古训早已被忘到脑后了。遇到反对我们的人，心中就会被激起一股无名之火，总想着去反驳或者对抗，有人会冷静地向对方请教吗？一些人总想做很多事情，也分不清轻重缓急，最后把自己搞得莫名其妙的烦躁。更有恶劣的人，总是气哼哼的，在外指责别人，回家指责家人，搞得家里也乌烟瘴气。

现在也有不少朋友开始学着修行，也就是修整自己。他们变得安静了，很多事能够看得明白了，脾气也变好了。有这样一个说法值得我们借鉴：一等人，有本事，没脾气；二等人，有本事，有脾气；三等人，没本事，脾气大。对照一下，你是哪等人呢？

第四点收获：摆脱自私自贱的魔咒。

人们忙啊，忙着做什么呢？忙着为自己挣钱。如今，很多人心里已经相信为自己谋私利是合理合法的，你若说不是为自己谋利，别人肯定不相信你。于是，自私成了一种病，很多人都病了，也没有人再去指责别人有病。

可是，真的有人懂得"自私"吗？上述自私的人和自私的行为真的符合自己的人生利益吗？那些有钱人为何那样张狂，没有素养？什么也不缺的人为何不快乐？高学历的官员为什么最后沦为万人唾骂的腐败分子？

老子告诉了我们一个重要的人生规律：人生的利益不仅仅是物质和金钱，人生的真正意义在于精神对物质的胜利。一味地追求物质和金钱，会让自己的生命倾斜与失衡，最终，迷恋金钱会毁了人，沉迷物质会害死人。这样重要的规律，若是等到出了事才明白，也许就已晚了。唯有在物质上保持低调、懂得知足的人，唯有在精神上不断追求高尚和神圣的人，才能拥有成功的人生。老子给我们呈现的大道真理是：一方面人不能被外部的诱惑所奴役，另一方面人也不能被自己的欲望所绑架。怎么做呢？老子告诉我们，唯有修道，方能保持生命的平衡发展。在赌徒般冒进的行动和谨慎稳妥的行动中，命运之神往往选择的是后者！

第五点收获：超越与低层次人的无效恶争。

人们在生活事业中都在跟别人竞争，老子告诉我们：不要去跟别人争，要跟自己争，这就是"自胜者强"的道理。如果你一直跟别人争，一定是处在与别人同等的层次上。跟弱者无须争，跟强者没法争。若是能够不断超越自我，就能达到别人没法跟你争的高度。这就是老子不争的智慧！

第六点收获：升级自己的人生模式。

日常生活中，人们都很忙，也很累，甚至累坏了身体；可修道的人却很清闲。为什么呢？因为修道的人知道万事有规律，运用规律的力量，人间就没有难事；也因为修道的人不自私，所以不纠结，所以无敌，所以各种优势资源反而会向他汇聚。这就是老子"无为而无不为""无私反而成其私"的玄妙智慧。

有了这些收获，明白了这些道理，人生中的大部分难题就会迎刃而解，这就是道。这样做的人就是有道的人，有道就有前途。若是不明白这些，只是一味地努力或者坚持，只是一味地用自己有限的知识和经验，只是一味地为自己，人生就是苦海，这就是无道，就是绝路！

想想看,老子是不是很伟大?不学习圣人的智慧,人生能有解脱之日吗?学懂了老子的思想,人生还有问题吗?

学习《道德经》吧,这是我自己人生中最幸运的一件事。

学习《道德经》吧,如此我们才会有一个智慧的头脑。

学习《道德经》吧,这样才不会把错误当成正确来坚持。

人生几十年,可千万不要辜负了自己,别耽误了自己,在错误的道路上努力是没有前途的!让我们一同走进老子《道德经》的智慧世界,去获取生命的智慧营养吧!

【开经偈】

太上玄深众妙门,如影随形难见真。上善若水藏智慧,虚极静笃安心魂。

第一章　从自心走向大道

《道德经》被誉为"东方圣经",又有"万经之首"的美誉。以道看世界,生命如同一个容器;生命的本质,就在于往里面装了什么;命运的秘密,就是你装进去什么,你就会成为什么!

生命的痛苦,就是因为装进了低级和肮脏的东西;生命的觉醒,就是懂得了将历经千年检验的圣人智慧装进自己的生命中!如果把道装进我们的生命,审视一下自己的小我是如何愚弄自己的,我们就会对生命有新的发现。

【经文】

道可道,非常道;名可名,非常名。

无,名天地之始;有,名万物之母。

故常无,欲以观其妙;常有,欲以观其徼。

此两者,同出而异名,同谓之玄。玄之又玄,众妙之门。

【释意】

"道"我们可以去说,但是能够用言辞表达的道,就不是本然整体的道。能够说出名字来的,它就不是永恒的名。

"无"用以称述天地之原始,"有"用以称述万物之根本。

所以,应该回到万物永恒的原始状态中去观察"道"的奥秘;从万物不变的根本之处去体会"道"的端倪。

这两者同出一源而名称各异，只是人们为了表述的方便使用了不同的词，它们都是高深莫测的。从有形的广阔世界到达无形的深远境界，这就是通向一切神秘奥秘的终极之门。

【核心要义】
道可道，非常道。
名可名，非常名。
有无。

道可道，非常道

一些朋友会问：老子说道可道，非常道，那说道还有什么意义啊？难道只能闭嘴了？

莫急莫急！我们先来看看自己的生活情景。在我们所熟悉的现实生活中，有这样一个很尴尬的情况，就是两个人说话时都在各说各的道理，于是就出现了公说公有理、婆说婆有理这样的一种局面。但到底谁真正有理呢？若是继续这样说下去，轻则会不欢而散，重则会变成吵架。想想看，生活要是按照这种模式进行下去，还会有什么美好可言吗？我们再来回顾一下日常的生活。父母和儿女说话时是不是更多在使用教训的口吻批评孩子，始终相信自己说的话是正确的？夫妻之间对话时，是不是往往都在说自己是正确的，对方是错误的？朋友之间交谈时，是不是在竭力论证各自观点的正确，总想让对方接受自己的观点？你看，我们都在说自己有理，却很难去接受别人的道理，或者根本就没有想过对方那些与自己观点不同的道理恰恰是我们思维的盲区。如果照此发展下去，人与人之间还会有真正的沟通吗？

不认识的客观大道。我们都知道这样一个道理：客观规律不以人的主观意志为转移。因此，我们不会对着一个纯粹的物件讲道理，因为知道那是客观事物，我们只能顺应它的规律。但如果对面的一个物件换成了一个人，我们就很难再把他看成是客观的，也不会把对面那个人的所作所为当成大道客观规律的呈现。庄子讲过一个空船理论：如果风吹着一艘空船向你撞来，你只会躲避而不会去斥责；但如果船上有人，那就不同了。你看，每个人思维中都有一个盲区：我们会把客观事物看成客观的，却不会把对面的人看成客观的。

认识不到的自我局限。人们只重视自己的主观认识，却不知道自己主观的局限性，因此把有局限的观点当成了真理来坚持，这当然就大错特错了。

名可名，非常名

不管我们思考问题，还是表达观点，都会用到很多名词。可老子却说，名可名，非常名。若是没有了名，我们还怎么思考问题和说话呢？

没错，我们在生活中的思考，确实离不开很多概念和名词，我们一说话就总会对很多人和事进行判断：这个我喜欢，那个我厌恶；这个是好的，那个是坏的。交往了一阵子，当初喜欢的，也不太喜欢了；那些厌恶的，好像也能接受了。当初认为好的，发现也没有那么好；当初认为坏的，似乎也没有那么坏。

我们头脑中似乎都有一把尺子，在丈量着世间的一切，对我们的所见所闻不间断地进行着评判，因此也让我们生出了很多成见，甚至偏见，这就是人生中最为典型的"贴标签"现象。实际上是我们自己把事物说成了好坏，并非那个事物本身就叫好或坏；是我们的情绪把它标定为喜欢或者厌恶，也没有哪个事物就叫喜欢或厌恶。如果我们顺着自己的判断走下去，就会偏离这个事物本身的真相，这就是我们的主观蒙蔽自己的典型表现。由此可见，我们的主观往往会扭曲事物的真相，只要我们的主观一动，真相就会被遮掩，智慧就会被蒙蔽。

有无

老子认为"无"是天地之始,"有"是万物之母。这"有"还好理解,这"无"不就是没有吗?如果当初什么都没有,又怎么会生出天地万物呢?

我们都知道这样一个成语:无中生有。在兵法上,这是一种谋略;在生活中,这就是一种阴谋了。实际上在生活中,"无中生有"是一种基本的规律和常态。在一片空地上,原来什么也没有,后来出现了一栋大楼。首先是我们心中有了一个关于建造大楼的念头,这个念头是无形的,而大楼是有形的。你看,我们看到的有形的大楼不就是从无形的念头生出来的吗?我们能够看到灯光和光明,但我们看不见电流,这光明不就是从看不见的电流产生出来的吗?有时候我们生病发烧了,到了医院化验,发现是细菌感染,原来我们的疾病是由肉眼看不见的细菌所带来的。总之,我们要做什么事情,首先是心中有了一种想法,这个想法是我们肉眼看不见的,也是无形的,但你能说这个无形的想法是不存在的吗?

我们都活在肉眼所见的世界里,我们看得见的就认为是有,看不见的就认为是无。实际上,这是我们肉眼所造成的一种错觉。现代科学告诉我们,人的肉眼能看到的是非常有限的,而世界上绝大部分的存在是肉眼所不及的。我们常说眼见为实,实际上这个所谓的"实",只是客观世界整体存在中极其有限的一部分,把有形的和无形的加在一起,才是一个完整的世界。

【悟道箴言】

有道的人说别人有理,无道的人说自己有理。按照有道行事,四海之内皆兄弟。

别急着评价,别急着下结论,否则会出错。明白了这个道理,遇事就会沉着。

肉眼告诉你眼见为实，天眼告诉你眼见只是实的一小部分，我们生活在一个小有大无的世界里。

既能看到肉眼所见的"小有"，也能看到肉眼不见的"大无"，从自心走向大道，如此的人生才叫完整。

第二章　正面加反面叫全面

一天，许多人围观一头大象，几个盲人也争先恐后地去摸。第一个盲人摸到象牙，就大喊起来："我知道了！大象像根棍子！""不对。"另一个扯到大象耳朵的盲人说，"它像一把大蒲扇。"第三个盲人摸到象腿，也嚷起来："你们都错了，它像个柱子。""不，不！"第四个盲人摸着象肚子说，"明明是一堵墙嘛！"最后一个抓到象尾巴的人说它像根绳子。盲人们各抒己见，互不相让。他们到底谁说的对呢？

实际上，现实中虽然很多人不是盲人，但他们在看待一个问题时，往往也只是看到一面就做结论，而且对自己片面的观点没有察觉能力。这种现象叫作"心盲"。

这世间的东西啊，都是成对的：一正一反，一阴一阳，有黑有白，有美有丑，有爱有恨，有优秀有落后，有亏有赚，有得意有失意。可是，世间的人总是将两个结合在一起的东西撕裂开来：人们只想要那个自己喜欢的一面，可不喜欢的一面又给谁呢？也许，人生的痛苦就缘于此吧！

对于这样的人生困境和迷局，老子有什么办法吗？

【经文】

天下皆知美之为美，斯恶已；皆知善之为善，斯不善已。

有无相生，难易相成，长短相形，高下相倾，音声相和，前后相随。

是以圣人处无为之事，行不言之教；万物作焉而不辞，生而不有，为而不恃，功成而弗居。夫唯弗居，是以不去。

【释意】

人们都知道美之所以为美，是因为人的主观给事物贴上的标签，结果就同时制造了一种丑恶。同理，人们都知道善之为善的原因，也就离开了真善本身，也是在造恶啊！

所以，有和无互相产生，难和易互相成就，长和短互相比照，高和下互相依存，音和声互相谐调，前和后互相连接。

正因为如此，那悟道的圣人，不以自己的主观认识作为根基，而是以客观真相为基础来做事，以自身跟随大道的无言事实来进行教化。圣人对万物的生发与变化自然地悦纳，而不会人为地拒绝；即使自己按照大道的规律生产了万物，也不会占为己有；自己按照大道有所作为也不会自视为自己的本事，顺应大道而有所贡献也不会居功自傲。正因为没有了主观上人为的居功，也就没有了"贪天之功"的问题，其功绩才不会消失。

【核心要义】

不二。

圣人的行事法则。

不二

在现实生活中，如果说一个人"二"，多半是说他傻。可又有多少人不"二"呢？

在生活中，有你喜欢的人，也有你厌恶的人吧？有你认为正确的事，也有你认为错误的事吧？我们虽然都喜欢顺利，也常常这样向别人祝福，但是有人从不遭遇挫折吗？几乎人人都在求福，都在避祸，可又有谁一生不遭遇祸端呢？看来求也没什么用，关键是为什么祸端会不求自来？我们总喜欢跟别人比较，谁的地位、水平比我高？又有谁的地位、水平比我低？总是喜欢一分为二地看事物，于是乎任何事物都形成了两个相互对立的极端。

我们都知道"一分为二"，可很少有人会想到"合二为一"。实际上，任何事物都是一体两面的，美丽的荷花离不开丑陋的污泥，否则，荷花的美丽就无法呈现。人体也是如此，有正面有背面，若是分离了，生命还存在吗？人的成长也一样，若是没有苦难的历练，人会成熟、成长和拥有解决难题的智慧吗？每个人都有自己的优点，但活着的人谁没有缺点和不足呢？

世间的所有事物，都是由两个相反的方面组成的，也就是一正一反、一阴一阳，至于说哪个好哪个坏，都是人的主观选择的结果，并非事物本身的属性。由于人贪恋自己喜欢的一面，排斥另外一面，所以才人为地撕裂了事物的完整性。你看，如果好事来了，人一狂喜、一得意，就会转喜为悲；若是坏事来了，人一愤怒、一沮丧，就会雪上加霜，就会进一步恶化局势。你看，不管好坏，只要一加上人的主观推动，大部分时候都会向着更加糟糕的方向发展。人如果遇到好事能够平静，就会因为好事受益，也不至于让坏事发生；如果遇到坏事能够冷静，也会转危为安。

如果明白了这样的道理，我们也许就能够理解事物的整体性，而不至于用自己的喜好将事物都撕裂成两半。

圣人的行事法则

老子说："是以圣人处无为之事，行不言之教；万物作焉而不辞，生而不有，为而不恃，功成而弗居。夫唯弗居，是以不去。"

"圣人处无为之事，行不言之教"这一法则，是很多人理解《道德经》思想的一个难点。先来说说"处无为之事"，很多人说，人生就是要有所作为的，怎么能无为呢？也太消极了吧。实际上，"处无为之事"是老子所说的一个做事的法则，也是针对现实中的典型问题开出的药方。现实中人们追求有为，如果是按照自己的想法和主观的念头进行，那么自己的想法和念头越强烈，违背事物客观规律的可能性就越大。当然，违背了规律，就会受到规律的惩罚。这样违背规律的"有为"，是不能走向成功的。所以，老子提出了"无为"，其真意是：不要用自己的主观想法代替客观规律，不要用自己的自私做法剥夺别人的利益。老子在这里所说的"无"，是提醒人们要做到"无我"和"无私"，这样才能合乎天道和人道。

再来说"行不言之教"，不少人会说不说话怎么教育人呢？不说话又如何跟人沟通呢？实际上，人们误解了圣人的话。你想想看，难道圣人就不说话吗？其实，"行不言之教"是老子针对现实开出的一个药方。一方面，我们一说话总是教育别人，有谁会进行自我教育呢？我们一说话总是指责别人，有谁能说出别人的心里话呢？另一方面，我们很多时候说的话也没有付诸行动，没有做到知行合一，所说的话也就变成了空话和虚伪的话。若是按照圣人的教导，我们能够进行自我教育，我们能够说出别人的心里话，我们懂得别人内心的苦处和道理，我们说了话就去行动从而做到知行合一，或者我们去踏踏实实做事情，用事实来说话，我们就能越来越接近真理，别人也就会从我们的做法中受到教育。

其实，老子所说的"处无为之事，行不言之教"，原来是针对我们的毛病，给我们提出了一个为人处世的智慧法则：

人没有太大的能耐时，不要太固执己见，因为你的想法还没有被证明是正确的。

人的能耐和成就比较大时，不要扬扬得意，不要自我膨胀，不要以为自己说的就是真理。因为你所取得的成就，也只是被部分地证明了，但就在部分证明你正确的时候，你自己的心态就已经变得不正常了，那下面会向着什么方向发展呢？答案是只会失败，没有第二个答案。

【悟道箴言】

有喜欢就必生厌恶，喜欢是短暂的，厌恶是长久的。

生活的智慧是，选择可选择的，接受那无法选择的。

很多人和事总会不期而遇，拒绝越多，痛苦就越多。

你所喜欢的往往会毁了你，厌恶的却往往会成就你。

若能破除主观上的两极判断，一切事物都自然而然。

别太相信自己，懂得协商，吸纳反面意见才更智慧。

对人莫说空话和假话，知行不一，必然会出卖自己。

学会审听自己所说的话，尽量少说，事实胜于雄辩。

有成就莫膨胀，有挫折莫悲伤，成败总是给人考验。

第三章　是什么搅乱了人心？

"蛊惑人心"这个成语大家都听说过吧？这个成语中的第一个字"蛊"，是传说中的一种人工培养的毒虫，专门用来害人。"蛊惑"后来就用来形容那些居心不良的人，用一些有害的东西来迷惑人。

各位朋友，你现在生活得挺好吧？有家庭、有房子、有孩子、有车子，幸福的生活还需要什么呢？可有一天，你看到别人的家庭更幸福，你内心起了波澜；看到别人的房子比你的大，回到自己的家，就觉得自己的房子小；看见别人的孩子学习很优秀，回到家觉得自己的孩子不争气；开车上班、回老家、去旅游，本来都很惬意的，但看到别人的汽车比自己的更高级，内心又有些失落。

又过了些日子，你看到别人家在吵架，突然觉得自己的家很温馨；看到住大房子的人家出事了，回到家觉得房子小一点只要平安也是很好的；去儿童医院看望朋友生病的孩子，回到家看到自己的孩子，突然觉得孩子很可爱；看着开豪车的人整天匆匆忙忙，没有笑脸，突然觉得自己有辆车开，可以遮风挡雨，也很温馨与幸福。

你看，人的心就在与外界的比较中，不断地上下翻覆，上述的过程也会不断地重复，让自己难以保持心的平静。看起来，让我们的心难以平静的是外部的这些人和事，实际上是我们的心没有定力，是我们的心缺乏抗衡外界或者破解外界这些表象的力道。《坛经》中云："时有风吹幡动。一僧曰风动，一僧曰幡动。议论不已。惠能进曰：'非风动，非幡动，仁者心动。'"

看起来是外部的人和事扰乱了我们的心，但根本的原因还是我们自己，心绪烦乱的根本原因不在外部，而是我们的内因出了问题。这也正是人类所有问题的根本原因所在。

那怎么办呢？请看看老子给我们的指引吧！

【经文】

不尚贤，使民不争；不贵难得之货，使民不为盗；不见可欲，使民心不乱。

是以圣人之治，虚其心，实其腹，弱其志，强其骨。常使民无知无欲。使夫智者不敢为也。为无为，则无不治。

【释意】

不崇尚贤才异能，使人民不至于炫技逞能而争名逐利。不看重稀贵之物，使人民不做盗贼。不显露足以引起贪欲的物事，使人民的心思不至于被扰乱。

因此，圣人治理天下的原则是：清理充斥于人民心中的各种欲念，满足人民的温饱需求，软化人民的外部攀比，提高人民的自立自足能力。使人民经常保持不执成见、不生贪欲的状态，也让那些所谓的"智者"不敢为所欲为。按照大道的规律去做，不刻意以人为的方式做事，即可以实现全面的治理。

【核心要义】

三个不。

要。

三个不

老子所说的"三个不"是指：不尚贤，使民不争；不贵难得之货，使民不为盗；不见可欲，使民心不乱。

老子所说的这"三个不"中所描述的问题，在他所处的时代是这样，在今天好像也是如此。人生有以下三个典型的错误，是许多人都会犯的。

第一，我们总在比较，总想变成别人的样子，要么就是固守自己现在的样子，却很少有人想过如何变成最好的自己。

第二，我们总把外部的很多东西看得比生命还重要，为此给自己招惹了很多麻烦。

第三，我们很容易被外部的东西所吸引或者诱惑，从而让自己的内心失去平静，本来自己眼下的生活好好的，却一下子变得烦躁不安。

针对以上几个典型的错误，老子给人们提出以下三个智慧的指引。

第一，我们可以学习比我们优秀的人，但不是要变成别人，而是要完善自己，始终不忘要做最好的自己。纵观历史，模仿别人的人，没有取得大的成就的。

第二，不要把外部的东西看得比生命重要，否则就会惹麻烦。

第三，不要想着把世间一切好处都占尽，只要被贪婪所驱动，现实的人生就会没有任何美好的感觉。

要

从老子的语气来看，这一部分的内容，一方面是提醒我们每一个人，另一方面也是在提醒领导者。

从我们每个人自身来说，要懂得知足，生活简朴，才最符合养生的原则。如果因为自己的欲望，而忘记了自己现有的生活，岂不是顾此失彼？如果说我们忘记了所做的一切都是为了生活，我们就会沦为欲望的奴隶，这就本末倒置了。

从领导者的角度来看，既然作为领导者，就要懂得如何把人引导上正确的人生道路：一方面要引导人民群众，学会正确的生活方式，不要一味地刺激人们的欲望；另一方面，作为领导者，也不要滥用自己的权力，不要去做违背天道和人心规律的事情，让人民能够守住人生之本，能够以自己的自强作为核心，能够以珍惜眼前的生活作为基础，能够以追求利他与和谐作为自己人生的境界。在这样一个正确的道路上，就能够建立全面的良好秩序。

　　总结一下本章中老子的智慧思想，我们可以发现：我们现实中正在做的很多事，正是老子所反对的。由此看来，若是没有圣人的智慧引领，我们只会在自我迷途中走向痛苦与毁灭。说到底，人的一切问题，就是内部和外部谁决定谁的问题。在现实的层面，如果我们被外部事物决定了，我们的人生就变成风雨中飘摇的落叶；在理想的层面，如果知道一切被大道规律决定着，信道皈道行道，人生就可过得逍遥。若是不注重自己的修行，希望外部的"神灵"能够保佑自己的平安和幸福，心灵就走上了歪道。因为所谓的"神灵"，就是我们还没领悟的客观大道，那种制约一切的客观规律。如能修行觉悟，与道同在，即是与"神"同在，这才是智慧和圆满的人生。

【悟道箴言】

随外物动，自心即成为奴隶。

为外物惑，生命即成为木偶。

与别人比，顷刻间失去平衡。

嫉妒强者，必减损个人智慧。

鄙视弱者，必亏损个人品性。

自以为是，乱人乱己生罪过。

专注自心，明道自强省烦恼。

人生三维，联动一样不能少。

若不觉悟，瞎忙乱动过不好。

第四章　老子的创世说

很多人都知道，西方有部《圣经》，讲了上帝创世的故事，其中的核心观点是：上帝创造了这个世界。我国也有一部"圣经"，这就是被西方人称为"东方圣经"的《道德经》，里面也讲了一个创世的故事，就是老子版的"创世纪"。那么在老子这里，这个世界是谁创造的呢？

实际上，中国古代也有关于"天帝""上帝"的说法，甚至比西方还要早。可是老子认为，在"天帝"和"上帝"之前，还有更早的一种力量，那才是创世的源头。这种力量是什么呢？本章我们就要解决这个问题。

【经文】

道冲，而用之或不盈。渊兮，似万物之宗；挫其锐，解其纷，和其光，同其尘，湛兮，似或存。吾不知其谁之子，象帝之先。

【释意】

道是虚空的，但它的作用似乎是无穷无尽的。它是那样的幽深莫测，像是一切存在的本源和共祖。它消磨了锋角，排解了纠纷，柔和了光芒，浑同于尘俗。它无形无迹，可又时隐时现，扑朔迷离。我不知道在它之上还能有什么更本源的存在，它存在于"天帝"之前。

【核心要义】

明。

信神还是信道？

明

我们很多人都有过这样的经历：在小的时候，总会问爸爸妈妈自己是从哪里来的。当然，父母的回答也五花八门，有从医学角度说的，也有说是捡来的，更有人说是从石头缝里蹦出来的。

等到我们再长大一点，又会开始关注地球和地球之外的宇宙，自然又会发问：是谁创造了世界？是谁创造了宇宙？

西方《圣经》把万物的源头推到了上帝那里。读过《圣经》的朋友会知道《圣经》中有"创世纪"的内容，说的是：万物初始之前，宇宙是无边无际混沌的黑暗，只有上帝之灵穿行其间。上帝对这无边的黑暗十分不满，于是创造了天地两分的世间万物。可是《圣经·新约》中又有一句话是："太初有道，道与神同在，道就是神。"

在中国古代神话中，有"盘古开天地"的传说，盘古成了像《圣经》中上帝一样的力量。老子则不同，他认为有更加源头性的力量，就是道。用老子的话说就是"万物之宗，象帝之先"，这就是中国人对宇宙源头的认识。

现代科学告诉我们宇宙诞生于140亿年前的一次大爆炸，从那一刻开始产生了时间和空间，产生了天体、分子、原子、电子、中子、质子、夸克……宇宙空间充满了物质。物质似乎无限可分，这是宇宙的基本特征。我们惊讶地发现物质的内部如此空虚，完全找不到实体！可是这些物质之间又可以借助磁场、电场、引力场发挥作用。这"场"到底是什么？连爱因斯坦都说"场"是魔鬼——一种不可思议的力量。在两千五百年前，没有现在的天文仪器，老子是如何想到宇宙的本源的呢？也许，这就印证了那句很神奇的话：哲学家是负责提出命题的，而科学只是在不断地验证哲学家提出的命题而已。

一部西方《圣经》，一部"东方圣经"，对于宇宙起源的看法竟然如此相似，老子的智慧又是如此的究竟，实在是不可思议！

老子《道德经》的第四章，可谓是东方版的"创世纪"。只是老子又往前推了一步，找到了象帝之前的一种力量，毫无疑问，老子就是唯物主义的鼻祖。

信神还是信道？

在回答这一问题之前，我们需要先明确以下两个概念的来源。第一个概念是"道"，老子发现了世界源头的神秘力量，很勉强地给它起了个名字，就叫作道。第二个概念是"神"，在历史上，人们把那种自己搞不清楚，但又影响着自己的力量，叫作神。在现实中，我们也常常用到"神"这个字：我们常常会把那些自己看到了却又搞不清楚的事，称为神奇的；把看到了也搞不清楚到底是什么原理的现象，称为神秘的；如果我们看到了，但就是做不到的事，我们往往会把它称为神圣的；到了人生极端困境的时候，自己的任何想法和资源都无法发挥作用时，我们往往会仰望苍天，发出最后的呼救：神啊，救救我吧！看来我们的生活确实离不开这个"神"字。

鼓动人们信神的人，往往把自己的前程和心态调整之后的结果，归结为神的力量。当然，求神不灵的事他就不说了。

当我们弄明白了这两个概念，信道、信神的问题就不算是问题了。当我们走进修道、悟道，以至于得道这样的一条人生道路的时候，会不断地与客观规律相接近，会有时感到犹如神助。到了那种时刻，说是神还是道，也许已经无足轻重了，反正这就是人给这种力量起的一个名字而已。

当然，在这里我也想提醒一下各位朋友：我对神圣、神秘的东西，同样抱有非常浓厚的兴趣，但我总想把它搞明白，这种神秘的背后到底是什么？当然通过学习《道德经》，我找到了答案。我也见到过一些很虔诚的朋友，他们信神、拜神，但就是不去领悟这些事物背后的规律，因此大多数时候都会遭遇求神不灵的尴尬。

【悟道箴言】

大道虚空却主宰一切，缔造宇宙却隐藏真容。
肉眼难见却又处处在，如影随形却肉眼难见。
若是修道悟道随道走，与道合一就犹如神助。

第五章　圣人不仁

一些刚刚开始学习《道德经》的朋友，会对老子反对仁义这个事很不理解。因为我们已经熟悉了一种根深蒂固的观念，就是做人要坚守"仁义礼智信"的准则；若是没有了这样的社会准则，人类社会不就变成了动物世界吗？

可是，老子却说天地和圣人都不仁，是以万物和百姓为刍狗的。这太伤人心了，圣人怎么把人当成狗了呢？而且还是草编的狗。

虽然我们不能一下子就彻底理解圣人的思想，但我们相信圣人的智慧一定是高于我们的。那就让我们看看老子为什么将万物和百姓比作刍狗吧！

【经文】

天地不仁，以万物为刍狗，圣人不仁，以百姓为刍狗。

天地之间，其犹橐籥乎！虚而不屈，动而愈出。

多言数穷，不如守中。

【释意】

天地是没有人间那种仁慈的，它没有偏私偏爱，对待万事万物就像对待刍狗一样，任凭万物自生自灭。圣人是效仿大道和领悟了大道真谛的人，因此也是没有偏私偏爱的，也同样像对待刍狗那样对待百姓，任凭人们自作自息，不加干扰，公平对待。

天地之间，不就像个烧火做饭用的风箱一样吗？它空虚而不枯竭，越鼓动风就越多，生生不息，无穷无尽。

政令繁多或者主观想法太多，折腾来折腾去，反而更加使人困惑，更行不通，不如保持虚静守道的状态。只要跟随客观规律，一切都可以自然有序。

【核心要义】
大道的无情与对虚情假意的否定。
清空内心，回归大道。
大道无私。

大道的无情与对虚情假意的否定

在中国人中，稍微有点文化的人都知道"仁义礼智信，温良恭俭让"这样一些道德信条。不管人们能做到多少，但最起码大部分人都是赞同的。可是，老子直接提出了天地圣人"不仁"的命题，这确实有点出乎人们的意料：人们会想，若是没有了仁义，岂不就成了无情无义的小人了吗？圣人们都是教人们如何做人、做君子的，怎么会让人变成小人呢？这真是让人难以理解！

历史上老子与孔子两位圣人都看到了当时社会的"礼崩乐坏"之乱象，都为此感到焦虑。只是说法上的侧重点不同而已：老子看乱象，找到了偏离大道的根源；孔子看乱象，找到了现实中虚情假意、假仁假义的本质。老子强调的是以道生德、以道生仁，否则，就必然像烂了根的大树，即使有枝叶，也已经失去了生命，是一些糊弄人的、假的东西；孔子强调"仁"，提出"仁者爱人"，也是因为现实中充满了假仁假义，否则也就用不着去强调了。看起来，两位老人家都是在反对假仁假义。所以，老子在这里所说的"不仁"，是对着现实中的假仁假义来说的，若是将"不仁"换成"不假仁假义"，就是合于道的仁义了，圣人们又怎么会反对呢？

回头看看我们的现实：真仁真义也有，假仁假义也有。有求于人时才对人好，这是真好吗？是利用而已！没事时兄弟们推杯换盏，一旦遇到利益纷争，立马就翻脸不认人，这算是什么情义？相爱的时候山盟海誓，一旦反目，恶语相向，恨不得对方死掉，这是什么爱情？这种假仁假义的东西，别说圣人了，我们普通人也会很憎恶。

明白了这个道理，我们就不难理解天地不仁、圣人不仁的真义了，它反对假仁假义，倡导基于大道的真情真意、真仁真爱！否则，我们就会一方面反对着假仁假义，另一方面又实践着假仁假义，这岂不是戏弄自己吗？这样做，就会苦不堪言啊！

实际上，圣人们早就看穿了现实中那些偏离了大道的人，他们已经将仁义礼智信这样一些信条扭曲成了虚伪的东西。老子在这一章中就揭示了人类道德的病根儿：离开了正道的德，就会变成虚伪的东西。唯有回归天地正道，由道所生出的德，才是真正意义上的德，才能长久。

清空内心，回归大道

老子洞察了人们内心的想法常常是违背大道的，即使是出于好意，也难以成为真正的道德。于是劝说人们，别再坚持主观的想法，哪怕说起来、听起来很美好的仁义，告诉人们要清空内心的成见，像橐籥（风箱）那样中空，遵循天地正道的规律，反而能够拥有无穷的力量。

人若悟道，就要学习效仿大道或者风箱的原理，内心少些念头，就能跟万物对接、融合，自身的生命力就会发生奇迹般的变化。人一动心思，就会远离大道，就会与大道这种巨大无比的、主宰性的力量相对抗，自然不会有什么好结果：违背规律，就会受到规律的惩罚！不是规律要惩罚人，是人心中的愚蠢之念在惩罚自己。学道、修道，就是要清空自己的妄念和杂念，少用自己的主观念头，警惕自己的夸夸其谈，保持内心的虚静，这样才能让自己的生命与大道无穷的力量融为一体。正如庄子在《庄子·知北游》中所言的大道之性："天地有大美而不言，四时有明法而不议，万物有成理而不说。"

由此可见，仁义也好，情义也好，爱情也好，这些德只有在道上，也就是符合规律，才可能是真德；否则，必然是无根之草，必然会变成人间虚伪的一块遮羞布。

大道无私

通过学习这一章的老子思想，我们懂得了：

一是大道大爱。天地大道看似无情，实际上是没有私情，对万物公正无私，这才是大爱。因为无私和大爱，才能长久，才会受众生敬仰。

二是圣人无偏爱。圣人效法天地大道，对万物与众生也公正无私；相反，那没有悟道的人，总是自私、偏私，于是仁义情义往往变成口头禅，一旦遇事就不复存在。

三是熄灭私念。放弃自我主观的那点小心思，多闻也好，多言也罢，都是主观感知世界的方法，都是有限的认识；回归客观规律的大道，才能与巨大无比的大道力量融为一体。

有人会说，如果不这样做又会怎样呢？

那就只能以背道的假仁假义欺骗自己、蒙骗别人，一旦事发，顷刻间灰飞烟灭，既出卖了自己，也伤害了别人。你说这又何必呢？

唯有合于大道的公正无私、大仁大义，唯有无私心的博爱真爱，唯有无分别的上善，唯有无所外求的真善，唯有不怕吃亏、懂得自省的智慧之仁，才能让我们心思简单、效果良好。

【悟道箴言】

天地不仁能大公,故而长久受敬仰。

圣人不仁有真爱,故而不朽受供奉。

想法多多私心多,一说一做就露馅。

反观妄念心宁静,一切尽在不言中。

第六章　谷神不死

凤凰是中国神话中的不死鸟。在传说中，凤凰是人世间幸福的使者，每五百年，它就要背负着在人间积累的所有痛苦和恩怨情仇，投身于熊熊烈火中自焚，又浴火重生，其羽更丰，其音更清，其神更旺，成为美丽辉煌永生的火凤凰。

我们大家都知道，人是会死的。很多人都知道，修心的人都很长寿。这在很多人眼里也是够神的了！可是，老子却发现了一个不死的"神"，他到底是什么呢？

【经文】
谷神不死，是谓玄牝。玄牝之门，是谓天地根。绵绵若存，用之不勤。

【释意】
老子在这里用谷神来比喻大道，他认为生养天地万物的道是永恒长存的，这叫作玄妙的母性。玄妙母体的生育之产门，这就是天地的根本。这生育万物的大道连绵不绝啊！它就是这样永恒存在着，作用却又无穷无尽。

【核心要义】
不死之神。
永恒的力量。

不死之神

老子所说的这个道理确实有点迷人，因为几乎所有的人都有两个共同的想法：一是如何才能长生不死，二是如何掌握一种无穷无尽的能力。

我们都知道，老子是辩证唯物主义的鼻祖，也是无神论的代表。可他在这一章中首次提到了"神"，而且是不死的"神"，这到底是何用意呢？

实际上，老子在这一章里是要借"谷神"来说明大道的功能与作用。因为大道无形无状的存在形态已经超出了我们人类感官的感知能力，所以老子就借用了生活中十分熟悉的自然现象——谷物种子生产果实的农业现象，来比喻大道的存在、生发与运行方式。这种用我们熟悉的现象来比喻和表达我们不熟悉的大道，本身就是老子的智慧之一。

有朋友会问，老子既然是无神论者，为何又会说"神"呢？而且是不死的"神"，这不是自相矛盾吗？那就让我们来看看老子所说的"谷神"到底是什么吧。"谷"，就是稻谷、谷物的"谷"，是我们生活中的日用食粮。可为何此处将"谷"和"神"联系在一起呢？老子用"谷神"一词，后世的注者普遍认为是在说大道。那有人又要问了：为何选用"谷神"而不是别的什么生活物件来形容大道呢？这是因为，人类依靠五谷生活，对谷物最为熟悉。关键是这五谷能够连续不断地繁殖。

"谷"为何能繁殖呢？看起来那一粒粒种子，怎么就会生发出那么多果实呢？原来，在种子里面还藏着一种肉眼不易识别的力量，就是胚和胚乳以及其中深藏的种子基因，这就是肉眼看不出来的那种力量。只要条件适合，一粒种子就会生发成为一株植物，并结出果实，这自然就有点神奇了。谷神者，生养之神也。对此，两千多年前的人只是看到了结果，肯定不知道里面发生了什么。

老子在这里用了"谷神不死"的说法，就像我们看到一粒种子，似乎也看不出它有什么生命迹象，可一旦条件适合（如温度、湿度等），就会从种子里迸发出一种生命力。一粒种子，好像没生命，可又没有死，那种子里藏着一种可以生出大量果实的力量。

由此可见，人们所说的神，并不是神话故事中某个超人般的人物，而是一种我们过去的经验无法理解的能量与规律。由此，我们也就明白了，求神不灵，唯有学习和领悟大道，学会运用规律，自己就能如同神灵一般。即使是肉体消失了，可在生命中的大道却是不死的。所以中国人自古就有一种观念：唯有悟道者方能不死！

永恒的力量

接着"谷神不死"，老子又说了"是谓玄牝"。这样的表述，现代人已经很陌生了。老子在《道德经》中使用了"牝牡"一词，牝牡中的"牝"代表着雌性，"牡"代表着雄性。"玄"，本意为深黑色，在此引申为深远、神秘、微妙难测、不可思议的意思。谷种生发果实，已经很神奇。那能生育后代的雌性动物呢？就更神奇了。在古代，人们还不能完全认识谷种生发和人类通过雌性生育后代的科学秘密，但对于这样的生发过程和产生的结果，感觉很是神秘，这是可以理解的。即使今天，恐怕很多人也说不清楚种子发芽的真正原理和母亲生育后代的详细过程。老子在此处用"玄牝"，字面上的意思说的是孕育和生养出天地万物的母体，也是借喻具有无限造物能力的"道"。若是悟了道，让生命与大道合一，不就拥有了无穷无尽的力量了吗？难怪从古至今，那么多人对于修道、悟道那样的推崇和痴迷！

通过学习这一章的思想，有以下两个惊世骇俗的结论，值得我们永记：

第一，大道生育万物，不自生故不死，是谓永恒；

第二，万物之形有生有死，可深藏其中的大道却是不生不死的。

【悟道箴言】

大道如神，生养万物。

大道如母，养育生命。

道不自生，故而不死。

道神在命，明道无惑。

明道如神，求神愚昧。

与道合一，不生不死。

第七章　自私之谜

听人说，人都是自私的！也是啊，现实中自私的人和现象确实有一定的普遍性。人自私好像是比较低俗的吧？自私的人好像让人很瞧不起。可是，现实中确实又有很多人很自私，这到底是怎么回事呢？关于自私这个话题，实在太重要了，自私的人在现实中也太普遍了。问题是，无私被很多人认为过于高大上了，离我们太远了！老子能帮助人们解决这个难题吗？

【经文】
天长地久。天地所以能长且久者，以其不自生，故能长生。
是以圣人后其身而身先；外其身而身存。非以其无私邪？故能成其私。

【释意】
在本章中，老子提出了一个客观事实：要论事物的长久，恐怕只能是天地了。其他的存在都无法跟天地的长久相比。

接着，老子开始解读天地长久的原因：不自生，因此长生。天地没有再生天地自己，而是生了万物。这就是天地能够长久的原因。老子对天地长久的原因所做的解读，当然是要提取出其哲学寓意，当然是为了让人类明白长久的哲理。

老子在解读完天地长久的秘密之后，转到了悟道的圣人身上。圣人悟了道又会怎么样呢？圣人就是悟道的人，就是合于道的人，当然其主观也就与道无争,更不会在红尘中与众人相争,反而能够低调、守柔处弱,越是这样反而越能够领先于众人。圣人人在红尘,心在道中,遇事能将自己置身事外,也就不会与众人发生矛盾与冲突。他只是帮助众人,却不谋私利,也就不会生怨,更不会结仇。这种没有敌人的处事方式,自然能够保全自己。

最后,老子问了一句会惊着很多人的话:你看天地和圣人,他们看起来是不是无私呢?用我们红尘中的标准,当然是无私了。可结果是什么呢?这无私的天地和圣人却成了天地人间的老大,谁能超过他们呢?

【核心要义】

自私的秘密到底是什么?

人生的两个重大发现。

自私的秘密到底是什么?

老子提出了一个惊世骇俗的命题:无私方能成就自私。这让我们产生了一个重大的疑问:老子会教人们自私吗?

现实中,我们一方面嘲笑"无私"的精神过于高大上,有点不切实际;另一方面,在遇到自私的人的时候,我们的内心又极其不舒服,也瞧不起这样的人。当然,轮到自己的时候,我们往往又只专注于如何增加自己的私利。人真是个矛盾的动物:从理性上来说,人们认为自私是不好的,也瞧不起那些自私的人,可实际行动上自己也是自私的。自私来、自私去,到最后又有什么是自己的呢?

老子使用天长地久这样一个自然现象,告诉了我们天长地久的秘密:不自生。你想让自己如天长、如地久吗?那就要效法天地不自生,故而能长生。

圣人悟道、得道,效仿天地,看起来无私,却成就了伟大的生命与人生。我们普通人总是自私自利,反而出卖了自己,让自己失去了人生中的重大利益：人格、美德、长久、和谐和健康。自私者，往往在小利上就出卖了自己，让人们看穿了他自私的本性。又因为这样的人实在太多，于是自私的人就会处处、事事遇到对手乃至于敌人。陷入敌人包围的人，此生还有什么出路吗？

实际上，人们就是不知道，无私才是"大私"，也就是"大公"。这其中，隐藏着以下三个重大的秘密。

第一，舍弃没有意义的小利。一般的无私往往都是在可有可无、对人生没有重大影响的小利上做出让步，却能够让生命提升一个更高的境界，看清楚人生中更加重大的利益所在。

第二，规避恶争的风险。无私者，看透了人间的这场闹剧，看穿了小利实际上可有可无，看清了为可有可无的利益去拼争已经决定了最后的败局。于是选择跳出世俗利益纷争，却看到了人间最重大的利益，而此处的利益价值是很少有人去争的。到了这种境界，利益富有、人格高尚、生活轻松。

第三，形成利益的自动机制。这也是最为关键的，圣人们看清了红尘中的自私，实际上是自我出卖。而无私，却是在人间播种人生的重大利益：情义、信任、和谐和互利。当义、利两个方面能够相互进行良性互动时，也就掌握了一部最优人生利益的生产机器。

通过这样的剖析，我们知道，老子的逻辑是多维的，跳出了我们习惯的直线逻辑。老子思想的背后藏着一种玄机：一是自私本身就是悖论，也就是说，自私会损害个人私利；二是无私不是不要私，而是要的是大私；三是大私已经不是私，而是大公；四是大私若是没有将私的性质转换成大公，就将走向万劫不复的深渊；五是一旦私和公这两个看起来不相融的东西融合在一起，就是合道，生命就是道体。

可见，在本章中，老子借助天长地久这一自然现象，破解了人类自私、无私、大公、灾祸这几个看起来对立又关联的要素之间的奇妙关系，解开了世间所有人都或多或少存在的困惑的原因。

人生的两个重大发现

第一，人生，就是拷问自己的心灵容量。你的心灵容量有多大，你看人生的视野就有多宽！

有这样一个寓言故事，说的是草原上有两匹狼，它们是父子，一起望着茫茫草原。小狼说：你看，满地都是草，根本没有我们需要的猎物，难道让我们吃草不成？老狼说：孩子，有草的地方就一定有食草动物，那就是我们的食物，这是老天安排好的。小狼只看到了草，这叫作视力，是眼睛的视力。老狼通过草看到了食草的动物，这叫作视野，这是心灵的能力。活在肉眼世界的动物，看到的只是眼前；把自己放在自然界规律中的动物，就能看到眼睛之外的存在。

老子不愧是千古的智者，他通过分析天长地久的自然现象，揭示了人间的一个重要真理：以无争争，以无私私，以无为为。有人认为这是老子的狡诈之术，可人们难道不想想，若是人们都明白这个道理，都放弃了低级的自私，建构起了"眼前与未来、物质与精神、有形与无形"的利益相结合的利益综合体，并从眼前的利益与人生几十年的时空相联系，彼此促进，良性互动，就会形成一个综合价值的统一体；而人生若是都能在主观上坚守无私，在客观上收获人生综合利益、良性的利益，社会岂不是更加美好？

第二，人生利益是一个各种要素的综合体，精神与内在的品德，既是人生的重要利益，也是决定物质利益的关键。什么是真正的个人利益呢？如何才能保障个人利益呢？人的利益包括物质利益和精神利益，而精神利益，如品格、道德、信用、气魄、格局、胸怀、声誉等又是影响后续物质利益的决定性力量，也同时决定着在获取物质利益之后个人变化的方向：是自傲还是谦卑？是自知之明还是得意忘形？是飞扬跋扈还是慈悲亲和？这第二波的精神品质和由此生出的悟道智慧又成为后续物质利益增长与否的决定性的力量，乃至于决定着人最终的命运。

如果你明白了这些，你愿意真心利他吗？一切为别人考虑，一切为他人服务，有错不指责别人而反过来自省纠错和提高自己；相信一切相遇都是机缘，一切遭遇都是一份特殊的生命礼物。如果你这样做，夫妻会吵架吗？父子会反目吗？朋友会翻脸吗？这样的美好人生你还要拒绝吗？

【悟道箴言】

天长地久，因其不自生。

圣人伟大，在于脱红尘。

无私成私，本是因果律。

红尘自私，卖己也害己。

选公选私，全在一念间。

时空算账，一切全是礼。

第八章　上善若水

"上善若水"这个词语，相信很多人都听说过；在一些朋友的办公室，也常常能够看到题写这个词语的牌匾。但是有多少人知道这个成语的出处呢？原来，"上善若水"就出自老子《道德经》的第八章。在生活中，我们经常说到"善"或者"善良"，可老子为什么专门提出"上善"呢？那就让我们看看老子是如何解读上善的吧！

【经文】

上善若水。水善利万物而不争，处众人之所恶，故几于道。居善地，心善渊，与善仁，言善信，政善治，事善能，动善时。夫唯不争，故无尤。

【释意】

悟道后的善，谓之上善，就好像水一样。

水善于滋润万物而不与万物相争，停留在众人都不喜欢的低洼处，所以最接近于"道"。

最善的人，也就是悟道的人，善于选择善地居处；心胸善于保持沉静而不张扬，因为宁静而与万物相通达；待人善于真诚、友爱和无私，但不是世俗中所说的仁义，而是没有分别的、理解一切的、不胡乱干预的、合于规律的那种仁义；说话善于恪守信用，这个信用不是胡乱夸口的，也不是包办一切的，而是符合人与事物的自身发展规律的；为政善于精简处理而能把国家治理好，这是合于天地人心的无为而治；处事能够恰当地发挥自己的长处，更重要的是能激发别人的长处，而不是越俎代庖式的个人英雄主义；行动善于把握时机，看清大趋势，跟着大势的变化节奏，把握自己立身的节点，才是应天时、合人意的智慧。

悟道之人的所作所为，因为秉持不争的大道法则而获得大道规律的力量，不再动用自己的心机，不再使用主观的意念，绝不谋私，也绝不使用个人自以为是的聪明，所以没有过失，也就没有怨咎。

【核心要义】

上善的真意。

"七善之法"。

心智程序升级。

上善的真意

老子提出了"上善"的概念，这让很多人不解：在做人方面，我们大家都认同善良这个准则，可老子偏偏又提出了"上善"。说到这里，我们自然会想，难道还有个"下善"吗？是的。下面我们就把大家既熟悉又陌生的"下善"展示出来，与"上善"做一个对比。我们从以下五个方面来对"上善"与"下善"做一个比较。

第一个方面，对于下善的人来说，"利他"只是幌子，所做的事都是与别人做交易，一旦不成就会翻脸；但对于上善者来说，则以纯粹利他作为自己的信仰，不做交易，没有外求。

第二个方面，下善之人只利自己或者对自己亲近的人或者有用的人，对于他人，尤其是陌生的或者没有什么用的人就不去利了；上善者则不同，利万物而无分别心，也就是对待万物万事万人都一视同仁。

第三个方面，下善之人，也就是没有悟道的人，往往容易好心办坏事，就是因为从自己的愿望出发而不考虑对方的特点与感受，结果，事也做了，但效果却与预期相违背，甚至还可能自以为为别人做了好事还遭人恨，也就是平常所说的"好心办坏事"；而上善者，则是运善法而能生善果，也就是懂得利于他人与万物的方法。

第四个方面，下善之人一旦对人好，就自以为有功或者借此追求自己的名利；上善者则不同，始终保持内心清净，绝不在帮了人后去扬自己的美名或者追求回报。

第五个方面，下善之人，一旦做了好事就得意扬扬、骄傲自满或者居功自傲，或者以恩人自居；而上善者，则能处众人所恶而保持自己的质朴与谦卑，而不是给别人帮忙后表现得很骄傲或者傲慢。

总结一下，老子以他深邃的智慧审视世间，为我们揭示了"上善"与"下善"相区分的"五道大坎"。

第一道坎，上善者纯粹利他而无求；下善者则是利人就是利用别人。

第二道坎，上善者利万物而无分别；下善者就是只利那些对自己有利益的人和事，没有奉献和付出。

第三道坎，上善者善利万物，行善有善法，故能成善果；下善者则是号称好心，却无善法，结果好心办坏事，办了坏事还为自己辩护。

第四道坎，上善者不争，成就万物不争名利；下善者则是，为别人做点什么都要求回报，要求感恩，自以为是好人，到处宣讲。

第五道坎，上善者处众人之所恶，成就了一切却能够处下；下善者则是，只要做点自以为的好事，就变得趾高气扬。

学习了老子上善的智慧，也就解开了我们心中的疑惑：

原来，"好人难做"的背后秘密是：想做好人又不会做好人，缺乏善法；

原来，"好心有好报"仍然是自己有私心，又把善变成了与他人的交易；

原来，"好人也是偏心的"，选择性的善本身已经偏离了真善、普善的方向；

原来，"真好人是经得住考验的"，真正的善者不管遇到什么困难和挫折，永远不会改变善的方向，只会自省不足并去不断地优化方法；

原来，"做了好事做恩人"也是心魔，"感恩被我们帮助的人"才能彻底战胜自己的心魔！

"七善之法"

老子在领着我们走过了"下善"到"上善"的"五道大坎"之后，又进一步说明了悟道的上善之人所具备的"七善之法"，也是上善者的七项能力。这七项能力就是：居善地，心善渊，与善仁，言善信，政善治，事善能，动善时。

第一，居善地。有道的人，善于选择善地居住。我们都知道住在不同的地方会有不同的人生，"孟母三迁"就是一个为自己的孩子选择善地的故事。这个"居"也可以从广义上理解，不入死地焉有死？不少人重视风水，实际上风水的核心是人心：若是心有上善，就能化腐朽为神奇；若是心中有恶念，不管身处何处都会一塌糊涂。由此可见，人心这个方寸之地中的善恶才是人生命运的根本。

第二，心善渊。有道的人，心如同深渊一样沉静、深沉，能包容和暗藏能量。有道者合于万物，微笑欣赏人生百态，理解一切的必然性，哪有生气之说？那些生气的人，不都是因为只知道自己的道理，而不懂得别人或者事物的道理所造成的吗？

第三，与善仁。有道的人，与别人相交相接，能体谅别人、理解别人、帮助别人。心中只有一个善念，绝对无私，处处为他人考虑，这样的状态怎么会跟人发生冲突呢？自己的心和谐了，与别人或者外物的相处就只是展示内心而已。

第四，言善信。有道的人，说话善于恪守信用，不失信于人。这个信，不是一般的信守诺言，而是相信大道规律，也绝不会去做不合道的承诺，因此，也就不会失信。

第五，政善治。有道的人，为政善于治理国家，能取得良好的政绩。原因就在于他明白国家、人心和治理之道，因此，就不会瞎折腾。

第六，事善能。有道的人，处事能够善于发挥所长，扬长避短故能成其事。更为重要的是，有道的人不是为了显摆自己的能耐，而是为了让别人的善良和优秀得以激活，得以发挥，这才是有道的表现。

第七，动善时。有道的人，做事和行为善于把握有利的、恰当的时机，绝不盲动。看看现实中遭遇各种意外和不幸的人，多是事情没搞清楚就逞一时之勇，冲动决策而发生后续的不可控的事件。

心智程序升级

学了老子上善若水的智慧，就能够让自己的心智程序升级了。

第一，懂上善，识伪善。懂得了上善，才知道自己平时的很多善心，实际上是伪善。对人好时，实际上是自己有所求。他人若没有自己可求之利时，对人家就没那么热情了。看来，自己对人好是有利己目的的。通过上善与伪善的比较，我们知道，唯有将上善作为此生坚定的信仰，才是人生的坦途。

第二，懂上善，破交易。懂得了上善，也就知道了平时的善实际上就是一种交易：你对我好，我对你好；你对我不好，我也对你不好；我若对你好，你却对我不好，我就会中断对你的好，而且还会骂你不仁不义。于是，也就明白了，唯有上善才能与人长久维系健康良好的关系。

第三，懂上善，不求报。懂得了上善，也就知道了，平时对人好时要求回报实际上是霸道。若是得不到回报，就会十分气恼，这已经用行动告诉别人自己的善是虚伪的了。有人会问，不求报，没有回报，我又怎么活呢？实际上，所有的付出都会记在自己的账上，只是回报的价值形式和时间不同而已。若是求报，多半会丧失长远；若是只求物质回报，多半会丧失精神利益。

第四，懂上善，暖人心。懂得了上善，也就知道对人好时若不管别人的感觉，只是追求自己的感觉，结果就会是，自己也付出了，也把别人伤着了。这是典型的以好强人，也是一种深刻的自私与愚蠢。若是不能改变这种错误的模式，就会付出越多，伤人越多，怨恨越多。

第五，懂上善，感人恩。懂得了上善，也就知道了平时对人的一点好，却要求别人"涌泉相报"是无耻的，因为这个原则只能是对自己的，而不能是对别人的。一个真正上善的人，不仅不要求别人感恩，还会反过来感恩对方，把自己的一切做成感恩行动，而不是恩赐别人。这本账很有趣，一般人是转不过弯来的。

第六，懂上善，要谦卑。懂得了上善，也就知道了存好心时的傲慢也会伤人，前面帮人，接着伤人，这不就是正邪混合了吗？

第七，懂上善，择善地。懂得了上善，也就知道了居善地、不居恶地，自身功夫不行，就别把自己放在不好的地方，否则，就会应验"近朱者赤，近墨者黑"的规律。

第八，懂上善，做君子。懂得了上善，才知道自己心眼很小，看重小利，于是成了小人；计较小事，于是失了情义。

第九，懂上善，勤自省。懂得了上善，才知道与人交往时总是责怪别人，原来是不理解别人，总是按照自己的想法要求别人。

第十，懂上善，守诚信。懂得了上善，才知道自己有时说话轻率，结果失信于人。培养信任很艰难，破坏信任很容易。一旦信任被破坏，再做多少守信的事也很难恢复原来的信任。

第十一，懂上善，同修道。懂得了上善，才知道在管理中、在领导别人时，只是一味地以利益诱惑激发大家的干劲，实际上是一种诱惑人心走偏的过程。这就是一种犯罪，会培养一群狼，当然最后自己也会被狼吃掉。

第十二，懂上善，勤改过。懂得了上善，才知道过去的很多失败原来是使用了自己的短处，自己还自以为是。看到很多能干的人功亏一篑，也是用长处成就了一些事，又用短处毁了所有的事。修行，就是修补自己的短处。

第十三，懂上善，把时机。懂得了上善，才知道"适可而止""见好就收""切勿贪婪"的古训有多么智慧。要是再敢于出手而获得机会后懂得及时收手，怎么会有失败的结局呢？

第十四，懂上善，不再争。懂得了上善，也就知道了人心不能与规律相争，不能为自己的私利去与人恶争，这样才能不出大的差错。

【悟道箴言】

善，是对自己的好，不是对别人的恩。

善，是给自己机会，不是给别人恩惠。

善，是发自心底的，不是在口头上的。

善，是灵魂的演出，不是虚荣的作秀。

善，本身就是财富，不是外求的回报。

善，是人生的播种，不是付出的浪费。

善，是自心的拷问，不是功利的交易。

善，是生命的智慧，不是现实的无奈。

善，是对恶的战胜，不是愚昧的懦弱。

第九章　心想事难成

　　有这样一个寓言故事，主人公是一个名字叫"妄想"的人，一看这名字你就知道，这个人喜欢妄想。有一天，他遇到了天神，他问天神能不能帮助他实现梦想？天神答应了他。他想变得再美丽一些，天神施展法术，果然他变得漂亮了；他还想拥有财富，天神帮他实现了；他想力大无穷，天神又帮他做到了；他想像神一样无所不能，神摇了摇头，于是他又变回了原形。他怒问天神：你不是答应帮我实现愿望吗？天神笑着说：我帮你实现了愿望，可你最后想要的已经不是愿望，而是贪婪。

　　人是种有很多想法的动物，似乎人脑会自动地产生出很多想法，概括起来集中在两个焦点上：一是希望自己占有的越多越好，二是希望人生中的一切都能按照自己的想法去实现。

　　人们在祝福别人时，也往往用"心想事成"这个成语。是啊，我们谁不想让自己心中所想的变成现实呢？可心中想的都能变成现实吗？当我们按照自己的心思去构想时，即使实现了，会不会又带来一些我们意想不到的东西呢？

　　世上想好事的人多得很，可想归想，不是想了就能成的！有人说，不管事先想得有多好，一旦进入过程，总会撞见鬼的。这又是在说什么呢？有什么万全之策吗？

【经文】

　　持而盈之，不如其已；

揣而锐之，不可长保。

金玉满堂，莫之能守；

富贵而骄，自遗其咎。

功遂身退，天之道也。

【释意】

积累追求满盈，不如适可而止；

锤炼金属使它尖锐锋利，却不能长久保持。

金玉堆满堂室，没有谁能长久守藏得住；

富贵而又骄奢，就会给自己引来灾祸。

功业完成就急流勇退，这才是顺应规律的做法。

【核心要义】

心想事难成的原因。

心想事难成的原因

第一，持而盈之，不如其已。手里拿的东西已经很多了，但贪心太大，还要再往手上放，这能拿得下吗？还不如停止。若是不懂，岂不是很愚昧？

第二，揣而锐之，不可长保。显露锋芒，锐势难以保持长久，得寸进尺或者锋芒太露而不知收敛，一定会遭到别人嫉恨。如果一个人不断地制造这样的嫉恨，最后必然会使自己遭受损失，甚至丧命。若是如此，岂不是很贪婪？

第三，金玉满堂，莫之能守。金银珠宝堆满了屋子，到底有什么用呢？也许这些东西倒是能吸引盗贼，即使死后放进棺材，也不可能全部守住啊！如果不明白这个道理，岂不就是个只剩下钱的土豪？

第四，富贵而骄，自遗其咎。看看那些德不配位的人吧，只要富贵了就飞扬跋扈、骄奢淫逸、不可一世，这样的人一定会引起众怒的。有权、有钱、有势就变得张狂不可一世，岂不就是证明了自己没有能力承受这些？不就是精神空虚吗？

第五，功遂身退，天之道也。功业顺利完成后，如果你还沉浸在取得的成就中，那你永远也看不清当前现实中潜藏的危险。只有不沉湎于过去的功业，把身心从那些辉煌的功业中解脱出来，客观地看待当下的情况，才能发现自身以及外在变化，认清形势，在恰到好处的时候画上一个圆满的句号。从而灵活机动、客观应对，开始新的人生起点。只有不迷恋取得的成绩，不断地自我否定，坚持功成一分，姿态就放低一分，适时地退后给别人留出空间，才能成为人生赢家，而这正是天之道。到了这个地步，不就是悟道者的风范吗？

老子简直就是开了天眼，把人间不修行人的四种丑态做了一个描绘，让我们看清了那些行为背后的人心图画：多了还想更多，拥有了又想永远占有；又有钱又有地位了，就开始搞不清楚自己几斤分量了。

一个人若是想明白了，就可以问问自己：一个人能占有什么呢？能用多少呢？能活多久呢？人生哪里有永久的产权，只不过是一点有限度的暂时使用权和保管一下而已。

可人又总是想着自己多得一点、占有得长久一点；一旦拥有了，生命状态又会失常。这就是人们常说的，贪婪无度，但因为德不配位、德不配财，品性无法承载，这样的失衡状态必将导致生命的倾覆。

人们总是祝福别人"心想事成"，总是许愿希望自己"心想事成"。可关键是，人们想的都只是为自己好的，而且只想要好的，这种想法实际上就是一种自私、一种贪婪，是违背生命之道的。幸亏，即使人这么想，也没有太大用处，大道还是不厌其烦地给人们进行着调理和调节。否则，若是自己想的好事都成了，生命也就走到了尽头。

【悟道箴言】

一味想好是本能，好坏不乱是心妙。

一味进取是磨刀，利刃入鞘是道高。

一味多占是贪婪，财散人聚是高招。

一味求富是偏道，富而心贵是得道。

一味求进是命力，适时进退是命好。

第十章　守住本心

禅宗里有一个故事，说的是一个小沙弥刚吃完一个山杏，正要丢杏核，就被老方丈叫住了，老方丈对小沙弥说："果核是树木的心脏，不要随手丢了，要把它播种在适宜的泥土里，唤醒一个涅槃的再生梦。"

小沙弥就把那个有点像心脏的杏核埋在了寺院的一个角落。一个月之后又去看，那颗杏核真的发芽了，长出了一片片心形的叶片。小沙弥感到由衷的喜悦，就跑去告诉老方丈。老方丈听后，脸上也露出了由衷的喜悦，他对小沙弥说："树木的种子可以轮回树木的再生梦，人生的种子也可以涅槃人的梦想和愿望，你知道什么是人生的种子吗？"小沙弥思忖了片刻，小声说："我认为是人心。"

如今的时代，人们如同陀螺，一直在忙碌，在旋转，最后忙来忙去，把自己忙晕了，却忘记了忙碌的目的。忙碌中，人们的心绪变得烦乱；忙碌中，一味使用权力又搞得乌烟瘴气；忙碌中，心里堆积了很多负能量，却无法清理出去；忙碌中，管的事越来越多，人越来越累。很多人是不是把自己的心丢了？这样的状态能走多远呢？

【经文】

载营魄抱一，能无离乎？

专气致柔，能如婴儿乎？

涤除玄览，能无疵乎？

爱民治国，能无为乎？

天门开阖，能为雌乎？

明白四达，能无知乎？

生之畜之，生而不有，为而不恃，长而不宰，是谓"玄德"。

【释意】

精神和形体合一，能不再分离吗？

聚结精气以致柔和温顺，能像婴儿的无欲状态吗？

清除杂念而深入观察心灵，能没有瑕疵吗？

爱民治国能遵行自然无为的规律吗？

我们的感觉器官在与外界的现象相接触时，能保持宁静吗？

一个人在通晓天下之事后，能不骄傲自大、保持谦和吗？

大道促成万事万物生长繁殖，产生万物、养育万物而不占为己有，作万物之长而不主宰万物，这就叫作"玄德"。

【核心要义】

人生的六个典型问题。

玄德。

人生的六个典型问题

精神和形体合一，能不分离吗？这一问，很多人就陷入了迷惑：难道我的精神和形体不是合一的吗？让我们一起来思考几个问题，也许大家就明白了：你不想自己痛苦，可你为什么又痛苦呢？你可能会说，是别人让我痛苦。你看，你已经被别人操控了，你的感情竟然不是自己主导的。不是这样吗？正如有句名言所说的那样：愤怒，是用别人的错误惩罚自己！

聚结精气以致柔和温顺，能像婴儿的无欲状态吗？我们都从婴儿时期走过来，可又有谁想过回归到那种状态呢？你看，健身的人在展示自己的肌肉时多么自豪啊，可练习瑜伽的人却给我们展示了身体的柔韧。你看那些总显摆自己能耐的人，看起来很了不起。可是，有修行功夫的人却总是深藏不露，却又能让别人舒服。再看人生历程，随着年龄增加，思维方式越来越僵化、身体越来越僵硬，而中医却说"筋长一寸，命长十年"，说的是柔韧的身体才能长寿。你在练习刚强时，想过让自己的生命变得柔韧吗？

清除杂念而深入观察心灵，能没有瑕疵吗？这个问题难住了太多人，人类这种动物就是心思复杂，正邪混杂，前面的念头还没走，后面的念头又赶上来，以至于到了晚上该睡觉时想法还是不断，于是睡眠都会变得困难。当然，我们没有几个人能够把自己内心的想法全部告诉别人，因为其中有一些是见不得人的。简而言之，我们心中既有对神圣伟大的向往，也有面对诱惑时的蠢蠢欲动；既有面对面时对人的赞扬，也有背后对他人的非议。人啊，几乎都是两面人，你说，这样不断地转换能不累吗？这样两种相反的力量共处心灵的一个空间，能不纠结吗？

爱民治国能遵行自然无为的规律吗？这爱民治国，说的是王侯将相的责任，也就是今天各级领导的责任。能当领导的人，肯定都是比较优秀的人，优秀的人总是会有很多的想法。关键是，这些想法合乎客观规律吗？想法变成做法，能够符合人心吗？中国历史上，很多治国理政的人，不像今天的从政者都是学了各个专业的专家，他们大都是综合家，思考问题往往就会比较辩证和全面。今天的从政者，若是只依靠个人经验、个人某个方面的专业知识与能力，却要去解决系统的、整体的、全面的问题，恐怕就会出现问题了。

我们的感觉器官在与外界的现象相接触时，能保持宁静吗？人们每天睡醒后一睁眼，面对的就是四时的变化。面对着这般多样化的世界，我们能够全部接纳吗？能不为那些与我们想法不一样的人和事所扰乱吗？诸多事情如风一样从眼前飘过，我们的心能保持宁静吗？若是心被扰乱了，还要去行动，岂不是乱上加乱？人生苦海为何无边无际？原来我们自己也是这苦海中兴风作浪的捣乱者啊！

一个通晓天下之事的达人，包括看见的、没看见的，听见的、没听见的，世间万事万物，没有不知道的。一个人在拥有了通晓天下之事的能力后，能够不骄傲自大、不刻意炫耀吗？一个人能否做到，越是明白越是谦和谦卑、低调亲和？

玄德

大道促成万事万物生长繁殖，产生万物、养育万物而不占为己有，作万物之长而不主宰万物，这就叫作"玄德"。原来，老子问了那么多人间的问题，答案就在这里，就是两个字——"玄德"。说到底，就是做自己该做的，做符合规律的，做成功了，自己的主观状态也不会因此而发生变化，继续保持自己的质朴平和状态。如此这般，我们的心才不会失去平衡！这就是老子所说的"玄德"的要义！

老子以哲人的睿智，看清楚了人生的极端模式，拣选了人生中六个典型问题向人们发问，直指人生的死穴与盲区。经老子这样一问，我们确实有点感觉了。生命中很多事往往只是看到一个侧面，追求一个方面，这会忽视事物整体中的其他方面，总是处于失衡状态，以至于最后忘记了初衷。关键是，我们还总是自以为是，总是为自己辩护，根本看不到事物的其他方面。有人会问：人为什么会这样呢？古往今来，那么多人的经验教训为什么无法继承下来让自己少犯错误呢？黑格尔有句名言：人类从历史学到的唯一的教训，就是人类没有从历史中吸取任何教训。

【悟道箴言】

若被外部诱惑，必然成为奴隶，导致身心分裂。

若是表面刚强，必然伤痕累累，唯有柔性养命。
若是杂念满心，必然心乱如麻，悟道方能至简。
若是治理组织，必然去除私念，否则乱上加乱。
若是面向世界，必然眼花缭乱，唯有求真化繁。
若是博闻广识，必然心中满满，唯有悟道安闲。
若是能力卓越，必然心生杂草，唯有玄德平安。
若是忘记初心，必然失魂落魄，唯有回归本色。

第十一章　无用大用

　　人们花了很多金钱和时间建房子，建成后是骑在墙上、住在屋顶上呢，还是住在屋子里呢？有人也许会说，这算什么问题呀！是啊，这在生活中不是什么问题，但却是一个经典的哲学问题：房子的墙壁和屋顶是有形的，可我们所使用的却是房子里面无形的空间。有形的只能作为工具，而无形的才真正是有用的。在这样一个司空见惯的生活现象中，老子却发现了哲学的秘密。

【经文】

三十辐共一毂，当其无，有车之用。

埏埴以为器，当其无，有器之用。

凿户牖以为室，当其无，有室之用。

故有之以为利，无之以为用。

【释意】

　　三十根辐条汇集到一根毂中的孔洞当中，有了车毂中空的地方，才有车的作用。

　　揉和陶土做成器皿，留出陶土中空的地方才会成为一个可以盛东西的器具，才可以当成器皿来使用。

　　建造房屋时，一定要留出门窗，有了门窗和四壁内的空间，才能成为一间有用的房屋。

所以，你就明白了，那些"有形"的，如车轮上的辐毂、器皿四周的壁、房屋的墙，只是用来完成某种功能的工具与载体，也就是给人一点便利，而真正有用的恰恰是那个中间留出的空间——"无"，也就是中空部分，才真正是那个物件发挥作用的地方。

【核心要义】

"有"与"无"的关系。

无用大用。

"有"与"无"的关系

红尘中的人们，都是活在自己的肉眼世界中的。在肉眼的世界中，人们只能看到有形的东西，若是无形的，肉眼就看不见了。因此我们只相信有形的，只想要有形的，至于那无形的，我们往往认为是不存在的，通常也会认为没有什么用。

有形的东西当中更多的是物质财富，也就是所谓的钱财，或者财产。这些就是大部分人争相追逐的目标。当然，对于与这些有形的物质财产直接相关的名声，人们也不会放过，于是就有了各种争名夺利的事件。

老子却把我们引入了一个新的世界。

第一，我们渐渐懂得了这样一个事实：肉眼所能看到的有形的，只是这个真实世界中极其微小的部分。空气，你看不见，可任何人也离不开；细菌，你也看不见，但感染了病菌就会生病；我们生活在宇宙中，宇宙的各种射线也看不见，可我们又躲不开。

第二，再回到我们自己身上：我们有思想，有感情，有品德，有智慧，有理想，这些也是无形的，也是肉眼看不见的，但有谁说这些不存在吗？

第三，我们不得不承认这样一个事实：外部看不见的那些无形的，是我们离不开的，不管你喜欢不喜欢。我们生命内在的那些看不见的，又决定着我们的行动和结果。

第四，现实中的人形成了两种生命模式：劳力者和劳心者，劳力者更多的是使用自己的体力来谋生；劳心者更多的是使用自己的智慧，而且智慧的模式比劳力的模式更加有效率，效益也更高。

第五，人类在进化中追求的一种高级模式，就是通过不断学习，提升自己的智慧，让自己进入到智慧模式的阶段。

第六，修行的人在追求一种最高级的模式：生活俭朴，不求很多的钱财，追求最高的智慧，让自己的心没有困扰，让生命与天地万物相融合。

无用大用

老子在这章中告诉我们以下三个关于无用大用的重要道理。

第一，有形的东西都是工具，用筷子吃饭，吃的是食物，而不是筷子。吃食物本质上吃的是里面的营养，而那些营养是我们的肉眼看不见的。

第二，我们生命的需要是有定量的，吃多了是身体的负担，占有的多了是精神的负担。

第三，人是高级灵性的动物，吃喝只是生命的低级生理需求，追求精神的高尚、心灵的愉悦、生命的圆满，才是我们这种高级动物最根本的目标。圣人们总是不断地提醒我们：不要为外在的东西所奴役，而要保持自己灵魂的独立，不要患得患失，不要被低级的欲望牵着走，这样才能过出人头地的日子。

【悟道箴言】
有之以为利，无之以为用。
看重有即愚，洞察无即智。
无决定着有，有迷惑着人。
无中勤用功，见有能洒脱。

第十二章　人形木偶

你看到过木偶吗？就是用一块块木片组装起来的那种人形的玩偶，人一牵动它身上的线，它就会动。很显然，木偶是由人来操控的。

你是木偶吗？你肯定说不是。但你会被别人或者某种外界的力量操控吗？有人能说没有吗？想想看，你会因某个人说的话而生气吧，你在很多时候会迫不得已吧，你在很多事情上会很无奈地妥协吧？有时，即使事情已经过去了，让你生气的人也不在眼前了，但你依然会继续伤心或者愤怒吧？

再来看看我们今天的现实。不好好学习却沉迷于游戏的孩子，走在路上还在玩手机的成年人，到了家里，夫妻和孩子各玩各的手机，就是很少有真正的交流。当然，忙着挣钱的人也没有时间跟孩子交流，甚至夫妻之间也没有多少谈情说爱的心情和时间。我们这是怎么了？我们的大部分时间怎么被外在的这些东西给控制了？这是我们想要的生活吗？

由此看来，人在很多时候就像一个木偶，是被外界的事物或者人主宰的。你愿意摆脱这种状态吗？

【经文】

五色令人目盲；五音令人耳聋；五味令人口爽；驰骋畋猎，令人心发狂；难得之货，令人行妨。

是以圣人为腹不为目，故去彼取此。

【释意】

在这一章中,老子讲到了扰乱人们心智的五个生活现象,给我们指出了一条出路:

缤纷的五种色彩,青、黄、赤、白、黑,使人眼花缭乱;

声音嘈杂的音调,宫、商、角、徵、羽,使人听觉失灵;

味道丰盛的食物,酸、苦、甘、辛、咸,使人舌不知味;

纵情狩猎,使人心情放荡发狂;

稀有的物品,使人行为不轨。

因此,圣人但求吃饱肚子那样一种简单质朴的生活,而不追逐声色之娱,抗住物欲的诱惑而保持安定知足的生活方式。这样就可以做自己的主人了。

【核心要义】

让人失魂落魄的五件事。

为腹不为目。

让人失魂落魄的五件事

作为圣人的老子,像是一个人心的守护神,总是能够看透人心行走的险径。在人们还在纵情声色自得其乐之时,老子就看清楚了人心的迷失和魂魄的走失,更看到了人正在成为外在力量操控的木偶和奴隶。

老子的思想揭示了一个重要的真理:追求生命承载力之外的物质,迷恋于生理性的快乐,就会丧失精神和灵魂的主权。况且,精神决定肉体,精神主权丧失,肉体也就成为被践踏和蹂躏的物件。苦命、命苦,皆源于此。

明白了老子思想的基本原理,我们才可能真正理解老子思想的精髓。

第一,唤醒现实中沉迷的人们。老子针对当时奴隶主贵族贪欲奢侈、纵情声色的精神迷失状态,进行了揭露、劝诫,也是严正的警告。实际上,当时的奴隶主阶层有那样的物质条件可以享受骄奢淫逸的生活，但并不代表其他人，包括社会精英层和普通百姓没有这种想法，只是条件不太具备而无法实施而已。今天的物质生活越来越好了，沉迷其中的人也越来越多了，因此精神迷失和生病的人也越来越多。由此可见，老子给人们的警告，是跨越时代的，是人生中最基本的规律。

第二，对治人类发展中物欲与精神失衡的药方。对于老子"为腹不为目"的恬淡质朴的思想，也有一些批评的声音，说老子是把物质生活和精神文明对立起来，是其愚民思想的一种表现，即只要给人们温饱的生活就可以了，这是在阻碍社会进步的一种落后思想。实际上，这种评判很显然是断章取义的，老子强调"为腹不为目"，首先是对治现实病态的一副药方，是矫枉必须过正的一种方便法门。同时，老子强调的是要尊重人生和生命的规律，强调精神内守，提升自己的精神境界，克制过分的欲望，以达到生命与天地和谐的目的。这种对生命的呵护情怀，怎么能够被解读成一种愚民思想呢？

第三，领悟生命中的一种特殊的"张力"模式。人生和生命呈现出一种连绵不断的张力状态，也就是两种不同的力量胶着在一起和不断较量的状态，主要表现为三对关系：为个人和为他人；精神利益和生理欲望；自己的主观念头与客观的大道法则。老子通篇对大道的解读，也是围绕着这三对关系展开的。老子告诉人们：一心为他人才最符合自己的利益；精神主导才不会在物欲中迷失自己；让主观遵循大道的规律才能拥有真正的智慧。至此，上面问题的答案也就清楚了：人要追求进步，但必须建立在利他的基础上，必须精神主导和先行，必须合乎人生和生命大道的规律。这也算是人生的核心程序，我们都应该检视一下自己现在的心智程序状态，快点调理一下。

为腹不为目

老子认为的幸福、健康的人生景象是人们能够过上丰衣足食、心平气和、宁静恬淡的生活，而不要贪图外在庸俗的奢侈生活。老子希望人们要遵循规律，净化心灵，学习悟道，用大道的智慧经营自己的人生。老子希望人们珍惜当前拥有的、珍惜当下的平安、知足而保持常乐，不用跟那些与自己不同的人比较，因为每个人的生命系统都有差别，羡慕就是自我迷失，嫉妒更是白费功夫。保持对自己的现状和心智的审视，不断地修行悟道，让悟道后的智慧指引人们进步和发展。你说，这样的景象不好吗？

如此这般，我们人类才不至于被外在力量主宰成一个木偶，我们才能真正做自己心灵的主人。

【悟道箴言】

追求生命必需，这是生活；追求额外占有，这是服刑。

能守住本心的，叫作人生；一味迷恋外物，叫作木偶。

第十三章　宠辱若惊

我们都熟悉一个成语，叫"宠辱不惊"，说的是面对宠爱不会欣喜若狂，面对侮辱也不会惊慌失措。这当然是人生中非常有功力的一种风度。可是，老子在本章却说"宠辱若惊"。看看现实，我们就会发现，一些人遇到好事会惊喜，遇到坏事则会惊慌。总之，好事、坏事都会把他的情绪改变。

当然，"宠辱若惊"也可能是修行的人面对宠辱的一种修行状态：修行的人不追求宠，也会重视辱，将其作为自己的一种修行方式。

【经文】

宠辱若惊，贵大患若身。

何谓宠辱若惊？宠为下，得之若惊，失之若惊，是谓宠辱若惊。

何谓贵大患若身？吾所以有大患者，为吾有身，及吾无身，吾有何患？

故贵以身为天下，若可寄天下；爱以身为天下，若可托天下。

【释意】

受到宠爱和受到侮辱都好像受到惊吓一样，如同大患降临自身一般。

为什么得宠和受辱都会感到惊慌失措呢？因为得宠是卑下的，得到宠爱会感到格外惊喜，失去宠爱则惊慌不安，这就是得宠和受辱都会感到惊恐的原因。

为什么会如同大患降临自身一样呢？我之所以有大患，是因为我有自我；如果我已经没有了自我，我还会害怕什么祸患吗？

所以，如果一个人能够将自己交付给天下的人，天下就可以寄托给他了；如果一个人爱惜自己也是为了天下，天下就可以托付给他了。

【核心要义】
宠辱若惊。
贵身爱身。
无欲则刚。

宠辱若惊

受到宠爱和受到侮辱都好像受到惊吓一样，如同大患降临自身一般。北宋文学家、宰相、"唐宋八大家"之一的苏辙对此的解释十分经典："古之达人，惊宠如惊辱，知宠之为辱先也；贵身如贵大患，知身之为患本也，是以遗宠而辱不及，亡（忘）心身而患不至。"

为什么得宠和受辱都会感到惊慌失措呢？宠爱，是一种上对下、强对弱的关系，施宠爱于别人的人通常都是身处高位或者属于强势一方的人，而得到宠爱的人呢？往往都是身份低微、卑贱或者处于弱势的人。这样就好理解得到宠爱和失去宠爱为什么都会惊慌了，因为带给你宠爱的人也会带给你侮辱，只有忘记宠爱，侮辱才不会来到。

贵身爱身

为什么会如同大患降临自身一样呢？我之所以有大患，是因为我有自我；如果我已经没有了自我，我还会害怕什么祸患呢？

老子在此处所说的"身"，不是指肉体，而是指自我，也就是个人的私利，是一种个人的主观与大道背离的状态。只要有我，只要有自己的主观，只要有自己的私欲，就会与天地和人间大道相背离。当然，对抗大道如同蚍蜉撼树那样的不自量力，违背规律当然就会受到规律的惩罚。

人若是顺应大道、遵循规律、不谋私利、只为别人好，自己还会有祸端发生吗？人间的祸端，不都是因为争名夺利而发生的吗？只要把对抗大道、规律的自我、主观和私欲去掉，就能够合于大道，这样怎么还会有危险呢？

所以，能够将自己交付给天下的人，才是高贵的人，是给天下人谋福祉的人，天下就可以托付给他；能够将自己交付给天下的人，才是可爱的人，是将爱奉献给天下人的人，天下就可以依靠他。由此可见，老子所说的"贵身""爱身"都是为了天下，而不是利用天下来为自己谋私利。

无欲则刚

懂得了老子的智慧，我们也就明白了为人处世的基本道理：一生就是要与自己作战，不断地觉察自己，不断地超越自己。

若是不懂得这个道理，就一定会故步自封，就会切断自我突破和进步的道路。想想看，我们现在的自我，既有缺点也有优点，缺点会损害我们，优点会成就我们。缺点肯定不能保留，否则就会由小缺点变成致命伤。因此，真正爱自己的人，都是敢于对自己的缺点下狠手的人。至于优点，也只是相对的，只要不继续突破，优点也会落后，唯有不断地突破，才能给自己的生命和灵魂保鲜。正如一些悟道的人所领悟的那样：放弃小我才有大我，只有无我才能无限。

老子在这一章中讲到了两种人的状态：第一种人是为了自己的人，第二种人是为了天下的人。先说第一种人，为了自己的人，就如同盗贼，总是心惊胆战，得宠和受辱都会惊慌失措。很显然，身份卑微又有贪欲，但心理素质很差的人，就很容易这样，因为他的心很难承受什么。这样的人之所以会如此惊恐，就是因为太在乎自己，越是在乎自己，就越是要维护自己的利益与虚荣，就越是容易在宠辱中乱了方寸。

再来说说第二种人，也就是那些无欲无求的清高之士或者已经将自己交付给天下的人。他们因为没有私心、没有小我、没有让自己的主观背离客观大道，于是就会变得无所畏惧，正所谓"无欲则刚""无我则道""无私无畏"。

老子在这一章讲述的是他一直所倡导的道家思想：消除自我和私欲，不与大道相对抗，让自我合于道，将自我交付给天下，这样天下才可以信任和依托于他。如果你能按照这样合于道的原则去做，你就能宠辱不惊，你就能不管遭遇什么样的局面都能稳住心神、冷静自省，不为外部的变化所改变。

【悟道箴言】

为了天下的人，因为无私，因为没有自我和私欲，所以没有大患。

为了天下的人，因为是为天下，所以才可以将天下交付给他。

第十四章　天眼见道

你听说过开天眼的人能见到鬼神之类的说法吧？实际上，对于真正的修行人来说，那是走了魔道。如佛经中所说：凡所有相，皆是虚妄，若见相非相，既见如来。大部分时候，人类习惯于借助肉眼所见的有形事物进行思考，对一个无形的事物进行思考，对于我们来说很困难。若能学道、悟道，如果能洞察遍布一切的大道，才真是开了天眼。

可大道无形，我们的肉眼实在是无能为力。老子也深知这一点，因此花费了不少语言来描绘大道，来帮助初学者理解这个抽象的但又是离不开的神秘的力量——道。

【经文】

视而不见，名曰"夷"；听之不闻，名曰"希"；搏之不得，名曰"微"。此三者不可致诘，故混而为一。其上不皦，其下不昧，绳绳兮不可名，复归于无物。是谓无状之状，无物之象，是谓"惚恍"。迎之不见其首，随之不见其后。

执古之道，以御今之有。能知古始，是谓道纪。

【释意】

这神奇的大道啊，你看它吧，却看不见，这就叫作"夷"；你听它吧，又听不到，这就叫作"希"；你想触摸它吧，却又摸不到，这就叫作"微"。

这三者的形状无从追究，它们原本就浑然而为一。

它的上面既不显得光明亮堂，它的下面也不显得阴暗晦涩，无头无绪、绵延不绝却又不可称名，周而复始地运动，一切又都会回复到无形无象的状态。

这就是没有形状的形状，不见物体的形象，这就是"惚恍"。

迎着它，看不见它的前头，跟着它，也看不见它的后头。

把握着早已存在的"道"，来驾驭现实存在的具体事物。

能认识、了解宇宙的初始，这就是认识"道"的法则。

【核心要义】

道的形状。

道的世界。

道的形状

老子用了三个字来描述大道：第一个是"夷"，无色的意思；第二个是"希"，无声的意思；第三个是"微"，无形的意思。老子用"夷""希""微"这三个字来形容人的感官无法把握的"道"。

它的上面不显得光明亮堂，这里的"皦"是清晰、光明之意；它的下面也不显得阴暗晦涩，无头无绪、绵延不绝却又不可称名，周而复始地运动，一切又都会回复到无形无象的状态。这就是没有形状的形状，不见物体的形象，这就是"惚恍"。迎着它，看不见它的前头，跟着它，也看不见它的后头。看到这里，也许我们更糊涂了，这到底是什么啊？实际上，不用如此质问，我们平时生活中就有这样的现象，比如空气，我们何时离开过空气？你能说出空气的形状吗？你觉得空气有头有尾吗？但你能否认空气的存在吗？老子所描绘的大道，也是类似于空气一样的存在。只是因为它超越了我们感官的认知能力，所以才会出现疑惑。

只有把握着早已存在的"道"，才能驾驭现实存在的具体事物。只有认识、了解宇宙的初始，才能认识"道"的法则。

道的世界

一个由肉眼看不见的神秘力量所驱动的世界，就是道的世界。由此我们知道：

第一，我们生活在两个世界中：一个是有形的世界，一个是无形的世界。之所以这么说，是因为我们习惯了有形与无形的分法，实际上，有形与无形就是一个世界。空气无形，我们能把自己和空气分开吗？思想也无形，我们能让自己的身体脱离思想吗？

第二，无形决定着有形。老子描述了"道"的虚无飘渺、不可感知、看不见、听不到、摸不着，然而它又确实存在，关键是它还造就了我们，决定着我们的一切。

当我们明白了我们的一切都由那个无形的世界决定的时候，我们又应该怎样理解、怎么做呢？

第一，我们的两种思维。我们每一个人在自己的生活中，本就使用着两种思维：一种是具象思维，是针对具体有形的存在的思维；另一种是抽象思维，针对抽象的或者无形的存在的思维。只是听老子一说这无形的大道，我们有点发蒙，忘记了自己本身就是这样思考问题的。例如，我们遇到一件事情，会去思考其原因，而这个原因可能完全是抽象的东西。你看，我们在对具体事物进行思考时不也在运用抽象的思维吗？

第二，我们生活在知觉和浑然不觉两种感觉中。我们能看到眼前的马路、汽车等事物，但也生活在空气和宇宙等无形的事物之中。对前者我们是有知觉的，对后者我们是浑然不觉的，而两者加起来才是我们觉知的完整景象，老子只是唤醒我们那种浑然不觉的觉知而已。

第三，能够觉知的现象背后隐藏着决定它的力量。我们习惯于依靠认识有形的事物来过我们的生活，而对于无形的规律、说不出形状的精神、理不清逻辑的思绪往往是不重视的。但是，我们也知道，这些无形的力量不是虚无，而只是无形，而且还决定着我们的一切。因此，我们去看看那些有修行、有涵养、有能力、有品位的人就知道了，他们都是重视且不断提升自己无形世界的人。正是他们对无形力量的修为高度，使得他们拥有了超越一般人的能量和能力。这就是人和人命运差异巨大的重要原因。

第四，重视、加强和优化我们的精神世界。既然无形的是广大无边的，而有形的是有局限的，既然从源头上说无形的力量是决定一切的原因，我们就必须在原因上下功夫，这样才能在结果上有好的收获。

明白了这些，我们就不会一味地关注行动而忽视思想，一味地关注身体而忽视精神，一味地关注名利而忽视品德。这样，也就有可能去完善我们那个残缺不全的精神。正是这高尚神圣的精神世界——与大道相合的主观世界——才是我们人生真正的主宰。

【悟道箴言】

人生有两个世界，一个主观一个客观。
两个世界非真相，有形无形本是一体。
有形的是有限的，无形的却是无限的。
有形的被决定着，无形才是真正主宰。
了解了道的世界，人生再也没有秘密。
所谓人生的秘密，就是大道运行规律。

第十五章　悟道高人

在一些文学作品中，我们常常会看到这样的一些世外高人：头戴斗笠，白胡子飘于胸前，衣着朴实，少言寡语，目光冷峻，高深莫测，独坐在一个安静的角落，对人间的事好像漠不关心；即使遇到挑衅，也往往不会还手，显得胆小怕事一样；可一旦出手，对方又会顷刻间落败。这副样子，这种做派，这样的功夫，不知迷倒了多少人！

【经文】

古之善为道者，微妙玄通，深不可识。夫唯不可识，故强为之容：

豫兮若冬涉川；

犹兮若畏四邻；

俨兮其若客；

涣兮其若释；

敦兮其若朴；

旷兮其若谷；

混兮其若浊；

孰能浊以静之徐清；孰能安以动之徐生。

保此道者，不欲盈。夫唯不盈，故能蔽而新成。

【释意】

古时候，悟道之人微妙通达、深刻玄远，不是一般人可以理解的。正因为不能认识他，所以只能勉强地形容一下他的样子。

他小心谨慎，好像冬天踩着薄冰过河；他警觉戒备，好像防备着邻国的进攻；他恭敬庄重，好像要去赴宴做客；他行动轻盈，好像冰块缓缓消融；他纯朴厚道，好像没有经过加工的原料；他旷远豁达，好像深幽的山谷；他浑厚宽容，好像不清的浊水。

谁能使浑浊安静下来，慢慢澄清？谁能使安静变动起来，又徐徐地呈现出生机？

保持这个"道"的人不会自满。正因为他从不自满，所以能够去旧生新。

【核心要义】

修道之人的品性。

修道之人的风范。

修道之人的品性

老子这里所说的悟道者的样子，不像我们通常想的那样仙风道骨、玉树临风，反而像是胆小怕事、混混沌沌的样子，也看不出有大智慧。难道修道、悟道就是变成这个样子吗？

当然，转念一想，老子既然这么说，肯定有我们参不透的道理。想想看也是，人家有功夫的人岂是我等没功夫的人能看透的？若是被我们普通人看透，可能也就不是什么高人了吧？实际上，老子是通过这样一番描述，告诉我们以下几个重要的人生道理的。

第一个道理，悟道而得玄通。这一章紧接前章，对得道之士做了描写。老子称赞得道之人的微妙玄通、深不可识，因为悟道者掌握了事物发展的普遍规律，懂得运用普遍规律来处理现实存在的具体事物。这是在告诉人们，只要学道、悟道，就会达到一般人所无法理解的微妙玄通的境界，就能够行道而达到运用自如的境界。若是不学道、不悟道呢？当然就无法真正地理解天地人间的规律，即使再努力也是枉然。

第二个道理，真人不露相，露相非真人。得道之士的精神境界远远超出一般人所能理解的水平，他们具有谨慎而不冲动、警惕而不大意、严肃而不放肆、洒脱而不拘谨、融和而不排斥、纯朴而不张扬、旷达而不狭隘、浑厚而不浮华等人格修养功夫，他们微而不显、含而不露、高深莫测，为人处世从不自满高傲。

第三个道理，修道无尽头，时时修道中。悟道的人不会自诩悟道。如果谁说"我是悟道之人"，仅仅凭这句话，就可以断定，此人并没有悟道。真正悟道的人，懂得大道是无限的，个人所悟也是有限的，因此绝不会以为已经悟道而骄傲自满。从古至今，真正的修行者非但不会骄傲自满，而且还时时保持自观、自省的状态。想想看，红尘中不修行的人，不就是因为对自我俗念缺乏随时的警惕和警觉，无法做到随时改过，从而积小过而成大错吗？正因为如此，才有"勿以恶小而为之，勿以善小而不为"的古训！

修道之人的风范

老子为我们展示了悟道者那种独到的风貌和独特的人格形态。他们有良好的人格修养和心理素质，有良好的静定功夫和自制能力。老子所倡导的理想的人格就是悟道者的状态：敦厚朴实、安详恬静、谦卑忍让，但又可以在特定的条件下，由静转动。

世俗中不学道、不修道、不悟道的人就完全不同了：张扬，急不可耐地自我表现，没搞清楚情况就胡言乱语地冲动。这一切显示的都是无道者的浅薄。

【悟道箴言】

道者谨慎，俗者自负。

道者敬畏，俗者轻狂。

道者警觉，俗者大意。

道者慎行，俗者赌徒。

道者严谨，俗者轻率。

道者自制，俗者造次。

道者无声，俗者张扬。

道者敦厚，俗者浅薄。

道者豁达，俗者小气。

道者圆融，俗者偏激。

第十六章　虚极静笃

传说孔子去拜访老子时，见到了这样一幕情景：孔子走进门，看到老子正在院子里的阳光下站着，一动不动，如同一株枯木。实际上，这是老子进入了虚极静笃的状态，也是悟道者的一种修行状态。

佛经中记载，佛祖释迦牟尼在菩提树下悟得三法印，其中之一就是涅槃寂静。用白话来说，就是内心清净而无一丝杂念，在非修道者看来，如同死了一般。

圣人们告诉了我们一个重要的道理：若想悟道，就要进入虚极静笃的状态。这就是老子在本章给人们讲述的悟道法门。只是我们很多人会感到很困惑：心里什么也没有了不就像傻子一样了吗？这样的状态能悟道吗？那就看看圣人老子是如何为我们诠释这个悟道法门的吧！

【经文】

致虚极，守静笃。

万物并作，吾以观复。

夫物芸芸，各复归其根。归根曰静，静曰复命。复命曰常，知常曰明。不知常，妄作凶。

知常容，容乃公，公乃全，全乃天，天乃道，道乃久，没身不殆。

【释意】

要让自己的心灵虚空达到极点，守住心灵的宁静达到不为万物所动、心不起一念的状态。

做到了心灵的寂静，就能观察到万物和谐、蓬勃生长，就能从中洞察到万物循环往复运动的规律。天地万物纷纷芸芸，各有其运动的轨道，自然就会返回它的本根。

万物返回到它的本根就叫作清静，清静就叫作复归于自身的命道，复归于自身的命道就叫作恒常的规律，认识了这个恒常的规律就叫作聪明。

若是认识不到这样恒常的规律呢？按照自己主观的想法行事，就是轻举妄动，就会惹出乱子和灾祸。

人一旦认识了这个恒常的规律就会与其相容而成为一体，与万物一体才能公正无偏，公正无偏就能够周全圆满，周全圆满才符合这个"常道"，符合"常道"才能与天地同寿而至真正的长久，如此才会使自己终身不会遭遇危险。

【核心要义】

虚极静笃。

静极生灵。

虚极静笃

老子在本章将他的思想分成了以下五段来进行讲解。

第一段，先让大脑熄火，老子提出了"虚极静笃"这样一把入道的钥匙。

第二段，大脑主观不出来捣乱，就可以让天地万物的自然生态及其变化规律呈现在眼前，如此就可以见到真相。

第三段，那万物是怎么运动的呢？世间万物都是循环往复的，由静到动，静极而动、动极而静是典型的太极模式。这才是永恒不变的规律，也是不可言的"常道""恒道"。

第四段，人若是不明白这个恒常的规律，用自己的主观去思考和行动，就是制造麻烦和招惹祸端。

第五段，人若是明白了这个恒常的规律呢？也就有了道心，一切就会圆满而无灾祸。

至此，我们似乎更加清楚了一些平时很少想的道理：

第一，我们被片段的、表面的认识蒙蔽着；

第二，我们想着改造世界，实际上却应该去改造自己；

第三，我们一直想主导什么，却主导不了自己。

静极生灵

明白了上述事实，我们就可能懂得老子对人们的劝说：人类不是觉得自己已经很厉害了吗？几千年前，人类就有这样自大、自狂的症状。虽然科学在发展、生活在改善，但人类的痛苦也跟着花样翻新，人们不管穿什么、吃什么、住什么，幸福和快乐好像还是很难获得。这就是科学与哲学发展的不平衡，这就是精神与物质发展的失衡，那要怎么办呢？

第一，要静心。先把自己的念头放一边，别急着下结论，事物都有自己的规律，慢慢看看，不用评价，也许就能知道事物发展的轨迹和规律了。哲学与文化各门各派都说：静能生慧！当你看到一个人处于癫狂、张狂、跋扈状态时，智力已经降到了最低点。真正能做大事的人，都是能沉得住气的人。正所谓"每遇大事有静气"，这才是智慧的状态。修行者有个信条，就是"捉念头"，也就是人们常说的反观。对于不修行的人，急急忙忙说出来的第一个念头，往往叫作"魔念"，是一种不成熟、不全面、没有触及本质的烂念头。

第二，要心观。国学中一个智慧观念就是：用眼叫看，用心叫观。看的是外部，观的是自心。我们一直想用自己的大脑和思想去掌控世界，可是人的大脑管不了这个世界，因为人的大脑是用来管自己的。

第三，息主观。我们平时生气、恼怒、指责别人，都是在用自己的主观衡量客观。可当我们发现客观与主观不相符时，就会出现负面情绪。如此这般，我们就会在自己的头脑中构筑出一对矛盾：我以为、我认为——本就是、本来是。一个主观，一个客观。我们生活中的所有问题都是这样一对基本矛盾演绎出的各种形式。真正的理解，是去懂得自己不懂的人和事的一种智慧。当你懂得了，矛盾也就消失了，人也显得有胸怀了，看问题也全面公正了，因此也就不会再制造是非了。如此生活，是不是也就太平了？

第四，太极观。老子告诉了我们中国人发现的"太极模式"，告诉我们要顺应变化，要悦纳生命与生活的新形态，而不是固守过去，也不是固守自己的认识与利益。如此这般，才能走出小我，发展大我，实现无我。

【悟道箴言】

自以为是纯添乱，虚极静笃开道关。

若是能够胜主观，无念真相自动现。

万物和谐有自律，看清规律心不烦。

清心寡欲容万物，悟道不遑无祸端。

第十七章　领导智慧级别

领导的行政职务是分级别的，那么从智慧的角度看，领导智慧又会分成几级呢？

我们更为关心的是，老子所倡导的最好的领导模式是什么样的呢？他所反对的领导类型又是什么样的呢？

如果你也是领导，你知道最好的领导是什么样的吗？若是自己做着领导，又不知道领导应该怎么做，受苦的恐怕就不只是一个人了。

【经文】

太上，不知有之；其次，亲而誉之；其次，畏之；其次，侮之。信不足焉，有不信焉。

悠兮其贵言。功成事遂，百姓皆谓："我自然。"

【释意】

最好的统治者，人民好像不知道他的存在；其次的统治者，人民亲近他并且称赞他；再次的统治者，人民畏惧他；更次的统治者，人民轻蔑他。

统治者的诚信不足，人民才不相信他。

最好的统治者是多么悠闲，他很少发号施令，却能让百姓和万事自然而然。事情办成功了，老百姓说："我们本来就是这样的。"

【核心要义】

无为的领导。

领导的智慧。

无为的领导

在本章中，老子讲了四种领导的类型，其中无为的领导是老子认为最好的领导，另外三种类型的领导就比较差劲了。

一般认为，做领导要率先垂范、亲力亲为，最起码要亲民。可是老子却认为，最好的领导是无为的领导，他看起来好像没做什么，但又把该做的事情都做好了。无为的领导，他的心性要过三道关：一是，不图部下的拥戴和赞誉；二是，不装模作样地让部下畏惧；三是，洁身自好，不让部下轻蔑。做领导或者做家长的人，可以针对老子所说的无为和另外三种类型的领导模式，给自己对对号，看看自己处在什么级别和高度上。更为关键的是，如果你是领导，你愿意做这样无为的领导吗？你知道如何才能做成无为的领导吗？

领导的智慧

道家思想被誉为世间绝学，因为老子的思想跟我们平时的想法非常不一样。老子的思想给了我们以下五点重要的智慧启迪。

第一，做领导就要以圣人的标准来框定自己的思想与言行。在老子的理想中，领导者不能做普通的人，而要以圣人的标准作为自己的准则，是要"处无为之事，行不言之教"的，要让身心处在"太上"之境界，要把握"玄德"之奥秘，要践行"生之畜之""利而不害"之法则。

第二，"以道治国"。我们比较熟悉"以德治国"和"依法治国"，对于老子所说的这种近乎"以道治国"的模式比较陌生。按照老子的思想，道、德、法三者在功能上是一个整体：道化人心，德定言行，法守底线。若是只强调其中一个方面，一定难以治理出社会的良好局面。

第三，领导的私心会酿成巨大的灾难。领导所做的一切，都在众人目光的连续审视之中，领导者个人的缺点一定会被部下放大。只要领导流露出一丁点儿的私心，就会被下级利用。孟子说过："上有好者，下必有甚焉者矣。"领导若是喜欢赞美，就会有吹捧，就会有献媚，就会有小人云集，时间久了，就会形成很坏的风气，就会败坏一个组织的人心。这才是隐含的危险所在。如果你是领导，能意识到这些后续效应吗？如果只是沉迷于自我的美好状态，看不到后续效应，就会在未来的道路上埋下没有标识的地雷。

第四，权威性领导本身就是一种伤害。实际上，权威性领导所形成的后续效应与"亲而誉之"很类似，只要崇尚个人权威，就容易形成领导对下级的压制性效应，下级会越来越唯唯诺诺，上级会越来越霸道，结果上级的理性会降低，下级的能力会降低，吹捧和献媚会成风，这不就又把风气败坏了吗？如果你是领导，能意识到这些后续效应吗？如果只是沉迷于自我的美好状态，看不到后续效应，就会给未来的道路挖坑。

第五，领导若是不进步，就会一步步走到台下去。那种身在其位不谋其政、不尽其责的人，毫无疑问就是组织发展的障碍，这样不得人心的领导，又怎么会将组织引领上正确的道路呢？也有些领导，自身毛病很多，也不学习，也不自省，动辄指责部下，好处自己占，问题都是别人的。如果你想让自己的组织发展，又总是做不得人心的事，这不就是要把自己搞垮的节奏吗？

当我们都明白了这样的道理，就能避开老子指出的那些雷区，就能让我们少做些无用功或者避开负面的后果，从而找到正确的方向。

也许有人觉得老子的思想过于理想化，有人会说"理想很丰满，现实很骨感"。但如果没有理想，人还能用什么办法处理骨感的现实？人不能没有理想的指引，因为那是现实得以优化的重要力量；人不能把理想当成空想，因为理想的方向和原则若是不能指导现实，现实就只剩下了沉沦！

【悟道箴言】

领导悟道，奉献自我，众心归之。

领导浅薄，接受吹捧，小人围之。

领导无能，威吓部下，民心离之。

领导昏庸，众人弃之，天下大乱。

第十八章　道德钥匙

如果你去开锁，钥匙却怎么也插不进钥匙孔里，你会怎么做？是继续使劲吗？当然不是，应该要停下来看看是不是拿错了钥匙。

道德这个话题，人类讲了几千年了，怎么还在讲呢？肯定是讲来讲去也没有真正解决问题！那还要不要讲呢？不讲道德是不是会更加混乱呢？

大道至简，看起来深奥的道理，往往就隐藏在生活中：既然我们拿钥匙开门是这样的思路，那道德呢？道德钥匙是不是拿错了啊？

老子的伟大，就在于他看到了人们一直拿着错误的钥匙在努力开锁。那就让我们看看老子是如何帮我们找到正确的钥匙的吧！

【经文】

大道废，有仁义；智慧出，有大伪；六亲不和，有孝慈；国家昏乱，有忠臣。

【释意】

社会的公正被抛弃了，才有提倡仁义的需要；
聪明智巧的现象出现了，伪诈才会盛行一时；
家庭出现了纠纷，才有强调孝慈的必要；
国家陷于混乱，才会呼唤所谓的忠臣。

【核心要义】

道德钥匙。

合于大道。

道德钥匙

老子发现了道德的钥匙，也是道德的核心规律，就是道德的因果。老子发现了让道德失效的根本原因，也从社会生活中找到了以下四种典型情形，来给我们阐释这个特殊的因果。

第一，"大道废，有仁义"。为何现实中仁义讲得多，也被破坏得多呢？原来根源在于人们脱离了大道所谈的仁义，变成了虚情假意。看来大道废是因，强调仁义是果。

第二，"智慧出，有大伪"。为何现实中虚伪的人和行为那样普遍呢？原来脱离大道而生出来的不是什么智慧，而是心机。正所谓"嗜欲深者天机浅"。看来，离开大道的自以为是是因，虚伪狡诈是果。

第三，"六亲不和，有孝慈"。大人们不懂事，把人间关系搞得乱七八糟，才会要求儿女孝顺。若是大人们没搞乱，孩子的孝顺就是自然而然的事了，正所谓父慈子孝，这是孝慈的因果。种好了因，还需要刻意强调果吗？看来"六亲不和"是因，强调孝慈是果，也是强求的无因之果。

第四，"国家昏乱，有忠臣"。历史上的忠臣大都出在乱世，和平年代好像显不出那样的忠良之士。原来，乱世是因，忠臣是果。

关键是，这"因"错了，"果"还能正确吗？种瓜得瓜，种豆得豆，种子决定着果实，这是农业种植的常识。

合于大道

明白了老子的真义，我们又应该怎么做呢？

第一，我们需要符合大道的仁义。我们知道了，老子不是简单地反对仁义，而是反对那些脱离大道的假仁假义。离开了大道，人心走向利己，仁义就会成为幌子，就会走上歪道。大道之仁义，也就是真仁、真义，它超越了利己，而利于众生，这就是符合大道的仁义。在现实中，衡量仁义真伪的一个标尺就是：一旦自己与别人发生了利益冲突或者自己受了损失，自己还能坚守仁义吗？由此可知，仁义之道在于：没事的时候要明白仁义，有了事情时就要践行仁义。

第二，我们需要合于大道的智慧。人的智慧来自纯净的心灵，来自无我的利他。一个有利己心的人，生出来的心眼叫算计。可这算计肯定会被人发现的，正所谓，真的假不了，假的真不了。而一旦被看穿，就再也无法获得信任了。由此可见，真正的智慧，是替他人着想，是在遇到问题时不去指责和抱怨别人，而能从自己身上找原因。真正的智慧，是保持至诚之心，无怨无悔，懂得损失也是收益、挫折也是教育。总之，不管遇到什么，总能有收益，而且是综合全面的收益。你说，这天底下有没有不亏的生意呢？唯有真正的智慧，才会永远有正面收益！

第三，我们需要合于大道的孝慈。家庭的和睦，来自对爱的坚守。家人是用来爱的，不是用来指责和批评的。在家里亲人之间，爱是一切，唯有爱对方多一点儿，才会收获爱的回馈。为不重要的事情争执就是对爱的背叛；在重要的事情上不懂得互相体谅，忘记了大家是利益共同体，只是一味坚持自己的看法和做法，就背离了爱的誓言。在家庭和睦方面，长辈负有第一责任，也就是要率先垂范，而且用心要纯粹，不能把自己对儿女的爱变成儿女孝顺自己的投资。儿女对长辈也有着尽孝道的天然责任，不应以父母对自己的付出作为前提，这就是家庭幸福方面孝慈的大道。

第四，我们需要合于大道的忠诚。在封建社会，忠君爱国是一个人的基本道德。在现代社会，热爱领袖、忠于国家也是每一个公民的责任和义务。同时，作为领导人，要一切为民所想，要戒除自己的私欲。这样才能够上下贯通，全民一心谋发展。如果自己不能成为表率，职位就是耻辱的表演场，权力就是毁灭自己的利刃。由此可见，国家的清明与混乱，领导人承担着主要的责任。成为领导人就要以圣人标准要求自己，若是依然沉迷于一般人的享乐，不仅会丢掉人心，还会丢掉权位乃至性命。古往今来，多少人用生命为我们写就了一部部的反面教材啊！

至此，我们越来越清晰地知道，人生信正道，心中有正念，动中有正行，人生才有正果。圣人们的思想看起来晦涩难懂，其实是在喋喋不休地向我们阐释着人生中最朴素的道理。

【悟道箴言】

真人真意，即是大道。

一心利人，即是智慧。

父慈子孝，家庭和睦。

政治清明，国民忠诚。

第十九章　绝智弃辩

一说绝学，人们会很来精神，因为绝学的诱惑力太大了！中国的绝学，基本上是指圣人的智慧思想。孔子有绝学，《论语·子罕》里写道："子绝四：毋意，毋必，毋固，毋我。"说的是孔子断绝了四种毛病：不瞎猜，不独断，不固执，不自以为是。

老子有绝学：绝智弃辩、绝伪弃诈、绝巧弃利、绝学无忧。孔子所说的"四绝"是戒除人的毛病，这还能理解；但老子这"四绝"，就有点让人不能理解了。

众所周知，道家思维是讲相对性和辩证法的，也是在不同空间维度上思考眼前和未来的。可是，老子却在《道德经》中多次使用了一个字，就是"绝"。在现实中，一个说话办事很绝对的人，很可能是个很偏激的人；一个对待友情很绝情的人，也往往是很小气的人；一个一意孤行的人，往往会走上"绝路"。因此，"绝"这个字在我们的生活中往往不具有正面含义。可老子为何连续使用"绝"字呢？

【经文】

绝智弃辩，民利百倍；

绝伪弃诈，民复孝慈；

绝巧弃利，盗贼无有。

此三者，以为文，不足。故令有所属：见素抱朴，少私寡欲。

【释意】

弃绝聪明智巧，不用巧舌自辩，人民可以得到百倍的好处；

弃绝虚伪巧饰，割除狡猾欺诈，人民可以恢复孝慈的天性；

弃绝巧取智夺，放弃追名逐利，也就没有欺世盗名之徒了。

智辩、伪诈、巧利这三者全是伪饰，作为治理社会病态的法则是不够的，所以要使人们的思想认识有所归属。

保持纯洁朴实的本性，减少私欲杂念，抛弃智辩伪诈巧利的浮文，才能免于忧患。

【核心要义】

四个弃绝。

两大法则。

四个弃绝

在上一章中，提到老子叙述大道被废弃后社会病态的种种表现，本章则针对社会病态，提出以下治理方案。

第一，弃绝浅薄的智巧和卑贱的自辩。去掉那些脱离大道的智巧自辩，因为这些只是看起来聪明的卑贱浅薄之举，唯有回归人生本源，才能在大道的土壤和根系上长出自然美丽的生活画面。

第二，弃绝虚伪巧饰，割除狡猾欺诈，回归真诚质朴，就不会再有扰民的"有为"之政。抛弃这种扰民的行为，人民才可以得到切实的利益，人民才可以恢复孝慈的天性。

第三，弃绝巧取智夺，放弃追名逐利，也就没有欺世盗名之徒了。老子看到世间人心迷失的根本在于，精英们一方面总是自以为是，另一方面又被世俗名利吸走了灵魂。那个自以为是的人还是自己吗？实质上是那个没有灵魂的自己了，是个木偶，是个傀儡啊！这种振聋发聩的疾呼，迷失了灵魂的人还能听见吗？估计是听不见了，因为人们迷失在自以为是、追逐名利的所谓聪明中，哪里还知道那是迷途？哪里还知道那是困局呢？你看看，自以为聪明的人成了经验的奴隶，随时随地谋算着自己私利的人，成了私利的奴隶。

第四，弃绝误人的学识。人们有限的经验，往往会成为自己心中的"真理"。从别人那里学习到的知识，往往又会以为就是智慧。学习了"物学"的理论，又荒废了"人学"的智慧。只要学习，就总是想着增加知识，却没有想过知识多了、偏了，消化不良也会成为垃圾。就是没有多少人去想如何去除心中的私欲和成见，让自己清净的心真正与智慧连接。

两大法则

明白了老子的心思，也清楚"智辩""伪诈""巧利""学习"都已经异化成人们手中的工具，目的还是没有改变，只是说法上看起来漂亮了一些。怎么办呢？老子给人们指出了出路，也是人生两个大道法则。

第一，见素抱朴。"朴素"一词我们都很熟悉，却也没有几个人重视，我们都被诱惑了，于是我们喜欢那些华丽的东西，正因为如此，我们的心被华丽给吸走了。从字的本意上来说，"素"是没有染色的丝；"朴"是没有雕琢的木。老子为何用这两个字呢？老子的用意实际上也很简单，是在用这两个字告诉人们，去除主观附加在生命中那些虚华的东西，回归人生和生命的本质，避免生命和灵魂被外在虚华的东西吸走，这样才可以避免人生被绑架、沦为傀儡。你意识到自己生命被绑架的局面了吗？你想做自己生命的主人吗？

第二，少私寡欲。如今的社会，自私不再是道德的忌讳；相反，你若总是说无私，人们反而认为你很虚伪。大部分人都想为自己谋取更多的私利和暴利，只是，他们看不到这样的人生运动轨迹最后的结局如何凄惨。一部分人即使看到了结局，也不会引以为戒，内心那种追求私利的力量始终没有消失。看来，

"不见棺材不落泪，不到黄河不死心"这样的古训，简直就是人间的真理。要用自己的生命代价来验证，才会有所领悟。在现实中，只有少部分人，借助于别人的这种错误的人生模式，清楚了自己的人生方向。再来说寡欲，现实中的人欲望都是处在膨胀的状态，现实中的生命基本上有两种状态：第一种状态是欲望不断地膨胀，所获得的远胜过自己人生和生命所需要的，并且是在用生命的代价来获取生命并不需要的，最终又把获得的一切连同生命一起毁掉，这就是心智痴迷的模式。第二种状态是将人的欲望拆分成了两个部分，一是合乎生命之道的需求，二是造福他人的理想与使命，在这样的模式中，符合生命之道就不会伤到生命，这是人做一切事情的基础。有了这样一个基础，心怀理想和使命，造福他人和社会，才是超越小我，创造伟大人生价值的大道。

总听那些吃喝不愁的人说，人就一条命，能吃多少？能用多少呢？总看到那些吃喝不愁的人到处奔忙，吃饭没心情，还会失眠。即使是为了理想和使命，这样的身心状态，又怎么能够把事情办好呢？失衡的心态加上失控的业态，最终恐怕只剩下窘态了。

【悟道箴言】

绝智弃辩，绝伪弃诈，绝巧弃利，绝学无忧。

见素抱朴，少私寡欲，皈道悟道，上善若水。

第二十章　独异于人

　　人生中有两道选择题，每个人都会做出自己的选择：你是想做聪明的人呢，还是想做愚蠢的人呢？你是想做卑贱的人呢，还是想做高贵的人呢？也许大家给出的答案都差不多，都要做聪明人，都要做高贵的人！

　　我们都知道现实中有这样一句话：聪明反被聪明误。我们没有人愿意做愚蠢的人，可聪明的人又会误了自己。愚蠢也不行，聪明也不行，人生的出路到底在哪里呢？

【经文】

　　绝学无忧。唯之与阿，相去几何？美之与恶，相去若何？人之所畏，不可不畏。

　　荒兮，其未央哉！

　　众人熙熙，如享太牢，如春登台。

　　我独泊兮，其未兆，如婴儿之未孩；

　　儽儽兮，若无所归。

　　众人皆有余，而我独若遗，我愚人之心也哉，沌沌兮！

　　俗人昭昭，我独昏昏。

　　俗人察察，我独闷闷。

　　澹兮其若海，飂兮若无止。

　　众人皆有以，而我独顽且鄙。

我独异于人，而贵食母。

【释意】

抛弃世俗中的智巧之学，人就没有忧患。

应诺和呵斥，相距有多远？美好和丑恶，又相差多少？人们所畏惧的，不能不畏惧。这风气从远古以来就是如此，好像没有尽头的样子。

众人都熙熙攘攘、兴高采烈，如同去参加盛大的宴席，如同春天里登台眺望美景。而我却独自淡泊宁静，无动于衷，如同婴儿还不会发出嬉笑声；疲倦闲散啊，好像浪子还没有归宿。

众人都有所剩余，而我却像什么也不足。我真是只有一颗愚人的心啊，那么混沌！

众人都那么光辉自炫，唯独我迷迷糊糊；

众人都那么严厉苛刻，唯独我淳厚宽宏。

恍惚啊，像大海汹涌；恍惚啊，仿佛漂泊无处停留。

世人都精明灵巧有本领，唯独我愚昧而笨拙。

我唯独与人不同的，关键在于得到了"道"。

【核心要义】

圣人的心态。

我独异于人。

圣人的心态

在本章里，老子将世俗之人的心态与圣人的心态做了对比描述：一个是贪婪、浮华和自以为聪明之象，一个是知足、质朴、愚钝之象。老子描述社会上层追逐物欲的贪婪之态时，又以相反的形象夸张地描述自己。世俗中，人对是非、善恶、美丑的判断，并无严格统一的标准，很多时候，好坏看他的立场，甚至心情。老子说"我"是"愚人之心"，这当然是正话反说，实际上这描绘的是清醒的人和悟道的人。

世俗之人纵情于声色货利，而"我"却甘守淡泊朴素，以求精神的升华，而不愿随波逐流。不懂老子的人，肯定觉得他是落后的和不合时宜的。实际上，看看结果就会知道，那种自认为合乎时宜的人和做法，不久就会从主流中退出，而那看起来不起眼的质朴行为，才是永恒的流行。

世上有几个人能够掌握这种历久弥新的流行呢？红尘中的时髦之人也就能风光一阵子，而大道的修行者，才是永远立于天地潮头的人啊！

我独异于人

第一，逆俗流，不落俗。很多经历了人生历练和磨炼的人都知道一个基本规律：如果大家都觉得好，或者很多人都认为是个机会，那这件事基本上就没什么做的价值了。对此，你能领悟那些卓越的人为何不落俗了吧？

第二，到底追求什么？真正缺乏什么？到底能拥有什么？世上不修行的人，基本上可以分成三种类型：一是物质贫穷的人，二是精神上空虚的人，三是二者兼而有之，也就是双重贫困的人。人越是喜欢或者追求什么，往往就是他越缺乏什么。等到折腾够了，很多人的生活中又倾向于回归质朴和简单。再看看那些修行者，他们把人生关注的焦点转向自己的精神世界，生活上越来越简朴，人也越来越谦卑与祥和。你处在什么状态呢？你的未来向着什么方向发展呢？

第三，理直气壮地自我奴役。人生中有一条铁律，你追求什么就会被什么主宰。没有人愿意做奴隶，可很多人实际上却被外部的利益或者自己的欲望所奴役着，这就是自我矛盾吧。

第四，心虚往往就虚伪。人生中还有一条心灵的铁律，越是自卑的人，越喜欢显示自己的长处，越是竭力遮掩自己的短处，短处一旦被别人触及，就会变得非常恼怒。自卑的人为什么会这么做呢？因为他们害怕被别人瞧不起，害怕别人说他们蠢笨或者没有能耐，可越是这样去表现，暴露的短处和蠢笨就越多，你看，自卑的人在忙着做什么呢？从主观意图上，他们想把自己美化，但在客观效果上，又丑化了自己。那真正智慧和有能耐的人呢？他们总是谦和谦卑的，自己的长处从来不用嘴巴说，而是将其变成事实，事实胜于雄辩啊！不仅如此，真正有智慧和能耐的人，拥有一种真正的自信，他们敢于直接表露自己的短处，甚至会拿自己做错的事来嘲笑自己，绝不害怕别人小瞧了自己。把这些品质加起来，人们就会发觉，有智慧、有能耐、有品德的人，既跟我们很亲近，又让我们感到自己很有差距。这种实力上的高上与姿态上的低下，不恰恰是一个悟道者的美妙形象吗？

第五，不上道，空活一场。老子早就看透了，人间那些浮华只是戏弄人的东西，唯有与大道同行，才会避免自己那滑稽可笑的表演，才不至于虚耗自己生命的力量，才不至于将自己的灵魂出卖给外部的事物，才能真正做自己的主人。这就是悟道者的境界，因为悟道而获得生命和灵魂的自由。这是多么诱人的景象啊！

【悟道箴言】

你认为现在是对的？实则是等着未来被否定的。

你觉得自己很机灵？眼前的聪明到未来是啥呢？

大家都想做聪明人？怎么圣人愿意做愚钝的人？

很多人只活在眼前，生命实际在几十年时空中！

第二十一章　悟道见真

生活中有一样东西，我们大家应该都见过，就是炮仗。它的里面填满了炸药，接上一根引线，看起来并不大的一个东西，只要用火点着引线，就会爆发出巨大的力量。军事上这样的东西就更多了，地雷、手榴弹、炸弹、导弹、原子弹，原理都是一样的。我们在人生中也总想搞点什么事情引爆人生，可这引爆点在哪里呢？我们生命中装的能量又有多少呢？

【经文】

孔德之容，唯道是从。

道之为物，唯恍唯惚。惚兮恍兮，其中有象；恍兮惚兮，其中有物；窈兮冥兮，其中有精；其精甚真，其中有信。

自今及古，其名不去，以阅众甫。吾何以知众甫之状哉？以此。

【释意】

世间大德的形态，是由道所决定的。

"道"这个东西，没有清楚的固定实体。它是那样的恍恍惚惚啊，其中却有形象；它是那样的恍恍惚惚啊，其中却有实物；它是那样的深远暗昧啊，其中却有精质，这精质是最真实的，这精质是可以信验的。

从当今上溯到古代，它的名字永远不能废除，依据它，才能观察万物的初始。我怎么才能知道万事万物开始的情况呢？是从"道"认识的。

【核心要义】

象物精信。

天的秘密。

象物精信

我们虽然已经习惯了老子所说的大道是无形无状的，可老子又说这惚恍之中藏着神秘物质。老子在这里提到了四个字，这是读此章的关键——"象""物""精""信"。这惚恍之中好像有某种影像，这影像之中似乎又有实在的东西，这模模糊糊的实在东西里面还藏着一种神奇的、极其微小的精微原质，这原质又蕴藏着一种鲜活的信种，好像随时可以生发出一切。

懂得了这个极精微的原质，也就知道了世间一切的源头。老子正是抓住了万象归一，抓住了万象背后的这个原质，也就知道了大道的原理和万事万物的总规律。

我们知道，研究一件事物，极致广大与极致精微是十分重要的方法。能够深入万象之中，找到精信，这是多么神奇的人生体验啊！

当代"量子理论之父"普朗克博士曾说过：世界上根本没有物质，所有物质都是由快速振动的量子组成的。可关键是，老子那个时代，没有科学观测仪器，老子是怎么看到的呢？据说，悟道的释迦牟尼佛也是这样看到了极广大和极精微的大千世界。

由此可见，如果不能理解此章老子看到的世界的景象，仅仅就老子的思想文字来谈人间道德，那可能就不是老子所说的道德，而依然是我们俗人俗界的道德。

天的秘密

我们明白了老子"象物精信"这一思想智慧，也就知道了天与人间相比最神奇的秘密。

第一个秘密："道"是由极其精微的物质组成的。虽然它无形无象，但确实存在，万物都是由它产生的。"道"产生了万事万物，而又深藏于万事万物之中，在一切事物中表现着道的属性，也就是表现了道的"德"。在人间，人也是"道"的产物，在人生现实中"道"又体现为"德"。这就是道家解读人间万象的一个总钥匙。

第二个秘密："道"是唯物的，老子说"道之为物"，又说"道"中有物、有象、有精、有信，这显然不属于观念性，而是属于物质性的东西。大道的自在性、规律性和主宰性告诉我们，若想通达人生，不应去拜那些人造出来的神，而应修行悟道，去掌握万事万物的总规律，否则就只能在自己虚幻的概念中走很多人生的弯路。

第三个秘密：蓄能才有能量，有信才能引爆，否则空忙而无法悟道。有人说，老子能看见，我为什么看不见呢？最直接的原因就是我们不是老子。老子教我们的"虚极静笃"对接大道，节制我们主观的想法避免耗费能量，连接上大道无穷的能量，才是让人生和生命超越小我和肉体的法门。唯有如此，才能做到如禅宗六祖惠能所说的禅宗十二字心法：无念为宗，无相为体，无住为本。

【悟道箴言】

孔德之容，唯道是从。

惚恍中见，象物精信。

天地万物，皆归道统。

极广极微，全是道影。

无我无念，道显神通。

第二十二章　曲径通幽

委曲求全，你愿意吗？很多人在目标上是求全的，可却没有人愿意受委屈。

历史上有个很知名的人物韩信，他能忍胯下之辱，能够跃马疆场，建功立业。可是，因为有了功劳，自己没有把心态调整好，最后死于非命。

说起来人生有两道关不太好过：第一道关是受委屈、受侮辱。很多人因为过不了这一关，空有英雄情怀，最终没有施展之地。第二道关是有了功劳、荣誉和地位之后，把持不了自己。不少的英雄豪杰，没有死在腥风血雨中，却死在了因为有功、有能力而生出的傲慢和自以为是中。

由此可见，吃不得苦、受不得委屈，就没法赢得机会，这样的生命就在郁闷中死去了。人一旦承受不起功劳与荣誉，就会走向自我毁灭。

【经文】

曲则全，枉则直，洼则盈，敝则新，少则得，多则惑。

是以圣人抱一为天下式。不自见，故明；不自是，故彰；不自伐，故有功；不自矜，故长。

夫唯不争，故天下莫能与之争。古之所谓"曲则全"者，岂虚言哉！诚全而归之。

【释意】

委曲便会保全，屈枉便会直伸；低洼便会充盈，陈旧便会更新；少取便会获得，贪多便会迷惑。所以，有道的人坚守这一原则作为天下事理的范式。

不自我表扬，反而能显明；不自以为是，反而是非彰明；不自己夸耀，反而有功劳；不自我矜持，反而能长久。正因为不与人争，所以天下没有人能与他争。

古时所谓"委曲便会保全"的话，怎么会是空话呢？它实实在在能够达到。

【核心要义】
曲则全。
生活辩证法。

曲则全

在这一章中，老子首先阐述了他关于"曲则全"的思想要义。

首先，找到自己想法、愿望和做法的反面，才能找到真正的起点。

其次，唯有管控住喜欢冒进的自我欲念，才能让自己不因为主观盲动而给自己带来损失和灾难。老子使用了"不……故……"这种反转的特殊句式，也是管控自我的几个核心要点。

最后，老子提出了道家曲径通幽的智慧，告诉人们，世上的捷径是弯曲、拐弯的，而这才是合于道的坦途。

老子的思想可谓玄妙。我们的思维习惯是短跑冲刺型的，比如，以为努力就能成功，以为勤劳就能致富，以为灾难就是不幸，以为损失就会痛苦，以为冲突就会生气，等等。实际上，这只是一个方面的道理，而另一个方面的道理我们很多人是看不到的。就像近些年人们讲的一些笑话那样，一个听起来有道理的想法，可能还有相反的一面。

俗话说，好马不吃回头草；可俗话又说，浪子回头金不换。

俗话说，兔子不吃窝边草；可俗话又说，近水楼台先得月。

俗话说，宰相肚里能撑船；可俗话又说，有仇不报非君子。

俗话说，男子汉大丈夫，宁死不屈；可俗话又说，男子汉大丈夫，能屈能伸。

生活辩证法

在本章一开头，老子用了六句古代成语，讲述事物由正面向反面变化所包含的辩证法思想，即委曲和保全、弓屈和伸直、不满和盈溢、陈旧和新生、缺少和获得、贪多和迷惑。这是中国文化中的太极思想，也是中国道家典型的阴阳哲学，阴中有阳，阳中有阴，阴阳一体两面，彼此互藏，相感替换，不可执一而定象。二者虽无定象，随道而变，上皆可为道，下亦皆可为器。人若是懂得了这个原理，怎么还会因为眼前见到的一面而欢喜或者悲伤呢？对于不修行的人来说，欢喜往往就是灾难的开始，被欢喜操控，自我就失去了自主性，最终会乐极生悲。许多人遇到挫折打击，往往就是悲观绝望，于是在客观效果上形成"雪上加霜"式的灾难叠加效应。实际上，悲伤不足悲，挫折都是在矫正我们错误的思维与方式，能够看到悲伤背面的提示，就会心生欢喜。阴阳哲学的妙处在于，喜无狂，悲无伤，逆无瞋，这样就能够稳住自己的心神，就能够将人间的悲喜、顺逆、得失等类似的两极现象统一起来，这样就可以避免在两极之间来回跳跃，就可以减少生命的成本，就能够看到危险背后的机遇，也能看到欢喜背后的隐忧。如此这般，人生就没有破不开的困局，人生一切的困局，就都会变成一场练习和游戏，这样的人生才真正美妙啊！

老子的辩证法思想告诉我们，不管任何时候，只要我们遇到了一面，就要去寻找它相反的方面，凡事看反面，答案在反面。人们对事物的两端都应当观察，从正面去透视负面的状况，因为对于负面的把握，更能显现出正面的内涵。事实上，正面与负面，并非截然不同的东西，而是相互转化、彼此促进的关系。比如，当我们遭遇挫折时，就是规律在帮助我们发现自己的弱点，就是让我们停止带着一个残缺的系统向前进一步发展，只要我们停下来反省自己，就能够让自己更加完善，就能够避免更大的祸端。

人类是平等的，这是从理想上来说的。但对于一个个具体的生命来说，实则是有贵贱之分的：贵者，心量大，能承受，不动声色；贱者，心量小，难承受，喜欢张扬。一些不修行的人，总是喜欢显摆自己，自以为是，自吹自擂，自居有功，等等。也就是老子所说的，自见、自是、自伐、自矜。想想看，做了一件该做的事情，为何要去表功呢？表功的人会得到表彰吗？做一件事大家也看得见，很夸张地去自吹自擂，岂不是让人生厌吗？这样的做法，看起来是提升自己的形象和价值，其结果却是贬低了自己，出卖了自己。修行者，就是修掉自己身上的贱性，首先要控制住自以为是，其次要能欣赏别人、赞美别人。控制住了自我表功的冲动，反过来去感恩、谦卑和自省。做到了不自见、不自是、不自伐、不自矜，自然产生了"明、彰、功、长"四大效果。

说到这儿，你对老子的辩证法之美妙有些感觉了吗？

【悟道箴言】

凡事一体两面，见正思反，见反思正。

万物阴阳一体，相互依存，互相转化。

警惕个人偏好，勿执一端，莫走极端。

人生如同镜子，贵在自强，自我折射。

恶争如同陷阱，与自己争，则不可争。

第二十三章　人生伴侣

一个人在漆黑的夜里走在一条偏僻的路上，若是有个人跟在你后面，你快他快，你慢他慢，你停他停，你会害怕吗？遇到这种情况，估计很多人会崩溃。是啊，这实在是有点恐怖！你想过没有，在我们的人生中，也不是我们一个人独行，总会有人与你相伴。这当中既有你喜欢的，也有你厌恶的。

让我们再往深处想一下：经历了几十年的人生，时常会有一种说不清楚的感觉，好像冥冥之中有一种力量一直跟随着我们，这种力量看不见、摸不着，但如影随形，又像我们生命中一个不离不弃的伴侣。你知道这是什么吗？

【经文】

希言自然。

故飘风不终朝，骤雨不终日。孰为此者？天地。天地尚不能久，而况于人乎？故从事于道者，同于道；德者，同于德；失者，同于失。

同于道者，道亦乐得之；同于德者，德亦乐得之；同于失者，失亦乐得之。

信不足焉，有不信焉。

【释意】

真正的"道"是不需要去多"言"的。

狂风乱刮也不到一个早晨，暴雨也下不了一整天。可这些又是谁在操作主宰呢？是天地（也就是自然）。

所以从事道（顺其自然）方面修炼的人，就能和道融为一体同于道；从事德方面修炼的人，就能和德融为一体同于德；失去道德的人就要被道德所抛弃。

同于道的人，就会得到道的支持，促使道能很容易地接受他；同于德的人，就会得到德的支持，也促使德能很容易地接受他；失去道德的人，就会得到失德人的接受（同时也会遭到道德的惩罚）。

不值得信任（的统治者），人民自然不信任他。

【核心要义】

无常。

恒常。

无常

借着飘风不终朝这样一个自然现象，老子告诉我们世间一切都是变化的。人要懂得，自己的主观愿望不能凌驾于规律之上，当然，即使你想凌驾规律之上也是徒劳的。因此，人要学会顺应，而不是用自己的主观愿望与自然规律相对抗。老子关于无常的思想是在告诉人们，别离开规律自己去想什么美事，一切都会变化的，想用狭隘的自私念头让自己的私欲变得永恒是不可能的。

天地掀起的暴风骤雨都不能够长久，老子借自然规律来阐释人生规律，因为人生就在自然中：一个人得势时，不要欺凌弱者，因为在位的人也有下台的时候；一个人强大时，也不要瞧不起不如自己的人，因为任何强大都很难永久。修道有德，一切的善良和慈悲，形式上是对别人好，事实上是在播下自己未来的善种和丰收。这就是生命价值的时空观，是在现实和未来两个时空维度上进行思考的智慧。

恒常

虽然说一切都在变化，但也有一个不变的力量一直跟随着每个人的一生，这就是恒常的规律，就是大道。你看不见它，但它却像个忠实的伴侣一样陪伴着你的一生。

由此可见，老子才是现代人很熟悉的"吸引力法则"这一思想的最早阐释者。一个人是什么样的人，就会吸引什么样的人到他身边，人生所遇到的，都是与自己类似的人。你自己有道，就会有有道的人来到你生命中；若是自己无德，也会遭遇很多无德的人。总之，你所遇到的，看起来是一个个的别人，实际上，都是心中的自己。于是，就有了这样一个论断：你所遇到的不是别人，都是自己，是你并不认识的全面的自己。也许有的人看不懂，觉得身边出现的人跟自己不相似。实际上，这不是看不懂别人，而是看不懂自己，是看不见自己身上的问题，来到自己身边的人只是一面镜子，映照出自己身上的问题。

正所谓"行得善事，善神随之；行得恶事，恶鬼伺之""祸福无门，唯人自召"。真正修道的人，道就会加持他；顺应道的规律做事的人，就会得到大自然的恩惠，顺天则昌；以卑鄙品质做事的人，不好的信息就会与之共振，渐渐地周围就会聚集很多类似的人，正所谓物以类聚，人以群分，当一个人身上负面的信息吸引了一群相类似的人的时候，也就注定了自己的失败。

这些观点，有的人相信，有的人半信，有的人不信。还有的人认为是宿命论，这哪里是宿命论啊，这不就是像照镜子一样简单的规律吗？想想看，当你站在镜子面前时，你能看见谁？由此我们也就明白了一个极其重要的道理，一切修行的正道法门都集中在一个焦点上：一切的变化都围绕着你自己，你自己就是一切的核心，你是什么样的人，就会遇到什么样的人。让你遇到的人，都是对你自己的映射。莫要外求，遇事自观，自省改过，自强不息，感恩一切，悦纳众礼，读懂天书。

有个小例子可以告诉我们，不懂得上述规律的人是如何陷入迷茫的。一个人被骗了，就会说自己是受害者，骗他的就是坏人。实际上，这个判断是不准确的，之所以会被骗，要么是因为自己轻率，要么是因为自己贪婪，要么是因为自己愚蠢。可是，人在被骗之后，一定会忙着把自己打扮成受害者，极力把对方丑化成坏人，就是不说自己贪婪加愚昧。

由此可见，几乎每个人都会玩一种游戏——人生苦肉戏：欺骗自己，美化自己，丑化别人，让过去那个愚昧又贪婪的自己得到维护和加固。明白了这个道理，我们就能够理解"我是一切的根源"这句话的深意和哲理。不管遇到什么事情，唯有自省、自修、自我完善，才是正确的态度和做法。你若想在未来有更好的命运，就从现在开始勇敢地面对自己内心中的缺点并加以改正。积极主动地学习别人的长处，而不是嫉妒和疏远；真诚地借鉴别人的教训，而不是幸灾乐祸。

【悟道箴言】

希言自然，事实胜于雄辩。

自我表白，就是自我出卖。

悦纳变化，一切都是营养。

自强不息，命运就在自己。

你是中心，所遇都是自己。

懂得观照，遭遇就是礼遇。

第二十四章　越想越错

据说，山里的毛竹，一般前四年仅仅能长三厘米，可是第五年每天能以三十厘米的速度疯狂生长，仅仅用六周的时间就能长到十多米。其实，在前面的四年，毛竹已经将根在土壤里延伸了数百平方米，为第五年的疯狂生长奠定了基础。做人做事亦是如此，不要急于求成，不要急功近利，不要急于求报，因为你的一切回报都是基于人生的根基更牢。

可是，这个世界上的人却总是急于求成。在经历了很多人和事之后才会明白：人算不如天算，老实做人，踏实做事，才是人生真谛。只是，这些我们大家都听说过的道理，又有几人真的照样做了呢？

【经文】
企者不立；跨者不行；自见者不明；自是者不彰；自伐者无功；自矜者不长。其在道也，曰：余食赘形。物或恶之，故有道者不处。

【释意】
踮起脚，想要站得高一些，是无法站立长久的；迈起大步，想要前进得快一些，也是无法长久远行的。

越是喜欢自我表白的人，反而得不到别人的理解；自以为是的人，反而不能正面彰显自我；自我夸耀的人，无法让人认可他的功劳；自高自大的人，也不能成为众人之长。

从道的角度看，以上这些急躁炫耀的行为，只能说是剩饭赘瘤。因为它们是令人厌恶的东西，所以有道的人绝不这样做。

【核心要义】

四种典型的心理疾病。

心急做事无法长久。

四种典型的心理疾病

首先，我们需要认识人生中四种典型的心理疾病，就是自见、自是、自伐和自矜。

第一种，自见病。在人群中，你是不是时常有一种恐惧：害怕别人小瞧了你？于是，你就会刻意表现自己。但表现得越多，被人看透和看出短处、看穿心虚处的可能性越大。这种病症，源于人的自卑、心虚和虚荣。也就是说，实力不够，又不敢面对，还死要面子。当然，这种病也是因为不了解人心的规律，自以为这样做就可以美化自己，但在效果上恰恰相反，所以属于蠢行。

如何治疗"自见"这种心病呢？就要自强不息，谦虚学习决定实力，实力决定自信。平时，要学会聆听，敢于请教，学会吸纳别人不同意见的独特之处，不用逞口舌之能去进行没有意义的辩论。当然，结交比自己高的人，拜师学艺，接受高人指点，也是重要的途径。

第二种，自是病。固守小我的人，总认为自己的见解是最高明的，总想证明别人是错误的，总是反驳与自己不同的意见。很显然，这样的人自视过高，把主观的有限认识当成了真理。尤其要命的是，这样的做法很容易跟别人发生冲突，在一些根本没有必要的事情上与别人形成对立，因此也失去了从别人那里吸纳有益的思想来完善自己的机会。这种不断强化自己现有想法的做法，导致自我认识的水平长期停滞。

如何治疗"自是"这种心病呢？首先，要做到自知，现在的你肯定不是最好的你，现在的状态就是要被超越的状态，否则你就会永远停留在原地。其次，学着理解不同意见的合理之处，学着将自己的意见和别人的意见融合形成超越自己和别人的新的更高层次的见解。再次，一定要懂得，生活中的大部分话题，都只是用来聊着玩儿的，没有必要分个高低上下，也没有必要在一些没什么重大意义的话题上较真。唯有明白了这些，才真正有利于自己的提高和人际关系的和谐。

第三种，自伐病。现实中不少人都有这种病，一方面夸耀自己过去的光辉历史，但不提自己的失误；另一方面，总在夸耀自己对别人和组织的贡献与功劳，却很少谈及别人对他的恩情，也绝对不谈自己对不起别人的地方。你看，这是多么虚伪和虚荣！怎么会这样呢？原因就在于，这样的人对自己和他人的认知存在一个盲区：看不到自己的不足，看不见别人的长处。于是，总在表达自己的功劳，又总在抱怨别人对不起自己，这就是典型的魔鬼逻辑。

如何治疗"自伐"这种心病呢？首先，要明白夸耀自己是令人生厌的，也会让自己沉迷于虚幻的成功之中。其次，一定要明白个人的成就属于过去，在组织中的成绩属于集体，绝不是个人独自的贡献，否则就有贪功之嫌疑。再次，要理性地承认别人的价值与贡献，主动赞美别人，并适当地用自己的短处给别人的优点做一个陪衬。最后，别人说你的功劳时，你要说大家的功劳和别人的恩情，同时还说自己的不足。唯有这样做，我们才能走出自我的误区，才能与别人建立和谐的关系。

第四种，自矜病。在现实中，能力差一些的人容易自卑，能力强一些的人容易自负，这自矜病说的就是人的自负。每个人都有自己的能力，关键是有的人做成了一点儿事，就以为自己无所不能；拥有了一些经验，就以为未来也会成功。这种自负的人，往往会犯经验主义的错误，以过去的经验代替现实的真实，以自己主观的想象代替客观的现实，夸大自己的能力进而导致轻敌，以为谋划很周密进而忽视很多自己无法掌控的因素。这种自负的毛病，在生活中最多是让人讨厌；但在事业决策中，这样的毛病就会让自己犯致命的错误。

如何对治"自矜"这种心病呢？首先，要明白用过去的经验思考现在与未来就犯了经验主义的错误。其次，要知道一个人的能力都是有限的，唯有整合众人的能力，听得进去不同意见，才能真正增进我们的智慧。再次，事先的谋划固然重要，但要小心人的主观有限性，要承认客观变化的无限性，必须为你不可掌控的情况发生做出战略性的预备。否则，过于相信自己，没有预留空间，就会把自己逼到死角，就可能万劫不复。

看来，我们很有必要学习一下竹子精神：人生如竹，成长也需要储备！不要急于求成、急功近利，否则一定是根基浅薄、后发动力不足。只是很可惜，很多忙忙碌碌的人，看起来做了很多事，却唯独没有扎深自己的根、盘牢自己的底。

心急做事无法长久

对于这一思想，老子从以下三个方面进行表述。

第一，先说了一个很好理解的生理现象，就是踮脚尖和迈大步。我们都知道，这样的做法是很难持久的。

第二，说的是人心理上的错误和因此而导致的四项错误后果。

第三，也正是因为这些做法的负面作用，老子将其视为多余的、令人恶心的徒劳之举，有道的人自然就不会这么做。

通过学习老子这一章的思想，我们明白了以下三个道理。

第一，在生理规律和行动上，任何违背生理规律的行动都无法持久。我们知道，百米赛跑的运动员，爆发力和冲刺力都很强，但可能并不是马拉松的好选手。自然界的短跑好手猎豹，腿长，身体瘦，脊椎骨十分柔软，容易弯曲，像一根大弹簧一样，跑起来时前肢和后肢都在用力。可是，猎豹这样的速度最多只能跑几分钟，然后就会减速，否则它们会因身体过热而死。

第二，在心理规律和行为上，我们都喜欢表彰和美化自己，总怕别人小瞧了我们。但越是这样，效果就越是相反。只是很多人沉迷于自我表彰和自我美化，根本察觉不到别人的感受。关键是，你做了这样让人厌烦的事，却很少有人直接告诉你，但在别人心里已经在暗暗地笑话你了。

第三，圣人对待这些问题的态度。老子认为，违背生理和人心规律的做法，就是不合道的，就是多余的，往往又是让人恶心的，所以有道的人绝不会这么做。

反观自己，你有老子所说的上述心病吗？快点治疗吧，也许你已经付出了一些代价，如果不从根本上治疗，在未来就会付出更大的代价。这也是老子思想智慧对于我们的重大价值。

【悟道箴言】

心急欲求，越求越远。

偏执愚昧，怒言愚痴。

自吹心虚，自夸人嘲。

急于炫耀，自取其辱。

第二十五章　认识天母

我们对自己的母亲都是很熟悉的，母亲的任劳任怨、无怨无悔、细致入微，成了我们成长中最重要的温暖来源。这是我们对自己生身母亲的感受。但是，你知道吗？我们与万物还共有一个天母，我们与万物也是兄弟姐妹。

我们现在开始懂得保护环境、爱护动物，难道仅仅是为了给自己营造一个美好的生存环境吗？这其中是不是另有深意呢？

【经文】

有物混成，先天地生。寂兮寥兮，独立不改，周行而不殆，可以为天下母。吾不知其名，强字之曰"道"，强为之名曰"大"。大曰逝，逝曰远，远曰反。

故道大，天大，地大，人亦大。域中有四大，而人居其一焉。

人法地，地法天，天法道，道法自然。

【释意】

有一个东西混然而成，在天地形成以前就已经存在。听不到它的声音，也看不见它的形体，寂静而空虚，不依靠任何外力而独立长存，永不停息，循环运行而永不衰竭，可以作为万物的根本。

我不知道它的名字，所以勉强把它叫作"道"，再勉强给它起个名字叫作"大"。它广大无边而运行不息，运行不息而伸展遥远，伸展遥远而又返回本原。

所以说道大、天大、地大、人也大。宇宙间有四大，而人居其中之一。

人取法地，地取法天，天取法"道"，而"道"纯任自然。

【核心要义】

"道"的存在和运行。

三种"信"。

"道"的存在和运行

按照人们自然的本能，我们会想到自己的母亲，但又有谁会想到天地万物共同的母亲呢？文学艺术的语言有时会形容大地为母亲。可老子所说的"天母"，是缔造宇宙天地万物的母亲，就是"道"，是一切万物的源头，也是在天地万物生成之前就存在的一种力量。它周而复始地运动着，博大而深远。宇宙天地的一切都要效法它、跟随它。这就是我们看到的和看不到的宇宙世界一切背后的力量与规律。学道、修道和悟道，就是要掌握这样的规律！

在这一章中，老子描述了"道"的存在和运行，这是《道德经》里很重要的内容。主要包括：

"有物混成"。用以说明"道"是浑朴状态的，是圆满和谐的整体，并非什么神的意志。因此可以说，老子是唯物主义的鼻祖。

"道"无声无形，先天地而存在，循环运行不息，是产生天地万物之母。因此可以说，老子也是哲学本体论的鼻祖。

"道"是一个绝对体。现实世界的一切都是相对而存在的，而唯有"道"是独一无二的，所以"道"是"独立而不改"的。

"道"的运动是循环往复的。它经过变动运转又回到原始状态，这个状态就是事物得以产生的最基本、最根源的地方。

老子提出"道""人""天""地"这四个存在，"道"是第一位的，自然是道的本质，也就是那种自在性、绝对客观性和非主观决定性。

通过学习老子这一思想，我们进一步明白了人生中一些很重要的道理。

第一，打破封建迷信的谜团，奠定科学信仰的基石。按照迷信的说法，人们认为世界之初有一个神创造了一切，人们只要信仰神，就可以得到护佑。老子所说的"道"是在诸神之前已经存在的：道产生万物，是天地之根、万物之母，是宇宙的起源。因此，正心、静心、虔诚就可以随处领悟大道的存在与规律，人的思想与行动能够合于规律就能顺遂。若是违背规律，那就如同蚍蜉撼树一样可笑。

第二，确立了一种唯物的、科学的理性。我们的主观要臣服于客观规律，我们主观能动性的核心任务就是识别和控制自己主观违背客观的想法与做法。这就是说，人的生命若是自我、自大，就会沦为渺小、可笑的愚昧状态。人的生命若是皈依道、顺应道、跟随道，就能一切顺遂。这就是中国人最原始的、最根本的，也是最科学的信仰观。

第三，在力量巨大无比的大道面前，人类并不是任由宰割的羔羊，人本身就是大道之子。生命的运动是按照大道的规律运行的，只是因为人的主观作乱，我们往往对存在于自身和周围的大道运行规律视而不见，并在错误的主观驱动下肆意妄为，这才是人生问题和痛苦的根源所在。

三种"信"

人类社会看起来有各种各样的信仰，但从信仰的角度，大体可以将人类分成以下三种类型。

第一种是没有信仰的人。这种人被自己的欲望驱动着，被有限的主观指挥着，被外部的力量诱惑着，被有限的经验误导着，这些力量搅在一起，会是什么结果呢？还用说吗？

第二种是信邪的人。他们貌似拥有信仰，但他们拥有几个致命伤：排斥异己而不是博爱众生，唯我独尊而不是兼容并蓄，祈求神灵而不是自强不息，责怨别人而不是修正自己，自我中心而不是与人合和，自以为是而不是尊重规律，唯利是图而不是奉献社会。这样的人拥有诸多信仰的形式，却唯独不理解一切正道信仰的本质。

　　第三种是正信的人。按老子所说的"道可道，非常道；名可名，非常名"的无为法，拥有正信的人，他们追求真理和大道，在人间施行利他与博爱，战胜了自我和自私之心，将自己与天地万物和众生完全融为一体，没有亲疏，没有分别，没有索求，悦纳一切，整个生命充满大爱，人生充满无穷的力量，将自己的全部生命与大道完全融为一体，心甘情愿承受人间一切苦，无怨无悔地奉献一切爱。这样的生命才是人间最高贵的、力量最强大的生命，铸就的才是最有意义的人生。

　　人这辈子可能会犯很多小错误，但人生大方向，尤其是关于信仰的问题是不能出错的。否则，一直出错，也不改错，结果呢？会被自己想象中的神赦免吗？你若觉得真有神，他会怎么做呢？正如西方《圣经》中所说的思想：神救自救者！在那些不明白的人眼里，你就犹如有神相助，甚至还可能会说你的经历很神奇，也很神秘！可明白了的人知道一切都是"道"在支配。

【悟道箴言】

道为天地母，一切皆道子。
周行而不殆，谓大逝远反。
天下众生灵，承载大道行。
人天地道合，皆在自然中。
人若能悟道，就如神相助。

第二十六章　人生不倒翁

我们都知道那种晃来晃去却不倒的玩具——不倒翁。人生也是晃来晃去的，可很多人晃晕了自己，其中还有不少人晃着晃着就倒下了。在仕途和官场上，在充满竞争的商场上，人们多么推崇那些不倒翁式的人物啊。现实中的人们，对于人生中的起起伏伏，普遍感到厌倦。经历得多了，渐渐知道平安是福、和谐是福、健康是福。

普通人在谴责别人的恶行时，自己也未必就高尚到哪里。我本人也是俗人，很多时候讲着正确的道理，但也经常做不到。只是这些年来，有了认错和改错的勇气，才渐渐改变了自己的人生！不修道的人，一旦出事，个人的一生就完了，甚至全家都会跟着遭殃，甚至几代人都缓不过劲儿来。这到底是怎么了？老子的思想能救我们吗？

【经文】

重为轻根，静为躁君。

是以君子终日行不离辎重。虽有荣观，燕处超然。奈何万乘之主，而以身轻天下？

轻则失根，躁则失君。

【释意】

厚重是轻率的根本，静定是躁动的主宰。

因此君子终日行走，不离开载装行李的车辆，虽然有美食胜景吸引着他，却能安然处之。

为什么大国的君主，还要轻率躁动以治天下呢？轻浮就会失去根本，急躁就会丧失主导。

【核心要义】

两对矛盾。

守住本心。

两对矛盾

在这一章里，老子通过对两对矛盾现象的释义，揭示了人生起起伏伏的原因，也揭示了不倒翁的人生哲学。读过毛泽东的名篇《矛盾论》的朋友知道，事物有主要矛盾和次要矛盾。老子所说的这两对矛盾是：重与轻、静与动。在这两对矛盾各自的关系中，一个是主要矛盾，另一个是次要矛盾。主要矛盾决定着次要矛盾和矛盾的发展方向。在重与轻的关系中，重是主要矛盾，轻是次要矛盾，注重轻而忽略重，则会失去根本；在动与静的关系中，静是主要矛盾，动是次要矛盾，只重视动而忽略静，则会失去根本。

在人生的起起伏伏中，老子发现了一个规律：轻重失衡、动静失当是人生起伏和灾难发生的矛盾规律。抓住了这个规律，也就解开了人生起伏的秘密。

守住本心

明白了老子的这些思想，我们应该信守一些什么样的法则呢？

第一，抓住决定性的因素，才能避免被决定。在自然界的事物中，重的决定着轻的；在人类的事务中，重要的决定着轻微的，凡是能够抓住重点的，就能决定全局。看看那些忙碌的人们，他们往往都是眉毛胡子一把抓，枝梢末节的事做了很多，关键和决定全局的事却往往会忽视。这不正是失败的人生最典型的模式吗？

　　用老子的思维来分析，虽然我们每个人都看重自己的念头和主张，但它们实在是最微不足道的，最重要的还是客观大道。大道决定着一切，包括我们自己。若是将二者的关系颠倒，整个人生的模式也就颠倒了，在这种错误的人生模式下，任何个人的努力都只能走向失败。

　　第二，保持心灵的安静。都说现在是一个浮躁的时代，实际上，随着人类自主意识的加强、人类能力的强大，人心的躁动也一直在增强。普通人在拼命地奋斗，有权力的人在任性地做着管理，富裕的人在追求更多的财富，有了成就的人又自以为是。总之，人类的心似乎一直处在浮躁状态中。人们羡慕别人比自己好，不断地追求想着让自己能够拥有更多，深知人心贪欲的骗子们又以此诱惑着人们。还有谁关注自己的心灵呢？强大的人还能让自己的心安静下来吗？也许有人会说，人都是要追求发展的，安静下来干什么呢？从本意上来说，老子并不是反对人的发展，而是强调一切发展都应该在遵循规律的前提下进行，更重要的是，不能因为追求发展就迷失了自己。由此看来，老子所说的"静为躁君"这一法则，对于我们有两大功能：一是因为安静，而不至于让我们的主观去违背客观规律，否则就会适得其反；二是因为安静，不管是在匮乏还是富有的状态下，都不至于迷失本性，不至于将自己变成外部事物的奴隶，从而成为自己生命、人生和心灵的主人。

　　第三，避免心灵被外物主宰。具有君子风范的人，能够做到"役物而不役于物"。圣人们所说的都是人自己和外部事物的关系，强调的都是人要做自己的主人，不能做外部事物的奴隶。圣人们的思想已经说了两千多年，可在真正的人生当中，又有几个人是自己的主人呢？人拥有权力时会慎重用权而看重民意吗？有能力的人会看重自己的德行吗？有成就的人会看重自己的恩人吗？有长处的人会看重自己的弱点吗？有财富的人会看重自己的幸福与健康吗？满足了自己生活需要的人，会看重自己对社会和众人的使命吗？

第四，有权有势者是高危人群。在本章里，老子所讲的政治观点，矛头指向是"万乘之主"，即大国的国王。老子认为他们奢侈轻淫、纵欲自残，使用轻率的举动来治理天下，这是很危险的，一个朝代的败坏，首先就是从当政者的腐败开始的。在老子看来，一国的统治者，或者进一步延伸到组织的领导人，应当静心、持重，而不应轻浮、急躁，如此，才有可能把国家治理好。对于今天的人们来说，国家和组织的领导人，也是手握重权和资源的人，一旦拥有了巨大的权力和财富这种外在赋予的力量，人能把持住自己的主观状态吗？我们都知道，骑着自行车摔倒了，可能会擦破块皮；但若是开着汽车翻车了，就可能会丢掉性命。所以，在人生中拥有更多外在力量的人，自己的内在若是没有强大到足够的力度，高位领导和巨富之人就会成为高危人群。

第五，要稳重，莫轻浮。老子关于静决定躁、重决定轻的观点，适用于我们所有的人审视和完善自己。一个人得意扬扬时，走路姿态是随意的，说话是撇着嘴的，口气是很大的，看人是斜着眼的，说话音调是往上挑的，当然，做起事来一定是自大而轻视对手的，一定是自以为是而听不进不同意见的。人到了如此轻飘飘的地步，心智已经进入不正常的状态，唯一的疑问是：在何时、何地、何事上出事惹出祸端。再看踏实稳重的人，对人是谦和的，对不同意见是深入请教的，说话是亲切的，态度是温和的，为人是友善的。

人生贵在平安，社会贵在安定，若要实现这样的目标，就要警惕人心的浮躁。实际上，越是浮躁越是会坏事。如果学道修道悟道，世间的事情就没那么复杂了。至此，你也就懂得了不倒翁的原理了吧？就是不管遇到什么样的外部冲击，可以摇晃，但是重心永远不会失去。不失重心，人生就可以化险为夷，就可以有惊无险。

【悟道箴言】

重为轻根,静为躁君。

身居高位,莫忘初心。

自心失控,亡命鬼魂。

勿为物奴,心定乾坤。

第二十七章　真善如神？

你听说过"天衣无缝""巧夺天工"这一类的成语吧，这些成语都是在告诉我们人生中很多事可以做到极致。可这种极具工匠精神的典范又是如何做到的呢？你看看庄子的"庖丁解牛"也许就知道了，说的就是做事的极致。在做人方面，能够让坏人放下屠刀的算是厉害的吧？但是，美国前总统林肯说，爱你的敌人，把他变成朋友，也是消灭敌人。

现实中，我们大部分人还是相信善良的，可抱怨"人善被人欺，马善被人骑"的人也有不少。那圣人老子对此又是如何看的呢？

【经文】

善行无辙迹；善言无瑕谪；善数不用筹策；善闭无关楗而不可开；善结无绳约而不可解。

是以圣人常善救人，故无弃人；常善救物，故无弃物。是谓袭明。

故善人者，不善人之师；不善人者，善人之资。不贵其师，不爱其资，虽智大迷，是谓要妙。

【释意】

善于行走的，不会留下辙迹；善于言谈的，不会发生误会；善于计数的，用不着竹码；善于关闭的，不用门闩而让人不能打开；善于捆缚的，不用绳索而使人不能解开。

因此，圣人经常挽救人，所以没有被遗弃的人；经常善于物尽其用，所以没有被废弃的物品。这就叫作内藏着的聪明智慧。

所以，善人可以做恶人们的老师，恶人可以作为善人的借鉴。恶人不尊重自己的老师，善人不爱惜恶人的借鉴作用，虽然自以为聪明，其实是大大的糊涂。这就是精深微妙的道理。

【核心要义】

圣人做事的法则。

圣人做事的法则

老子在本章中分三段来阐释他的思想。第一段，老子先说了做事。老子提出了做事的五个善，强调的是合于道的方式做事；因为合于道，一切事做得自然、圆满，而没有瑕疵。第二段，老子开始讲做人。老子说的是悟道的人如何做人，并提出了无弃人、无弃物的袭明境界。第三段，老子提出了善人者和不善人者二者的关系，并将其视为要妙。

在第一段讲做事的法门中，老子使用的语言逻辑是"善……不（无）……"，意思是只要按照事物的规律，也就是道去做事，就可以做到天衣无缝、巧夺天工。人若是能够有这样的做事水平，那还有什么问题呢。老子所说的能达到那样做事水平的人，简直可以用"神秘莫测""不可思议""鬼斧神工"等成语来描绘了。

我们将现实中的人与圣人的做法做一个比较，来看看我们的差距，以便明确努力的方向。

第一，天道酬勤。对于急功近利、自以为是的人，圣人劝他们"天道酬善"。做人做事既不能使蛮力，也不能动私心，更不能徒劳地去做那些求助神灵的事情。既然这些做法都不对，那老子又让人们怎么做呢？老子用"善行""善言""善数""善闭""善结"作比喻，说明人只要领悟事物的自然之道，能够把握事物的规律，就不必花费太大的气力，还能取得更好的效果，并且无可挑剔。

第二，好心办坏事。在现实中，好心办坏事，最后被人恨的人大有人在。当然，如果其出发点没有恶意，那就是做事的智慧不够。当认识到对别人的伤害并且伤害并不大时，只要道歉并改正就不能算是坏人。生活中所说的坏人，不是个很严谨的概念，一般说的是动机就是坏的，也不知道认错改错，或者对人的伤害触犯了法律。

对于真正的坏人应该怎么办呢？老子说对他们也要善待，这可能让很多人想不通。想想我们中国人的智慧和善良所创造的奇迹吧：我们对战犯的改造，让很多人从仇人变成了朋友；对在抗美援朝战争中俘虏的美军，我们实行人道主义，美联社记者发布的战俘的生活照片，让整个西方世界都震撼了。

第三，一个人的功夫往往要看他的老师是谁。在人生中，每个人都是有老师的，只是有明暗之分：明面上的老师好理解，你听过谁的课、叫过谁老师或者拜过谁当师傅，这些人就是明面上的老师；暗地里的老师，你崇拜谁、相信谁、读谁的书，这些人就是暗地里的老师。一个人的功夫往往就跟他的老师有关。历史上，名师出高徒很普遍，如一介书生却能用智慧摆布几个国家的局势，最出名的要算苏秦、张仪了，他们的老师就是鬼谷子。当然，很多人由好变坏，往往也是因为有了坏师傅。

那悟道的圣人们是不是也有老师啊？是的，不仅有，而且还很多。中国最著名的两大圣人老子和孔子就有很多老师，古籍记载中老子小时候有商容老先生做他的老师，孔子也把老子作为自己的老师。更主要的是这两大圣人还有"天师""圣师""事师""人师""心师"五大老师：天地自然是他们的老师，观察中能够领悟规律；之前的古代圣人也是他们学习的榜样，遇到的事情也能让他们体悟和进步；任何人包括帝王和百姓、好人和坏人都能给他们启迪，他们善于自省自观，跟自己的心说话，时刻观察自己。由此可见，成为圣人的人首先是个具有超级学习能力的人。所以老子说，即使是不善的人，也可以做我们的借鉴。正如圣人们教导我们的那样：三人行必有我师焉，择其善者而从之，其不善者而改之。

　　至此，我们对圣人做事不费力的无为无不为的能力来源就有所认识了吧！我们对圣人无弃人无弃物的超级救人能力有所领悟了吧！我们对圣人那种事事、人人、处处都可以学习悟道的超级学习能力有所感受了吧！

【悟道箴言】

　　人间万物万事，秘密皆在道中。
　　跟随圣人悟道，秘密就在心中。
　　只要心灵干净，万物皆有灵性。
　　坏人也是老师，圣人道性引领。
　　懂得人间要妙，即可达到袭明。

第二十八章　回路与出路

人生啊，我们一直在拼命地向前跑，可哪是回家的路呢？

人们啊，年复一年日复一日地忙碌，又把灵魂安放在何处呢？

生活中，照明用的电流和灯泡要形成回路，否则就会短路，然后就是一片黑暗。我们人生的回路又是什么样子的呢？

放慢一点我们奔忙的脚步，等一等我们的灵魂吧！

一位哲人说过：不经审视的生活，是不值得过的！

我们只是一味地往前跑，却忘记了回家的路。

没有回路，哪里又是出路呢？

【经文】

知其雄，守其雌，为天下谿。为天下谿，常德不离，复归于婴儿。

知其白，守其黑，为天下式。为天下式，常德不忒，复归于无极。知其荣，守其辱，为天下谷。为天下谷，常德乃足，复归于朴。

朴散则为器，圣人用之，则为官长，故大制不割。

【释意】

深知什么是雄强，却安守雌柔的地位，甘愿做天下的蹊径。愿做天下的蹊径，就能将良德善行永存于身，重新回到婴儿般的纯真无邪。

深知什么是明亮，却安于暗昧的地位，甘愿做天下的模式。甘愿做天下的模式，永恒的德行不会出差错，可以复归到不可穷极的真理。

深知什么是荣耀，却安守卑辱的地位，甘愿做天下的川谷。甘愿做天下的川谷，永恒的品性才得以充足，回复到自然本初的素朴纯真状态。

这原始的质朴状态分散开来就成为有用的器物。圣人若运用其中之一，那么它就成为其中的首要，所以最好的治理是不把这原始的质朴分割。

【核心要义】

圣人的特殊心智模式。

复归学说。

圣人的特殊心智模式

老子发现了大道，懂得了万物负阴而抱阳，最终达到冲气以为和。这也就构成了圣人的特殊心智模式：知阳守阴，合和大道，永生不死。

普通人会怎么做呢？只要身在一极，就会一直顺着走向尽头，也就是极端。有个成语叫"否极泰来"，这在现实人生中需要人的心智振奋和升级才能做到，否则恶化到极端就是毁灭。当然，这个成语也可以反过来说，就是"泰极否来"，所谓荣到极致即是辱，一般功力的人是改变不了这一规律的。"辱到极致即是亡"，这也是毁了很多人的一条规律。

从最常规的心态来看，追求无限的荣耀几乎是所有人的梦想，可又有谁知道与无限的荣耀相伴随的是什么呢？人们不会追求屈辱的，可一生中不遇到屈辱的人也很少，现实的生活中，屈辱、侮辱、耻辱总是不期而至。一旦屈辱到极致，一些人甚至就自行了断了自己的生命。谁能跳出这样的人生怪圈和近乎魔咒般的困境呢？

老子在本章中，就使用了一种很有趣的逻辑来表述他那奇妙的思想，教我们走出人生的魔咒。第一，列举了三对关系：雌雄，黑白，荣辱；第二，提出了"三知三守""三为三常三复";第三,使用了"知—守—为—常—复"的逻辑链条;第四,指明了圣人所使用的原则。

复归学说

老子在这一章里的重点是揭示人生的"复归"智慧。理解了老子的这一学说,就能理解老子本章的思想关键。

老子的"复归"学说,核心就是"知和守"。知是大脑的智力,守是心灵的功夫。我们很多人之所以容易走极端,就是因为只有大脑的理性功能而没有心灵的灵性功能。对于生命来说,大脑如同油门,一启动就充满动力奔腾向前;心灵如同刹车的功能,它真正控制着生命速度的缓急,是生命平安的保障机制,也是大脑得以控制的关键。看看那些奔忙到白天没有心情、晚上难以入眠的人吧,你认为他们可能做正确的事吗?简单点来说就是:知,就是知眼前;守,就是看背后。

老子的"复归学说",也是阴阳和合的大道思维,就是知阳守阴的心灵法门。人在阳性状态时,要去主动合于阴性:处于强势时,要懂得去表现阴柔;处于弱势时,要懂得去振奋阳刚。总之,要根据当前或者个性特点,主动地合于相反的一面,将两面合于自身,这才是生命之道的正常状态。你有钱时,能够保持谦和朴素吗?你能力很强时,能够保持谦虚和虚心吗?你受人尊重和敬仰时,能够保持质朴和亲和力吗?你身陷困境时,能够保持积极向上的心气吗?你贫穷时,能够保持进取心和学习心吗?你如果不能做到,优点就会变成伤人的力量,弱点就会变成伤己的力量。

老子的"复归学说"直接告诉了我们,能够做到阴阳和合,就可以呈现出"天下谿、天下式、天下谷"的"三天下"状态,就是能够保持平稳、保持吸纳、保持滋养的良性状态。做到这些就可以达到"常德不离、常德不忒、常德乃足"的"三常德"状态,也就是悟道者的状态。最终,就可以像婴儿一样纯粹天真,就能够消除对立大道万物和合,就可以恢复生命本真的状态。

由此可见，人生中有以下几个重要的能力是任何人都不可缺少的。

第一，时刻警惕：一旦觉得自己了不起就开始愚蠢。

第二，时刻警惕：一旦自我得意就开始要做蠢事。

第三，时刻警惕：一旦以为自己很会算计，必然会失算。

第四，时刻警惕：一旦觉得自己最聪明就是危险。

第五，时刻警惕：长期处于一个极端状态就是死局。

若是真正懂得了老子的道，就知道了人生微妙：

强势的人要注重阴柔；

富裕的人要注意俭朴；

能干的人要注意谦卑；

成功的人要注意自省；

得志的人要注意收敛；

算计人的要赶紧回头；

正害人的要快点收手；

总有理的要说别人理；

消极的人要赶紧立志；

遇挫的人要赶紧改过；

恨人的人要赶紧感恩；

生病的人要赶紧快乐；

郁闷的人要赶紧救人。

这回你应该知道老子让人们复归到何处了吧？就是从任何一个极端，回归到生命的正常状态，也是最佳状态呀！

【悟道箴言】

身处阳时去和阴，身处阴时去合阳，阴阳和合是大道。

人处强势当谦和，若处弱势当自强，强弱相合是大道。

人生前行当回头，否则前面是绝路，能进能退是大道。

第二十九章　不要过分

希腊有一座著名的神庙——德尔菲神庙，它兴建于公元前9世纪，传说是太阳神阿波罗为自己修建的神庙，被人们称为"地球的肚脐"。后来，这里成了古希腊诸神向求签的凡人传达神谕的场所。

传世的德尔菲神谕大约有600条，在当时都被视为神的声音。在大约1100年的时间里，这里一直是西方世界最神秘的地方，而它给我们现代人留下的最重要的遗产，大概就是由传说中的"七贤"一起写下的、刻在阿波罗神庙墙上的那两句箴言：认识你自己。凡事勿过度。

古希腊的智慧与中国的智慧极其相似：孔子讲中庸思想时，就讲到了"无过无不及"。老子的道家智慧更是处处都在讲"不要过分"的中道思想。

【经文】

将欲取天下而为之，吾见其不得已。天下神器，不可为也，不可执也。为者败之，执者失之。是以圣人无为，故无败；无败，故无失。

夫物或行或随，或歔或吹，或强或羸，或载或隳。是以圣人去甚，去奢，去泰。

【释意】

想要治理天下，却又要用强制的办法，我看他不能够达到目的。天下人心是神圣的，不能够违背他们的意愿和本性而加以强力统治，用强力统治天下，就一定会失败；强力把持天下，就一定会失去天下。因此，圣人不妄为，所以不会失败；不把持，所以不会被抛弃。

世人秉性不一，有前行有后随，有轻嘘有急吹，有的刚强有的羸弱，有的安居有的危殆。因此，圣人要除去那种极端的、奢侈的、过度的措施和法度。

【核心要义】

不要过分。

不要过分

谁要是以私心和妄为的方式夺取天下，肯定是没法成功的。为什么呢？因为天下神器，也就是大道人心，是不可欺、不可夺、不可忽视的。圣人们又是怎么做的呢？当然是无为，也就是遵循人心大道的规律，所以不会失败，也不会有损失。

世人秉性不一，但多处于一极，顾不上另外一极，所以处于偏位而不是中位。圣人则不同，能够去掉过分的、奢华的和过分安逸的极端状态，从而处于最佳的中位。

看起来，老子是在讲打天下、坐天下的道理，提醒世间的强者不可依仗自己之势、不可让私心膨胀、不可自以为是地去治理天下。否则就容易跟人心相冲突，而一旦背离了人心这个神器般的力量，就会走向失败。

一般人要么处于这个极端，要么跑向另一个极端，总是来回跳跃，就是难定中位。圣人们能够去除极端，恪守中位，故而无败无失。这不就是人生最佳的状态吗？

如果自己的状态不对，却很努力也很忙碌，那这样的人正在走向哪里呢？想想都可怕是吧？

在这一章中，老子告诉我们以下四个法则。

第一，别硬来。老子告诉我们，即使是天下的统治者，也不能违背人心之道，不能将自己的意志强加于人。因为个人意志越强大，就越容易与大道相对立，就越会加速毁灭自己。自己强大时不要有霸气，要多帮助弱者；有权力时不要有官气，要服务人民，人气才是根本。

第二，应懂得人心如神器一般，若是违背人心、失去人心或者惑乱人心，必然会失败。人心的规律就是我们主观之外的客观事实，就是人间大道。成了强者和名人，就更处在人心的拷问之下，就更要多加小心，小心驶得万年船！历史教训表明，得志便猖狂的一定是小人，最后命运都很悲惨。

第三，要检查自己是否自以为是、左右摇摆、前后折腾、上下翻腾，就是无法找到最佳位置——中位。《易经》中说：阴阳各居其位，谓之"中位""正位"，否则就是偏位、错位。不修行、不悟道的人，到处乱跑，其心到处乱窜，就像找不到家的孩子，忽而东忽而西就是找不到正中，忽而左忽而右就是找不到中间。这不就是乱跑吗？这不就是瞎折腾吗？现实生活中，父不父，子不子，道德乱了！破坏环境、忘记历史、不敬祖宗，天伦乱了！处处攀比、唯利是图、宁为物奴、不知感恩、仇视众人、自己永远正确、错误总是别人，心性乱了！复归本位，说得直白一点，就是你是谁，正在担任什么角色与责任，就老老实实地把它做到位，这才是人间正道。

第四，学圣人的悟道精神。跟着圣人的智慧，去除心中的极端化，将两极合成无极，也就不用瞎折腾了。无为，因而无败无失。

老子在这一章的思想，不仅仅是说给统治者听的，也适用于我们所有人。通过老子思想这面智慧的镜子，你看到了自己正在理直气壮地制造问题了吗？你看到自己的一意孤行正在让自己走向绝路了吗？

引用人们总说的一句话吧：苦海无边，回头是岸！苦海都是愚昧的心制造出来的，只要领悟圣人的智慧，苦海就会消失，此岸也就是彼岸！

【悟道箴言】

天地人心大道强，人心妄动是幻想。

若是仗势欺人心，自是人间愚痴郎。

做人谦和接近道，人心合一自道场。

做事进取无私心，可穷万理心明亮。

各自守正在中位，人间何处不天堂！

第三十章　军师谋略

唐朝皇帝李世民身边有个魏征，经常给李世民提一些不同的意见，甚至是反对意见。有时，李世民气得要杀他，但气消后，还是很感谢他。

人们常说："不怕没好事，就怕没好人。"说的是现实中总会发生不少事，就看是什么人给你出主意：有的人出坏主意，有的人出好主意。当然，结果就会不一样。

虽然历史上都是一把手在做最后的决定，但一把手身边的人往往发挥着重大作用，很多谋臣军师常常成为君王做决策的关键性因素。那他们又用什么样的思想来辅佐君王呢？

在当今的时代，你身边很信任的人，往往也是你做决定的关键人物。他们也许是你的亲人、朋友或者部下，他们用什么样的思想给你出主意，往往也极大地影响着你的决策，甚至结局。

【经文】

以道佐人主者，不以兵强天下，其事好还。师之所处，荆棘生焉。大军之后，必有凶年。

善有果而已，不敢以取强。果而勿矜，果而勿伐，果而勿骄，果而不得已，果而勿强。

物壮则老，是谓不道，不道早已。

【释意】

依照"道"的原则辅佐君主的人,不以兵力逞强于天下。穷兵黩武这种事必然会得到报应。军队所到的地方,荆棘横生。大战之后,一定会出现荒年。

善于用兵的人,只要达到用兵的目的就可以了,并不以兵力强大而逞强好斗。达到目的了却不自我矜持,达到目的了也不去夸耀骄傲,达到目的了也不要自以为是,达到目的要认为这是出于不得已,达到目的却不逞强。

事物过于强大就会走向衰朽,这就说明它不符合于"道",不符合于"道"的,就会很快死亡。

【核心要义】

军师谋略。

军师谋略

你从老子这一章的思想中看出什么门道儿来没有?或者你看完这一章觉得有意思吗?也许有的人认为这一章是劝告政治家们不要穷兵黩武的,对我们普通人没多大用。若是这样想,你就肤浅了!

国家的内战是残酷的,甚至是残忍的。国际战争是十分危险的,因为涉及国家利益和民族尊严。如果你认为这跟你没关系,你想想看,得不到民众支持时,战争会发生吗?一旦发生战争,你我能脱得了干系吗?所以,老子所说战争的事,与我们每个人可是息息相关啊!

老子在这一章中提到了一个新出场的人物:佐人主者。就是帝王身边对他决策起重要作用的人,可能是谋士、将领、家人、密友等,这些人很重要,是隐蔽的决策推动者。这些人应该给统治者出什么样的主意呢?

人处强势时,会表现出什么状态?盛气凌人!这样霸道的人是不是让人又惧怕又讨厌呢?等到这样的人把大家都得罪光了,自己的优势就快耗尽了,也就必然会陷入困境。如果身边有一个可以约束自己的人呢？

通过学习老子在这一章的智慧，我们会得到些什么启迪呢？

第一，任何时候都要给人出好主意，不要出那种导致状况恶化的主意。不管是专业的谋臣，还是家人或者朋友，你会给领导者或者其他人出什么样的主意，这是关系大局的十分重要的事情。如果给家人出主意时是鼓励争斗的，那将是家庭的灾难。我们不是也看到过，有的家人为了帮自己的亲人出气，而将事态扩大或者恶化甚至走向犯罪的事例吗？在生活中，息事宁人、多做自我检讨、冤家宜解不宜结才是生活的智慧法则。忍得一时之委屈，换来长久之平安，这难道不是智慧的人应该做的事情吗？至于朋友之间，更要小心，因为给朋友出主意时冒进一点，显得自己很为朋友仗义执言、与朋友站在一个立场上，但如果这样让朋友怒不可遏或者让本来已经平息的事情重燃战火，那这个时候给朋友激火的人，就是挑拨是非的人，就是唯恐天下不乱的人。老百姓将这种人叫作"拱火"的人，这种人是不负责任的。国家之间有矛盾时，那更要格外小心。因为为了国家利益与尊严这样一个极其美好和正当的借口，将事态扩大化、严重化是很容易赢得人心的，但一旦事态扩大，受害的人又是谁呢？为了争一口气，损失很多生命，这是需要慎重考虑的。

第二，老子在此告诉了我们不得已用兵时的一个基本原则和五个自律的法则。这个基本原则就是：达到特定的目的就要罢手，绝不可以再去张扬自己的武力；五个自律的法则是：不自矜、不自伐、不自骄、不得已、不逞强。这些原则用在我们的生活中就是：适可而止、见好就收、得理饶人。这才是按照圣人的智慧表现出来的君子风范！老子为什么要提出这些原则呢？因为自我一膨胀就会走向衰亡。尤其要小心在客观上强大时，主观上逞强是很容易发生的事，这两个强加在一起，就构成了一个衰亡的逻辑力量。

通过上面的讲解，大家也许能够更加深入、深刻地理解老子哲学的内涵了。原来，人生就如同一场战争，懂得慎战的人是智慧的，懂得适可而止的人是负责任的，懂得强势而不逞强才是悟道的，懂得自我约束和接受约束才是成熟的。

【悟道箴言】

战则损，慎战为上，可以避祸。

能止战，上善之善，自可得福。

不得已，见好就收，名利双收。

佐人主，化敌为友，方是上谋。

处强势，不自逞强，自可得道。

第三十一章　哀兵有道

很多人都听过"哀兵必胜",也听说过"置之死地而后生",似乎这样的做法能够激发士气,有利于打胜仗。有人说,老子的《道德经》是一部兵书,可以用来指导战争。作为圣人的老子,他是反战的,也是不惧战的。从"道"的角度来说,老子为什么倡导哀兵战略呢?为什么胜利了也不能庆祝呢?这有点违背常理。当然,根据我们已经学习到的老子的思想,这些看似违背常理的话多半背后有"道"的思想。

人生就是一场战争,我们每个人生来就是战士。年轻的时候,我们都想着战胜别人。等到慢慢领悟了人生的哲理,我们才明白,原来真正的人生智慧是战胜自己。在人生这场战斗中,我们应该采取一种什么样的姿态呢?

【经文】

夫兵者,不祥之器,物或恶之,故有道者不处。

君子居则贵左,用兵则贵右。兵者不祥之器,非君子之器,不得已而用之,恬淡为上。胜而不美,而美之者,是乐杀人。夫乐杀人者,则不可得志于天下矣。

吉事尚左,凶事尚右。偏将军居左,上将军居右。言以丧礼处之。杀人之众,以悲哀泣之,战胜以丧礼处之。

【释意】

兵器啊,是不祥的东西,人们都厌恶它,所以有"道"的人不使用它。

君子平时居处以左边为贵，而用兵打仗时以右边为贵。兵器这个不祥的东西，不是君子所使用的东西，万不得已而使用它，最好淡然处之，胜利了也不要自鸣得意，如果自以为了不起，那就是喜欢杀人。凡是喜欢杀人的人，就不可能得志于天下。

吉庆的事情以左边为上，凶丧的事情以右方为上，偏将军居于左边，上将军居于右边。要以丧礼仪式来处理用兵打仗的事情。战争中肯定杀人众多，因此要用哀痛的心情面对。打了胜仗，也要以丧礼的仪式去对待战死的人。

【核心要义】

对待激烈冲突事件的原则和方法。

对待激烈冲突事件的原则和方法

人们对待战争和用兵总是怀着两种说不清的情感，一方面人们认为战争是可怕的，另一方面又认为战争是很能够表现英雄气节的。强势者在征服弱势者的过程中，往往能够感受到一种特殊的快感。可老子对战争看得更加深刻和深远：总的立场是认为战争是不好的，有道的人不会喜欢战争。这就给那些好战者定了性——好战是无道的。

同时，老子也看到了战争的不得已的性质。因为战争发端于一方，因此战争的另一方就有着不得已的性质。在这种认识之下，战争同时就拥有了一种自我节制性。这也是老子道学思想中典型的油门加刹车的思维方式。

很多人误以为，天下是打出来的，但老子看到了"乐杀人者，不可得志于天下"的规律。这是一种不得已时就要打、又要能不打就不打、打了又要及时收手、胜了也不要得意的阴阳和合的思维。

在这一章中，老子教给了我们对待战争的智慧。当然，动刀动枪的战争只是人生的一种特殊形式，我们的人生也是一场战争！战争会给人类带来巨大的灾祸，这是人所共知的。在此，老子的立场有四个方面：一是坚决反战——反对好战；二是绝不惧战——到了危机时怕也没用；三是一定要慎战——战争只是最后的选择；四是做好善后——打胜了也不要得意。

老子关于战争的智慧，能给我们的人生一些什么样的启迪呢？

第一，上策是不战。战争一直伴随着人类，能够自强而让战争不发生才是上策。正如《孙子兵法》中所说的"不战而屈人之兵，善之善者也"。当然，如果自身不强大，挨打可能是迟早的事，因为我们可以不好战，但管不了别人。所以，能够让潜在的敌人不敢轻易发动战争才是上策。前些年有人散布一种愚昧的观点，认为中国困难时期搞原子弹是劳民伤财。这种观点实际上是极其无知的，总有一些人，自己既不了解国家面对的危局，还要指手画脚，自己的事又做不好。当初在其他国家已经对中国很不友好的情况下，若是中国没有原子弹，后果就不堪设想了。事实也证明，中国的决策是战略性的。我们普通人还是做好自己能做的才是务实的。因为落后就要挨打，强大才可赢得和平。

第二，战胜自己。尽管人类的战争一直没有中断，但对我们大部分人来说，真正离自己最近的是人生这场战争：不少人总喜欢胜过别人，不管有没有用，总想占个先，结果搞得家人、朋友、同事关系都很紧张。正确的做法是：放弃在无关紧要的事情上胜过别人的愚蠢行动，改掉在嘴巴上胜过别人的恶习，唯有持续不断地自强，战胜过去的自我，高于别人时还要谦虚，还要懂得感恩和帮助落后者，才能让我们的人生富足而平安。

第三，人生战略：小事让人，大事自强。这是智慧人生的基本法则。那些在小事上斤斤计较的人，往往都是在大事上稀里糊涂的人。这真是捡了芝麻丢了西瓜。若是看不清楚这笔账，就只能在痛苦中落得一个失败的人生。小事上敢于放手、敢于示弱、敢于吃亏，集中精力想自己该做的最根本的事，把自己的人品和能力练精练强，才是智慧的人生。

第四，强者守弱。如果你已经是强者，衡量你真强假强的一个重要标准就在两个方面。一是能否把持住自己，不变性、不张狂、不傲慢。二是你是否心甘情愿地帮助别人、奉献社会，让自己做一个高尚的人，而不是高调的人；让自己做一个高贵的人，而不是高傲的人；让自己做一个明心见性的人，而不是有钱有权有势就任性的人；让自己做一个能够善待弱者的人，而不是一味地炫富、一味地追求奢侈无度的物质生活的人。若是不信，就看看违背这一规律的人是如何被大道惩罚的吧。这不是我们人为的诅咒，而是大道的规律。

第五，发愤图强。我们的人生需要斗志吗？需要！那是在面对困难和危局时，那是在面对改正自己的错误时，那是在战胜过去的自我让自己新生时，那是让我们超越自我追求神圣与高尚时，那是当我们要战胜物质和生理欲望追求利他的神圣使命时。

老子的反战、慎战、自我节制、善待对手的思想，也是我们人生的智慧原则。

【悟道箴言】

自强不息，拒敌于家门之外，善之善者也。

人生大战，是对自我的战胜，智慧根本也。

人生觉悟，是战胜小我欲望，人生关键也。

若为强者，自谦和善待弱者，平安要诀也。

第三十二章　大小王对决

"世间的人都是被主宰的！"你听了这句话会感到不快吗？一起来看看人生现实，有的人被荣华富贵主宰了，有的人被高官厚禄主宰了，有的人被某种自我感觉主宰了，也有的人被外人的某种做法主宰了。当然，幸运的人被神圣和高尚主宰着。

世间有不被主宰的人吗？你追求什么、你在乎什么、你拥有什么、你擅长什么，你就一定会被什么主宰。有人例外吗？纵观历史，高官厚禄人人追求，有的人因此丧命；爱情也是人人追求，有的人因此自杀；面子和尊严、权力和地位也是人人追求，但有的人也毁在其中！这到底是怎么回事呢？

在历史上，侯王们享有巨大的权力，但大道又主宰着一切，这两种力量一个是人间的极致，一个是天地间的极致，真像是扑克牌里的"大小王"一样，两王相遇发生对决时又会是什么结局呢？

【经文】

道常无名、朴。虽小，天下莫能臣也。侯王若能守之，万物将自宾。天地相合，以降甘露，民莫之令而自均。

始制有名，名亦既有，夫亦将知止，知止可以不殆。

譬道之在天下，犹川谷之于江海。

【释意】

"道"永远是无名而质朴的，它虽然小至精微而不可见，天下没有谁能使它服从自己。

侯王如果能够依照"道"的原则治理天下，百姓们将会自然地归从于它。

天地间阴阳之气相合，就会降下甘露，人们不必指使它，而它会自然均匀。治理天下就要建立一种管理体制，制定各种制度，确定各种名分，任命各级官长办事。名分既然有了，就要有所制约，适可而止，就没有什么危险了。

"道"存在于天下，就像江海，一切河川溪水都归流于它，使万物自然宾服。

【核心要义】

什么是大小王？

大小王对决的结局。

什么是大小王？

老子在他所处的时代，侯王是统治天下的，他们高高在上、强大无比、风光无限。当人处在这样的一种近乎人间极致的状态时，又会怎么样呢？

老子的道学，说的是人的主观与客观之间的关系，说的是客观对人的主观的决定性。既然要说这事，当然离不开这方面的典型人物，也就是在主观上处于人间最强大的人，在当时，自然就是侯王了。老子在本章的论述中就选择了主宰天地一切的极致力量——客观上的道，和人间的极致力量——侯王。这两种力量，一个是大王，一个是小王，两王相遇发生对决时，又会擦出什么样的火花呢？

在这个世界上，所有的法则都来源于力量的对比。羊遇到狼就只能想办法逃跑，老鼠遇到猫就想办法躲进洞里，两只老虎血拼最后弱的一方落荒而逃。否则，一定是弱的一方被强的一方吃掉或者杀死，还有什么可能呢？

在动物界，这种力量较量是很简单的。唯独在人间，才会出现不自量力、不知死活的情况！所以，生为人类，若是不开启智慧，就会在动物本能这种层次上出错。

老子在这一章就选择了这样一个大小王的对决场面：大王就是大道，代表着客观规律，代表着我们看懂看不懂的人生世界；小王就是人间的侯王，代表着人间主观力量的王者，也是自以为是的我们。

老子这样设计了大小王的关系：大王是无名的，小王享有盛名；大王是质朴的，小王是华丽的；大王是微小的，小王是宏大的；大王是主宰的，小王是他的臣；大王管万物，小王则管人间。大王不发命令，万物自然有序；小王以道建制，知止方能不殆；大王主宰天下，犹川谷与江海；小王跟随大王，处下方能定天。大王至大无外，小王再大有界；大王至小无内，小王膨大自破；大王宇宙精灵，小王人间刍狗。

看到这里，我们也许会有一种宿命感：这大道也太霸道了，他主宰这一切，我们还怎么活？不是说人有主观能动性吗？这有什么用啊？

实际上，这是人从来到世间就应该明白的道理，它是一种天地间的必然规律，懂得规律叫明智，遵循规律叫觉悟，不明又无奈叫宿命，明白必然叫智慧。

大小王对决的结局

大小王相遇对决只有以下两种结局。

第一，小王读懂了大王无言的命令，愿意跟随，于是大道力量在他的生命中复活或者激活。从此，让自己的心死去，让自己的灵复活。想事、说事、做事、处理事，就犹如有一个宇宙精灵伴随左右，自然就无为而无不为了，犹如大道在人间的代言人。

第二，小王愚钝，对肉眼看不见的大王不屑一顾，心里想：我也是王，你又算什么？于是，自己做起了大王，开始了与真正的大王的对决。但是，权力大不过规律，主观大不过客观，人间大不过天地。因为自己的俗心主宰了自己，自己生命之神处在休眠状态，这样的小王就可以糟蹋自己和别人的人生。

由此可见，世间不修行、不悟道的人都是自大的、自以为是的，都是有一点成就就膨胀的，都是心中想着做老大的。因为，他们不知道天地间真正的老大是不能忽视也不能超越的。那世间修行悟道的人呢？他们都是自谦的，都知道自以为是是愚蠢的，都知道因成就而膨胀是自寻死路的，都是愿意臣服大道的。

可是，人间处处都有一些责任需要有人出来做老大的。于是，就出现了老子关于老大的专门文化：既然已经在老大的位置上，心中自我认定的还是"小二"，因为他知道天地大道是不可违背的，个人意志是不能凌驾于客观规律之上的。于是，知道真心臣服于规律，臣服于天地人心，遵从于大道法则，以道为本服务于众生。

若是明白了这些道理，我们也就有了高级的人生心灵程序。

第一，莫忘初心。别丢了真实的自己，别把自己当官看，要把自己当人看；要把自己当仆人，要把人民当神看。

第二，守住本心。得势时，想想大道对你的审视，也就是人在做，天在看；低谷时，莫自残，大道无穷在心间。

第三，无字天书。痛苦时，是大道来到你的身边低语；挫折时，是规律在给你上课；倒霉时，是大道放你的假期，让你进修理厂；损失时，是大道向你索要心灵债务；得意时，是大道暂时睡觉让你先折腾；自大时，是大道在给你体检；低调时，是大道在给你助演；谦卑时，是大道在给你充电；顺利时，是大道在考验你。

你能领悟老子上述的领导智慧吗？你的灵魂中多了一道自我管控的程序了吗？

【悟道箴言】

大道质朴又至小，思想再强胜不了。
大道无形处处在，两腿再快无处跑。
即使领导有地位，高也无法超越道。
若是心符合了道，一切顺畅无困扰。
降服自心接近道，人心激活奇迹到。

第三十三章　打败自己

看到这个题目，你可能会吓一跳——"打败自己"？这有点犯傻吧？世上的人都想打败对手和敌人，怎么会是打败自己呢？

现实中，有谁不想胜过别人吗？若是安于现状，肯定会被人瞧不起的！

现实中，有谁愿意被别人战胜呢？肯定是没有的！

听说过"涅槃重生"吧，这好像就是战胜自己的一个奇迹，而且重生的自己是可以不死的。这是不是就是老子所说的"死而不亡"呢？想想看，如果你能不断地将腐朽的、多余的、落后的东西从自己生命中剔除出去，你的生命不就能总保持鲜活吗？人，不就是在不断老化而无法回到鲜活吗？跟我一起进入老子第三十三章的智慧中去看看吧。

【经文】

知人者智。自知者明。

胜人者有力，自胜者强。

知足者富。

强行者有志。

不失其所者久。

死而不亡者寿。

【释意】

能了解、认识别人叫作智慧，能认识、了解自己才算明智。

能战胜别人证明自己有力量，能克制自己的弱点才算刚强。

知道满足的人才是富有的人，坚持力行、努力不懈的就是有志的人。

道性（魂魄）不离身的人就能长久不衰，身虽死而"道"仍存的人才算真正的长寿。

【核心要义】

成为别人。

打败自己。

"死而不亡"。

成为别人

老子的"道"听起来玄，却又十分诱人。其道理可谓真实又令人惊诧：别人是什么？为何知人者智？大道最大，大道是客观，别人是谁呢？别人就是我们的客观啊！如此推论下去，别人就是我们面对的最鲜活的大道啊！所以，能知人者，即是知"道"啊！知"道"，当然就是有智慧了！

但问题是你能把别人看成鲜活的大道吗？愿意像敬畏神灵一般对待各种各样的别人吗？再进一步，你能读懂各式各样的人传给你的"道"吗？

据说，小人能放下自己的身段去读人心，而自诩为君子的人往往只是活在自己主观认定的道理中。有人会问，那小人比君子还好吗？当然不是。小人能读人心，但在邪道上，是利己的，所以会露馅儿。自诩为君子的人呢？他们站在原地，不愿意走进各式各样的人心中去，所以往往会成为一个自恋者。故而在现实中经常会出现某些时刻的那种怪相——君子斗不过小人，这就是其中的秘密。

别人的所思所言所行，都是大道在给我们说话，我们主观唯一正确的功能，就是放弃自己主观的评判，搞清楚别人的道理和必然性，去为别人的所思所言所行辩护，如此才能够接近大道。你站在别人的对面指责和批评，就是在制造敌人。你懂得他的合理性和必然性，他就会变成你，你也就会成为他。于是你和他的区别就会消失，这就是悟道。懂得了别人、能够让自己变成别人，当然就能够获得大道的力量。

打败自己

自己是什么？为什么自知者明？大道造了万物，包括人类，也包括我们自己。这样说来，我们自己也是大道的载体，我们自己就是大道。如此推演，知道自己，也就是知道大道，知道了自己就是大道，当然就拥有超级智慧了！

问题是我们能看见自己，怎么看不见自己身上的大道呢？我们会自以为是，我们会自我膨胀，我们会自我标榜，可老子说这不是大道啊，如何才能看见自己身上的大道呢？

人生中有这样几个怪异的现象：我们能冷静对待物质的客观规律，却不能把别人的一切看成客观规律；我们每个人，都是别人主观中的客观对象，可我们自己没有办法把自己当成客观；每个生命既有主观，也有客观，可我们都被自己的主观给主宰了，以至于忘记了自己也是客观。既然别人的主观也是我们的客观，那我们怎么能把自己的主观也看成客观呢？

据说，道家的修行高道会获得一种新的能力，能够把自己内心和自己的生命，都当成客观对象进行审视，于是就能随时发现自己、纠正自己，让自己不偏离大道。这就是真正的强者，一个战胜了世俗中、肉眼世界中自我的人。

"死而不亡"

悟道富足，解除自缚，激活元神，自强长生，死而不亡。明白了上述原理，我们就能重新确立自己的人生观、世界观和价值观。

原来自身也是大道的道体，一切都是富足的。知道了一切外求是虚妄的道理，也就拥有了凡事内求的生命程序。活在红尘中的一切问题，都是因为小我主观的自我绑架，都是因为受到了外部诱惑的牵引，所以才失去对自我道体的觉知。静心自观，把自己的主观与生命都当作客观对象进行观察，随时自省和纠偏，就能激活元神，就不会再被莫名其妙的力量绑架，就能在悟道中获得灵魂的自由。认识到这一切，能够不断地战胜小我，去除腐朽，就能让生命长期保鲜。如此这般，我们就能减缓肉体的腐朽，从而颐养天年，悟得天命，让生命最终得以飞升，因为我们命中的大道是不死的，这就是"死而不亡"的秘密。

通过上述老子的思想，我们懂得了人生和生命的几个重要的道理：认识自己，将自己作为客观对象来进行观察，从而使自己的精神日益伟大。管控自己的私欲和物质欲望，坚定地笃行大道，让自己有限的生命与无限的大道合一。只有利于众生的人，才会成为不朽的人！

【悟道箴言】

自知是根本，知人是道行。

胜人不是本，自胜才是根。

知足能富足，弘道方活命。

恪守利他性，精神永不朽。

第三十四章　谁能成为老大？

我们不少人都看过关于黑社会的电影，对里面穿着名牌衣服、戴着墨镜的黑社会老大，或许有几分仰慕。那是电影，不是我们的真实生活。如果有人在现实中真的遇到黑社会老大，恐怕就不是仰慕了，心中可能只有恐惧。

我们从电视上能看到一些国家元首，他们出行、主持会议、检阅仪仗队，那个气派、那个场面，多么让我们仰慕啊！

是啊，世间的很多人，似乎都想成为老大。可是，世间那么多人，谁又最终能成为老大呢？

老子知道我们的心思，你想知道老子的答案吗？不用着急，老子的答案就在这第三十四章中。

【经文】

大道氾兮，其可左右。万物恃之以生而不辞，功成而不有。衣养万物而不为主，常无欲，可名于小；万物归焉而不为主，可名为大。以其终不自为大，故能成其大。

【释意】

大道广布天下，左右上下无所不到。

万物依赖它生长而不推辞，完成了功业，办妥了事业，而不占有名誉。

它养育万物而不自以为主，从来没有自己的私欲，可以称它为"小"；万物归附而不自以为主宰，可以称它为"大"。

正因为它不自以为伟大，所以才能成就它的伟大。

【核心要义】

大道精微。

大道精微

老子在本章分成了四句话来阐释他关于大道最终为何成其大的思想。第一句说的是大道无处不在。第二句说的是大道滋养万物不图名不居功。大道变成了万物之精微，可以叫作小。万物又都汇集于它，可谓之宏大。这大道啊，既可化成精微藏匿于万物之中，又可让万物归于它，从而博大无边。第三句说的是，大道需要彰显或者可以显示自己的伟大和宏大吗？第四句说，大道越是不显，就越成就了它的伟大啊！

关于大道的博大渊深，老子已经做了很多次的阐释。关于大道的宏大功德，老子也已经做了不少说明。关于大道的至大至小，老子也做了相当明确的解释。老子在这里又借助大道的属性，把最想说的话告诉了大家：不自大，故能成其大！

那么，人能学习大道的品质吗？人学得了大道的伟大吗？原来真正的谜底是：人本身就是大道的载体，人本身就是大道，只是因为人们不知道这一点，所以才不能表现伟大，或者认为伟大与自己无关。实际上，人性的本质就是道性，唯有合于道性，才是真正的本性，否则就是魔性。

学习了老子本章的思想，我们进一步明白了老子大道的精微。

第一，大道如神。老子认为，"道"生长万物，养育万物，使万物各得所需，而"道"又不主宰万物，完全顺其自然。这些观点，老子在前面某些章节中已经做过论述。老子在讲述大道时，用的是拟人化的说法，这是为了让人能够读懂大道的性质。可是，这样的表述，却被某些人认为是唯心论，这就真的有点可笑了。

第二，小微大聚。老子讲，"道"可以名为"小"，也可名为"大"。这实际上是在告诉我们，大道生养万物，又在万物之中，万物又都是它的一部分。大道能够"至小无内，至大无外"，小至精微无所不到，大至宏远无所不包。细微时可以遍布天地而难察，宏远时无边无际而难测。这不就是告诉我们同样是道体的人类应该认识的本性吗？化成小，深入万物之中而不觉；汇聚大，包容万物而无漏。

第三，人类本性。道性即本性，与道同体的人类本身就是先天富足的，何须外求？道已是天地间最大，何须自大？越是不自大，越是接近本性和道性，越是能够成为如道一样的宏大。明白了这一原理，人就能恢复本性。现实中的人，能借鉴大道的无我无私吗？你如果注意一下就会发现，人间伟大的人好像都是如同大道这样无我无私的，可最后却成就了重大的人生利益。

第四，大道在哪里？一般人认为，大道不会说话，它的品性是人提炼出来的，是来服务于人的。这很容易让人理解为一种人对客观规律的借鉴。实际上，这才是天大的误解。因为，大道至精微、至宏大，衍生万物，又在万物之中，禅宗六祖惠能就说："道在汝心。"实际上，老子给我们最深刻的教导会让我们惊诧：你就是大道，大道就是你，只是你不觉，所以才会迷惑。人要是能够听懂老子的这番教导，也许就能顿悟了。

第五，大喜欢谁？人啊，总是自大，总想成为大，社会上那么多人做梦都想着做老大。人们喜欢大，却不知道大到底喜欢谁！"不识庐山真面目，只缘身在此山中"，人们到处去寻找大道，可人们忘了自己的出身——人人都是大道之子，本身就具有精微和宏大的基因，只是人一自大，就忘记了大道，反而让自己变得渺小了。所以，古今中外，人类有一个共同的美德，就是谦卑。如此才能复活人本身的道性，这才是真正的人性。你看现实中，真正有功夫、有功底的人，都是谦卑的。相反，那些浮躁的人、内心空虚的人，倒是很喜欢自高自大或者到处吹牛。即使是那些因为一些机缘而获得人间大成就的人，若是离开了谦卑，也会给自己招惹巨大的祸端。这一切都在印证道性和人性的一体性。

　　学完了这一章，是不是感觉大道离我们不是远近的问题，而是它就在我们的生命中？若是知道了大道之精微和宏大与生命的关系，我们还有什么必要对自己那点念头、想法或者成绩而骄傲自满呢？跟随圣人给我们的指引，我们能够悟道，能够去弘道，就是不用为自己谋私，此生不就可以成就伟大和达到"死而不亡"的天寿境界了吗？这才是老子思想最迷人的地方啊！

【悟道箴言】

　　大道是天下，天下是大道。

　　大道藏万物，万物载大道。

　　大道是人类，人类代道言。

　　大道能精微，大道能宏大。

　　人若悟道性，伟大自然成。

第三十五章　鬼使还是神差？

"鬼使神差"这个成语我们大家都很熟悉。这个成语通常用来形容那些不知什么原因就发生的事情，难道人间真的有鬼使神差吗？

一起来看看我们的现实生活吧。遇到外界的事物，你会做什么反应？听到旁边有声音，你会本能地转头去看；嗅到美妙的味道，你会不由自主地去寻找；见到美丽的鲜花，你会不由自主地发出赞叹。别人说话做事让你不高兴了，你会生气而且老半天缓不过劲来；一件让你烦心的事，会搞得你半天心情不好。

好像大部分人都会被自己遇到的各种事物所影响，甚至会被某种力量牵着走，有时严重的还会像是丢了魂一样。"鬼使神差"是不是在说人的这种状态呢？当然，修道的人，不会跟着世俗的诱惑力量走，不会因为琐事而坏了心情，因为他心里自有一种力量领着自己走。于是，外界的那些让众人烦心的事就无法牵动他的心。用禅宗的话来说，管他风动幡动，我心不动。

由此，我们发现了人生中一个重要的事实：人都是跟着走的，或者说，每个生命都是被一种力量牵引着的。唯一的区别就是：你会被什么样的力量牵着走？

当然，力量的类型不同，行走的方向也不同，最终的结局和命运也就会千差万别。你对自己现在的状态满意吗？你正在被什么力量牵着走？你的生命被什么牵引才会无忧无虑呢？是鬼使还是神差？请跟我一同走进老子《道德经》的第三十五章寻找答案吧。

【经文】

执大象，天下往。往而不害，安平太。

乐与饵，过客止。道之出口，淡乎其无味，视之不足见，听之不足闻，用之不足既。

【释意】

谁掌握了那伟大的"道"，普天下的人们便都来向他投靠，向往、投靠他而不互相妨害，于是大家和平而安泰、宁静。音乐和美食，使过路的人都为之停步。用言语来表述大道，是平淡而无味的；看它，看也看不见；听它，听也听不见。而它的作用，却是无穷无尽的，无限制的。

【核心要义】

鬼使还是神差？

鬼使还是神差？

老子在这里做了一个对比，让人们清楚了人生的两种行动模式：一是掌握了大道力量的人，能给世间带来祥和与安宁；二是活在自己的生理感官模式下的人，都会被外部的诱惑所控制。

结合前面的章节，老子是在阐明悟道与不悟道两种不同的人生道路，也是在阐明人生的两种生存模式。悟了道的人，有巨大无比的大道力量做支撑，为了人民奉献自己的一生，自己却是富足的。他们为别人奉献着，关心的是人民的生活，最终成就了自己的伟大。而那些没有悟道的人，活在自己的生理欲望中，他们不断地为自己争取资源，并消耗着获取的东西，并且永不知足，因而永远处于欠缺和贫困的状态中。

很显然，老子想告诉我们这样一种智慧：悟道的人，为众人奉献着，自己富足着，最终成为伟大的人；没有悟道的人，为自己的生理需要奔波着，永远欠缺和贫穷着，他们总是想要更多，最终成了渺小的人，甚至会赔掉自己的生命。

通过本章的学习，我们可以有以下两个重要的感悟。

第一，观察自己的心的连接模式。人心都是跟某种力量连接着的，没有空悬着的人心。于是问题就只剩下一个了：我们的心到底和什么样的力量连接着呢？

修道悟道的人，自己的心与大道相连，做着有利而无害的事情，于是得到人民的拥戴，并能给社会带来祥和与安宁。这就是人世间所有领导的基本法则。那些想当领导的人，可以问问自己，是不是让自己的心与大道相连了？是不是做着对众人有利而无害的事情？如果既想当领导，又想追求自己的快乐，迟早会去压榨别人，这样的人就会被推翻，被他压榨的人就是他的掘墓人。

没有修道，也没有悟道的人，自己的心和生理的欲望连接着，追求那些让自己的生理快乐的东西，也就是吃喝玩乐。追求这种快乐的人多了，资源就会紧张，在其中的人们关系就会变得不和谐，就容易产生冲突。想想看，你或者你知道的那些追求生理快乐的人，一味追求自我利益的人，甚至追求自我虚荣的人，是不是生活在时而满足、时而空虚的状态？是不是经常会因为自我利益而与众人发生各种各样的冲突？这种冲突在生活中可以表现为各种各样的形式，如争吵、气愤、恼怒、翻脸，甚至动手或者行凶。这些状态还符合自己的利益吗？为什么不去寻找追随大道的道路呢？

第二，人心都是会被诱惑的。高尚的人被大道诱惑了，于是走向自我解脱、奉献众生的伟大道路。卑鄙的人被邪恶诱惑了，于是走向了算计、伤害和犯罪的道路。庸俗的人被生理欲望诱惑了，于是就一味地追求吃喝玩乐，玩物丧志，精神空虚，百无聊赖。

也许，每个人几十年的人生都会经历以上三种不同的状态。听朋友聊天说，用一个模式可以评价所有人的生活。人，只是个抽象概念，大家都是因为跟着不同的力量走而变成了不同的人。有人跟着神圣走，会变成伟人；有人跟着生理欲望走，会变成动物；有人跟着魔鬼走，会过着生不如死、几乎没有快乐、处处不满足的人生。看看周围，好像还真有些道理啊！看起来，这"鬼使神差"还真是人生的一个写照啊！

既然人都是跟着什么走的，那我们就要最终做出一个决定：到底让自己的生命走什么样的人生道路？这是我们每个人都必须做出的选择，或者你现在已经选择了，但你是否知道你所选择的道路未来的结局会是什么呢？

对于已经活了几十年的人来说，忙碌了许许多多的事情，却很少有时间静下心来，认真想一想自己人生的模式和一生应该选择的人生道路。

【悟道箴言】

人心被诱惑，就看诱惑物。

不同的道路，不同的命运。

被大道吸引，成就了伟大。

被私欲纠缠，会庸俗不堪。

人生几十年，选择最关键。

第三十六章　阴谋还是阳谋？

老子在历史上是个神秘人物，其思想高深莫测，又因为其思想注重阴柔，于是被某些人扣上了"最大阴谋家"的帽子。只是这些扣帽子的人也不思考一下：把人生秘密告诉所有人的人会是阴谋家吗？主张皈依大道的老人还需要阴谋吗？

人们常说一个做人做事的道理：人在做，天在看。可如果再继续深问一句：天看了又会怎么样？天会以什么样的方式对人的所作所为进行奖励与惩戒呢？天真的是执掌人间公正的神明吗？

让我们走进老子《道德经》第三十六章的智慧中，看看老子所说的大道是如何平衡我们的生活的吧！

【经文】

将欲歙之，必固张之；将欲弱之，必固强之；将欲废之，必固举之；将欲取之，必固与之，是谓微明。

柔弱胜刚强。鱼不可脱于渊，国之利器不可以示人。

【释意】

想要收敛它，必先扩张它；想要削弱它，必先加强它；想要废去它，必先抬举它；想要夺取它，必先给予它。

这就叫作虽然微妙而又显明，柔弱战胜刚强。

鱼的生存不可以脱离池渊，国家的刑法政教或者实力不可以向人炫耀，不能轻易用来吓唬人。

【核心要义】
天道的调理。

天道的调理

老子思想之玄妙，就在于他发现了世间很微妙的规律，也就是不管你做什么，不管你愿不愿意，天道会一直调理你。

怎么知道我们在被天道调理呢？当你痛苦时，当你厌恶某人时，当你遭受挫折时，当你感到不公时，当你觉得郁闷无聊时……这就是天道在调理你。有人会问，为什么啊？因为你正在走一条自以为得意或者正确的路线，却不知道那不合道。比如，你只想为自己好，那不好的给谁啊？你只想自己占便宜，那吃亏的给谁啊？你谋划周密地算计别人，以为别人不知道，可谁是傻子啊？你一厢情愿地爱别人，以为只要你爱别人，别人就必须爱你，你凭什么有这种权力啊？

那天道会调理谁呢？当然是调理那些无道之人了。人们只要自私，只要自以为是，只要搞阴谋诡计，只要走极端，只要张狂自负，只要欺负别人，只要骄奢淫逸，只要不学习不上进但又傲慢……就一定会遭到大道的调理。可以说，只要人不走正道，就一定会陷入大道的包围之中，没有人能例外。正如宋朝的邵雍在《偶书》里写道："天无私覆，地无私载。"大道对所有人都是公平的。因此，那些总想占尽人间好处和欺负别人的人，就一定会被天道盯上。也应了《易经》里那句古训："积善之家，必有余庆；积恶之家，必有余殃。"也就是说，尽管人间有很多不公平的事，但人逃不过天道的审查，骗不过洞察秋毫的大道。人这辈子，不管你处在什么状态，千万别忘了一个冷酷的事实：天道会跟每一个人算账。遇到坏人作恶，你不用诅咒他，自有天道管他。这对于在人间遭遇了很多不公平的人，算是终极的希望。当然，如果自己先作恶而后受惩罚也叫喊着不公平，那就会遭遇更大更深的灾难。

老子在这一章中所揭示的规律，需要我们静心用心地去体会，因为这个规律跟我们平时习惯的思维很不一样。

第一，永远有一个你看不见的相反的力量跟随着你和所有的人。老子从人生中选择了比较重要的四个方面，为我们揭示了这个如同幽灵般的力量："将欲歙之，必固张之；将欲弱之，必固强之；将欲废之，必固举之；将欲取之，必固与之。"当一个人张狂时，就是在邀请大道来收拾他；当一个人变得越来越强大时，就有大道跟在他身后看他是否知道谦卑，如果不知道，就会再将他打回原形；如果一个人的事业很兴盛，小心，大道盯着看他是否会变得得意忘形，一旦发现他不是一心利大众的人，就会在不久的将来废了他的一切；当一个人得到很多机会却只顾自己扬扬得意时，天道就会认为他无承受力，于是会把给他的拿回去。老子发现了世间一种非常微妙的逻辑：人刻意为自己追求的，一旦有所成，自心和人性就开始变质，就开始走向反面。人们所说的"否极泰来"，实则是鼓励人的话，是否会必然如此，要看一个人是否会真心反思自己的过错，是否有勇气坚决地改过。如果能做到，就能因此迎来转机。若是自己做不到认错改过，就不会有翻身的机会。当然，与此相似的还有另一句话，就是"泰极否来"，这个规律的普遍适用性远远超过"否极泰来"，因为成功最容易衡量出一个人生命的贵贱：命贱的人，一有成就就变性，人会变得越来越没人味儿；命贵的人，越是有成就，就越是谦卑亲和，就越懂得尊重和帮助别人。看起来，这种有修养的人变得越来越弱势，可恰恰如此，他会备受天道的眷顾。

第二，水里的鱼要是张狂了会干什么呢？它会想：我很厉害，在水里没有任何挑战，我蹦到岸上去玩玩吧。于是你就会见到鱼干了。你觉得这很荒唐是吗？是啊！水里的鱼当然不会这么想了，可岸上的人却会有这样荒唐的行为：离开规律去逞强，忽略人心去算计。看来，人的智慧未必真的比鱼高多少，鱼不会干的荒唐事，人却会干！老子用"鱼不可脱于渊"这样一个生活现象告诉我们，人若是自大到想脱离大道规律去做事，就一定会让鱼笑话的。

明白了老子给我们讲解的大道的规律，那又应该怎么去做呢？

第一，识破"阴谋论"的愚昧。有人将老子这一章的思想视为道家阴谋论的代表，实际上，老子在这里只是拟人化地讲了一个客观规律，哪里是什么阴谋、阳谋啊！阴谋会写成书告诉你吗？

第二，静水深流，沉稳功夫。老子所揭示的柔弱胜刚强的原理，我们可以从两个角度来看：从反面角度来说，不向你暴露敌意、不显示实力甚至示弱的对手，往往才是最危险的对手；从正面角度来说，那些沉稳而善于成事的人，绝不追求轰轰烈烈的形式，绝不事先做出百分之百的承诺，绝不会轻易地提升对方的期望值，因为他知道，结果自会说话，事先决不可轻敌。

第三，因小成功而自傲的人，就如同鱼从水里跳到了岸上。不管一个人有多少经验，或者有多么高的能力，都不能脱离开规律而盲目自信。人的能力与规律的关系，如同鱼和水的关系，在水中游得飞快的鱼，绝不可自负到离开水而到岸上逞能。如果你见到一个能力很强的人非常自负，遇到事情总是轻易承诺，做事前总是过度自信，那就离倒霉不远了。看看周围的人吧，即使比你能干很多，只要有这个毛病，迟早都会出事。

至此，我们应该明白老子的善良和至高的智慧了吧？！

【悟道箴言】

遇事看反面，反面有答案。

若是只一面，必然成片面。

是阴还是阳，全看人立场。

无声胜有声，成熟不张扬。

真功不显露，吹牛即荒唐。

第三十七章　无所不为

你听说过三人接力赛跑吗？我们知道的接力赛一般是四个人完成的，能不能三个人来完成呢？三人中有一个人特别优秀，可以一人顶两人吗？这肯定是违规的，即使最后能够第一个到达终点，成绩也是无效的。

人生如同接力赛，很多事需要多个人协同才能完成。在现实中，特别能干的人，往往都是个人英雄，很难带出一支优秀的团队。

老子告诫那些优秀的人，越是优秀，越是要小心出现背离大道的问题。如果能够使用的不是自己一个人的力量，而是成千上万人的力量，就可以纵横天下。

【经文】

道常无为而无不为。侯王若能守之，万物将自化。化而欲作，吾将镇之以无名之朴。无名之朴，夫亦将不欲。不欲以静，天下将自正。

【释意】

道永远是顺其自然而无所作为的，却又没有什么事情不是它所作为的。侯王如果能按照"道"的原则为政治民，万事万物就会自我化育、自生自灭而得以充分发展。自生自长而产生贪欲时，我就要用"道"来镇住它。用"道"的真朴来镇住它，它就不会产生贪欲之心。面对万事万物没有贪欲之心了，一切顺道而行，天下便自然而然达到稳定、安宁。

【核心要义】

道常无为而无不为。

道常无为而无不为

老子的这一思想，是针对现实中领导行为的一种十分流行的错误而给出的提醒。关于"无为"，很多人听说过，但就是不知道如何接近它，只有自己管得太多引起反弹时才会感慨一句：还是无为好啊！老子在此为我们提出了一个无为管理的逻辑链：万物有道，人遵道而行，万物就会自化；人若产生贪欲，就再领回到道上；消除了人的贪心，让心重回大道，天下就在大道驱动下稳定、安宁。

老子无为的思想，是其思想智慧玄妙性的典型代表，也是令后人最为费解的思想之一。

在现实中，做领导或者做管理者的人，总是面临着这样的困境：总想把事情办好，可又总是办不太好。总想让下级能够负责任，可自己又指挥干预太多。总以为自己这样做对部下是好的，可部下却感觉不那么好，领导也郁闷。一放手吧，下面就乱了。一抓紧吧，下面就没活力了。正应了那句话：一放就乱，一抓就死。

老子看穿了现实中这种困境的本质，那就是因为违背了道。上级太过主动，下级就容易陷入被动。领导没有把大道变成人间的规制，没有变成众人的心灵契约，没有引领大家、培育大家成为合于道的人，一放手就开始混乱。

按照老子的教导，无为式的领导模式应该是下面这样的流程：

第一，清晰地界定企业或者组织的发展目标；

第二，根据目标选择所需要的、基本合格的人；

第三，通过进入组织的"入模化"将其培养成组织中的人；

第四，将合于正道方向和组织规律的做人准则变成文化；

第五，将合于人心和事物规律的做事规则形成流程；

第六，将组织的目标分解成每个人的目标；

第七，将管理者服务、辅导、监控、调整部下工作作为管理清单式的工作模板；

第八，在流程中，用温情、教练式辅导、目标来激励部下；

第九，以人生终极的谋划作为每个人的人生梦想，设置出让人人都能够看得见的实现梦想的台阶。

如此这般，就能各安其位，各尽其职，各扬其性，从而形成一个类似于永动机式的管理模式。对于做管理的领导来说，这够诱惑人了吧！对于每个人的自我人生管理来说，也是同样的道理。

学习了老子本章的智慧，我们有哪些收获呢？

第一，"无为"与"人为"的区别。老子在《道德经》中通篇都在倡导"无为"的思想，反对"人为"的思想。这二者到底有什么区别呢？老子的"道"不同于任何宗教的神，神是有意志的、有目的的，会对人的行为进行干预。当然，这是信神的人说的。而"道"呢？它是非人格化的，它创造万物，但又不主宰万物，顺应万物繁衍、发展、淘汰、新生的规律。所以，对人来说，悟道后的"无为"，实际上是不妄为、不强为。这玄机就是大道不仅仅是你身外的一种客观力量，更是存在于人自身内部的力量，这就是每个生命的本性，也就是道性。只要人的主观不出来干预和捣乱，本性中的道力就能发挥作用，就能无不为。有人会说，我什么也不做了，光是等着自性中的"道"来发挥作用，那我的想法谁来帮我实现呢？你看，你的主观想法又出来了，是不是？这个念头就是主观的"人为"，只要是人为，就带着个人的目的，就必然受个人经验的局限，肯定也会受到自己情绪波动的影响，这样就很难完全按照事物的客观规律去做了。如果一个人看事的主张很坚定、做事愿望又很强烈，就可能启动"有为"模式，就会偏离事物的规律，而背离规律不会有好的结果。故而佛经中也说："一切有为法，如梦幻泡影。"

第二，领导对局面的影响最大，一旦背离大道，犯的错可能最大。老子根据自然界的"道常无为而无不为"的事实和规律，认为"侯王若能守道"，即在社会的治理方面，按照事物和人心的规律去做，控制住自己的欲望，就能达到"无为而无不为"的效果。老子之所以专门提到侯王，就是因为身居高位和掌握权力的人最容易自以为是，也就最容易违背规律去做事。一个普通人做错了事，其影响往往也只是局部的；而领导若是做错了，那就会对整个格局产生不利的影响。

第三，上下同修，管制贪欲的膨胀，把组织建成修行的道场。老子是个集理想主义与现实主义于一身的智者，他所提出的"道"，看起来是个理想，实际上又是人们无法回避的现实。老子告诉领导者的是，领导实施无为管理的过程，本身就是上下级一起修行悟道的过程，就是与自己的权力意志、自我膨胀作斗争的过程。上下级作为人生中共同修行的道友，一方面要有这方面的心灵契约，另一方面要警惕自己的欲望膨胀。上级还有一份责任提醒部下、纠正部下的偏差，下级也有监督上级的责任。只有这样，上级与下级贯通，阴阳才能和合，才是修行悟道的正途，也是无为领导的智慧模型。否则，光是领导自己做，部下不跟着做，也是无法成为一体的。你看现实中，领导一心无为，部下却肆意妄为，这样的组织就会变得很糟糕。

掌握了老子无为而无不为的思想，更要记住老子给我们的以下启示。

第一，彻底认清人为的有害性。要警惕人为的两种典型做法：一是用自己的想法代替部下的想法；二是用主观的想法代替客观的规律。

第二，警惕自己的强权意志。能做领导的人，大部分都是能力加权力加成功的人，只是很多领导没有意识到，这也是领导人的一个魔咒：这三种力量多半会让很多领导人自以为是。一旦领导人养成了这样的风格，有责任感和懂得实情的部下也就不敢说话了；相反，善于阿谀奉承的小人，就会走到领导的身边，就会强化领导的错误，而领导却感觉很舒服。至此，领导的困局就基本上形成了。

第三，看到部下的错误，要想到自己的根源。没有悟道的领导，总在指责部下；有道的领导，在遇到部下犯错误时总会反省自身。领导一旦悟道，就会在遇到问题时出现两个高级理性。一是这些问题是个别的还是系统的。如果从个别错误中能够查找到系统的缺陷，就是智慧型的领导。二是能不能从别人的问题里看到自身的问题。若是从别人的问题那里总能找到自身的责任，这也是智慧型的领导。

【悟道箴言】

道常无为，而无不为。

人常想为，却胡乱为。

领导盯事，人心难过。

事心同做，合力断金。

做事修行，受益众人。

第三十八章　无根之草

有朋友很感慨地讲了一个故事：两个人曾经勾肩搭背、亲密无比，可是最后因为一点生意纠纷而翻脸了，从此互相指责。跟我说这个故事的朋友感慨道：你说，这缺德的哥指责着缺德的弟，这缺德的弟又骂着缺德的哥，两人就是不说自己缺德。这世界到底怎么了？朋友说到这里，很是伤心。

说了几千年的道德，可如今缺德的人和事还是层出不穷；有些跟别人讲道德的人，自己也缺着德，甚至连自己也没有搞清楚人类的道德到底是什么。

你说说看，这道德怎么就像无根之草一样弱不禁风、不堪一击呢？老子作为圣人，能解开人类道德的这个困局吗？

【经文】

上德不德，是以有德；下德不失德，是以无德。

上德无为而无以为；下德为之而有以为。

上仁为之而无以为；上义为之而有以为。

上礼为之而莫之应，则攘臂而扔之。

故失道而后德，失德而后仁，失仁而后义，失义而后礼。

夫礼者，忠信之薄，而乱之首。

前识者，道之华，而愚之始。是以大丈夫处其厚，不居其薄；处其实，不居其华。故去彼取此。

【释意】

因为有道而有上德的人，对人有德时而不自以为德，所以才是真正有德；下德的人，对人一有德就自居其德，所以反而无德了。

因为上德的人与道同体，道是无所为而为，所以他也是无所为而为；而下德的人有心积德，反而有许多地方却做不到真德了。

上仁的人虽然是为，却是无所为而为；上义的人尽管是为，却是有所为而为。

上礼的人就更过分了，他自己先行礼，若得不到回答，便不惜伸出手臂来，引着人家强就于礼。

由此看来，失去了道而后才有德，失去了德而后才有仁，失去了仁而后才有义，失去了义而后才有礼。

等到步入礼的境界，是表示忠信的不足，祸乱也就随之开始。

至于以智慧去测度未来，不过是道的虚华，是愚昧的开始。

所以大丈夫立身敦厚，以忠信为主，而不重视俗礼；以守道为务，而不任用智巧；务必除去一切浅薄浮华等不合乎道的，而取用敦厚朴质等合于道的。

【核心要义】

无根之草。

无根之草

这一章的文字，不少朋友说读起来很拗口。"上德不德，是以有德"，这是什么逻辑呢？实际上，只要明白"上德"即是悟道之德，也就清楚了悟道的人自然就拥有了生于道、合于道的德，这是因道而生的德，并不是自以为是的美德，这才是真正有德的表现，是老子所讲"玄德"的另外一种表述方式。

在本章里，老子把人们行为的方式，也包括统治者行为的方式分成了两个类型、五个层次：两个类型即"无为"和"有为"，五个层次即道、德、仁、义、礼。在这五个层次中，老子认为，上德和上仁是最接近道的状态。

在本章中老子关于道德沦丧的讨论，是有感于社会中人与人关系的日益虚伪和社会治理上的越来越表面化和外在化，而真正发自于自然大道的道法精神正在日益沦丧，尤其是很表面化的人与人之间的礼仪成了维持关系的关键力量。老子十分痛心，随之以他特有的智慧向人们展示了道德沦丧的步骤，以此警示人们。

至此，老子就揭开了人类历史上的一个怪相：一直在强调道德，但似乎也没有遏制住道德的沦丧。原来，红尘中人们所强调的道德都是无根之草，所以道德才会在现实中被很多不反对甚至还倡导它的人们所嘲弄。是嘲弄道德呢，还是嘲弄自己？这真的是人生中一个十分有趣的现象！

至此，我们总算是明白了道德这样一个比较抽象又十分具体的人类精神主题为何会遭此厄运，也就清楚了道德沦丧的背后原因了。那么老子作为圣人，又给我们开出了什么药方呢？

老子在这一章中，教给了我们《道德经》中非常核心的一些智慧。

第一，"道"为母，"德"为子。道与德可为母子关系，有道有德，无道无德，这可以看作是老子的基本论断，也是贯穿整部《道德经》的逻辑主线。

第二，老子所说的"上德"与我们平时所说的"道德""德政""行善积德"完全不是一回事。老子所说的"上德"是"无以为""无为"，它根据客观规律、不脱离客观的自然规律，没有个人的功利意图，不单凭自己的主观意愿办事。这样做的结果当然是无为而无不为，即把"道"的精神充分体现在人间，所以又是"有德"，是自然之德，不是主观上求来的，也不是自我标榜的。

第三，以仁义礼建设的"小圈子"就是人之道性觉醒的"枷锁"。从古至今，多少人为了小圈子的利益赴汤蹈火？多少人为了哥们儿义气而舍生忘死？多少人因为小圈子的利益受到伤害而失去理性？三国时期，刘关张桃园三结义一直被人们称颂，后来刘备一怒之下举蜀国之力为兄弟报仇，才有了夷陵之战的惨败，也是蜀汉继关羽失荆州后又一次实力的大损。江湖上的恶斗、帮派之间的火拼，也都是出于自己帮派利益的相互残杀。现实中，那些拉帮结伙想做老大的人，只为自己的兄弟谋利益，却又伤害了更多人的利益，他们不以为耻，反以为荣，最终也是落得个惨败的下场。

第四，老子对这种所谓的"侠义"是嗤之以鼻的。因为这样的道德是虚伪的，是最容易迷惑人的，是以团伙方式放大人性弱点、将缺德美化成有德的最典型的骗术——骗了自己，也骗了很多人。这样的做法是将个人的自私进一步放大的虚伪之举，是在制造更大的不公平，是在帮助很多愚昧的人获得一种缺德的有德错觉，这怎么能算是聪明呢？看看这些人的结局也就答案自明了。

第五，老子"无礼"吗？怎么会呢！老子所反对的是那种虚伪的仁义礼，相信你也会反对虚伪吧。比如，上级要求下级必须做到的，自己并不会遵守，是一种近乎单向的强制，这当然是无法成功的。上级对部下不忠诚，却要求部下忠于上级，这本身就是虚伪的。在家庭中，父母要求孩子好好学习，自己却不好好学习。父母对孩子欺骗自己的事怒不可遏，但自己又往往会对孩子缺乏诚信。想想看，这样还是有德吗？本质上已经是缺德了，当然，缺德只能换来缺德。

第六，老子鄙视以道的名义却又离开正道去预测命运的作为。道在命中，命在心中，修道悟道行道，遵循规律自有其结果。当人心妄动时，本身就是背离大道了。看看那些妄测天意的人，几乎都是靠骗人为生的。

第七，大丈夫之大在于合道。老子借用了人们熟悉的"大丈夫"这一说法来表明人们需要振奋生命的正道阳气。人自私的心思一动，就会伤到自己生命的阳气。所以老子提出了"大丈夫"的合道作为：立身要敦厚，莫陷入俗礼的虚伪之中；做人要实在，不追求外在的浮华。如此这般，人就会回归到正道上。

【悟道箴言】

有道有德，无道无德，自称有德，即是伪德。

若离开道，德不是德，仁不是仁，义不是义。

背道重礼，表面合理，本质虚伪，祸乱之首。

大丈夫者，顶天立地，以道为本，道生万德。

第三十九章　万法归一

对文化感兴趣的朋友，肯定听说过"万法归一"，也肯定知道这"归一"说的是万法归道，因为大道是一切的根源、源头和归宿。

我们都熟悉"以人为本"这样一种说法，但老子却说，那些处于高贵地位的侯王却又是"以贱为本"的，这真是让人有点糊涂了。现实中的人们，都是追求富贵和高贵的，怎么会主动地"以贱为本"呢？也许，我们俗人的糊涂之处，往往就是老子的高明之处。让我们进入《道德经》第三十九章的学习，看看老子到底比我们高明在哪里吧！

【经文】

昔之得一者：天得一以清；地得一以宁；神得一以灵；谷得一以盈；万物得一以生；侯王得一以为天下正。

其致之也，谓天无以清，将恐裂；地无以宁，将恐废；神无以灵，将恐歇；谷无以盈，将恐竭；万物无以生，将恐灭；侯王无以正，将恐蹶。

故贵以贱为本，高以下为基。是以侯王自称孤、寡、不穀。此非以贱为本邪？非乎？故至誉无誉。是故不欲琭琭如玉，珞珞如石。

【释意】

往昔得到过道的都是这样的：天得到道而清明，地得到道而宁静，神得到道而英灵，河谷得到道而充盈，万物得到道而生长，侯王得到道而成为天下的首领。

推而言之，天离开道，就不得清明，恐怕要崩裂；地离开道，就不得安宁，恐怕要震溃；神离开道，就不能保有灵性，恐怕要灭绝；河谷离开道，就不能保持流水，恐怕要干涸；万物离开道，就不能保持生长，恐怕要消亡；侯王离开道，就不能保持天下首领的地位，恐怕要倾覆。

所以，贵以贱为根本，高以下为基础。因此侯王们自称为"孤""寡""不穀"，这不就是以贱为根本吗？不是吗？

所以，最高的荣誉无须赞誉。因此，不要求晶莹像宝玉，而宁愿坚硬像山石。

【核心要义】

万法归一。

万法归一

在本章中，老子首先用天、地、神、谷、万物、侯王这六个天地间十分巨大和强大的力量为例，来说明其强大的原因是合道。接着，老子讲这些强大的力量一旦处于无道状态，也会毁灭。最后，鉴于大道在人间的主导性，老子讲述了悟道的侯王会采取什么样的自称方式，以及他们是如何对待荣誉和保持本色的。

在本章中，老子教给我们以下大道的智慧。

第一，一即是道，二就是傻。老子在这一章中讲了七个"一"，在后面的第四十二章中，就讲到"道生一，一生二，二生三，三生万物"的原理。可见，老子是用"一"这一数字概念来代表"道"。通过前面的学习我们知道，"道"本身包含对立的两方面，但对立的双方又都包含在"一"中。换个方式说，"一分为二"是认识论，"合二为一"是本体论。明白了这一点，我们就知道老子在这里所说的"得一",意思就是得道,也就是将人与天地万物合一,将人的主观与客观合一,就是合二为一。如果停留在"二"的阶段,就容易形成对立与冲突。现实中的很多问题就来自于"二",而解决问题的智慧就是回到"一"。一家人、一同、一致、一起,这些美好的词汇都有"一"字!

第二,合道则生,离道则毁。老子在这一章中列举了我们人类认为最大、最有力量的几个事物,这就是天、地、神、谷、万物、侯王六个力量。在人类的意识中,老子所列的这六个力量都已经是顶天大的了,可这些顶天大的事物之所以能够存在和运行,是因为合于道。由此看来,道是主宰天地间一切的。上述这六个力量虽然非常强大,但如果没有得道或者不合道,同样会毁灭。由此可见,我们所知道的和不知道的任何强大的力量,只要背道而驰,就会自取灭亡。

第三,主动贱为贵,刻意贵为贱。老子根据大道合一的原理,得出了一个结论,就是"贵以贱为本,高以下为基"。也就是说,即使侯王高高在上,也必须与民众的心连在一起,否则,失去民心就意味着失去自己的位置。再高的楼也需要地基,天下的地基就是大道和人心。你平时是放低自己保持谦卑,不断吸纳众多能量与智慧呢,还是认为自己是高人,看不见别人的长处而自以为是呢?

第四,物极必反,自损平安。老子在这里说到至誉无誉,意思是荣誉达到极致也就无须再去添加什么,否则就过头了,一旦过了头,就会走向反面,这就是物极必反。当荣誉达到极致时,不但不能再去添加,反而要去追求"相反"的方面——身处贵位却弯腰去表现卑贱,或者与平民百姓打成一片。虽然可以享受锦衣玉食,但要自觉地去恪守朴素和朴实,总之就是从"相反"的方面来主动平衡自己,这就是觉悟,就是悟道。

由此可见,任何人都没有自大的资格和本钱,只要背离大道就会走向毁灭,社会精英要借鉴侯王的贵贱文化,高位时主动平衡自己就是智慧。

通过上面的解读,我们进一步体会了老子的智慧,人大大不过天,天大大不过道，自大就是人间最大的愚蠢，自谦就是自我最大的觉醒，与反向的结合就是最大的智慧。由此看来，万法归一，就是万象归道。

【悟道箴言】

世间最大莫过道，侯王天地无处跑。
若是自大背离道，就把自己毁灭了。
侯王觉悟能自谦，主动向下联系好。
荣誉大了莫再求，人生朴实最是妙。

第四十章　道在反面

在我们所学的知识中，有些词汇和成语已经形成了固定的含义，如"反动""反动派"等都是不好的意思；再如"懦弱""柔弱""羸弱""虚弱"等，也都是不太正面的含义；"无中生有"通常也是指毫无事实根据的凭空捏造。可是，在老子的哲学思想中，这些词或成语却是非常重要的核心词汇，也是老子玄学智慧的经典呈现。

老子在《道德经》中赋予了"反动""柔弱""无中生有"什么样的内涵呢？这些看起来负面的词汇中暗藏着什么样的玄机呢？让我们一起走进老子《道德经》的第四十章看个究竟吧！

【经文】
反者道之动；弱者道之用。
天下万物生于有，有生于无。

【释意】
返本复始，是"道"的运动；守弱谦下，是"道"的功用。
天下的万物产生于看得见的有形物质，而有形的物质又产生于不可见的无形物质。

【核心要义】
大道的运行方式。

大道的运行方式

这一章的脉络比较简明，其核心思想说的就是大道的运行方式和衍生万物的基本过程，包括以下三个要点。

第一，道本身的运动方式。任何事物的运动都是循环往复的，肉眼看不见的力量推动着肉眼看得见的力量，周而复始，循环往复。

第二，人类运用道的方式。唯有能弱化自己主观的人，才能对接上大道运行的力量。

第三，有无衍生的大世界。肉眼可见的大道存在形态叫作"有"，肉眼不可见的大道存在形态叫作"无"。"有"是有限的，"无"是无限的，有限的存在于无限之中，有限的也是由无限的所生发出来的。无形的决定着有形的，无限的决定着有限的。

可是，我们习惯的模式却是这样的：

我们的视力状态，都是看眼前可以看见的事，却看不到背后的事；

我们的心智状态，都是肉眼能看到的结果，却看不到其中的原因；

我们的智慧空间，都是用眼前的联想未来，却看不见未来的画面；

我们的无道状态，都是看别人的过错看自己成绩，却看不见全面；

我们的追求状态，都是想要自己想要的，却看不见与它们伴随的。

懂得了老子的这些智慧，我们如何重新思考自己的人生呢？

第一，在起起伏伏之中感受"道动"的方式。过去人们说"三十年河东，三十年河西"，如今速度又加快了，三五年或者十年八年，人生就会发生一次起伏变化。人们总是期望着、祈祷着、祝福着美好永远不会离去，可大道一直从反面给人提醒。我们可以问问自己，在现实生活中，我们知道挫折就是大道客观规律给予人的一种矫正和提醒吗？遇到一些人和事你会生气，此时你知道是自己的智慧通道遇到障碍了吗？知道这是自己过去的智慧系统遇到了新的挑战需要升级了吗？

谁能运用大道的力量保佑自己呢？虽然人生总是起起伏伏，历史上的王朝也在不断地轮回更替，但在人生百年中，总有人能够逆势上扬、绝处逢生，经历一些年大"之"字形的摆动、变动和起伏之后，让自己的人生渐渐走上一条平稳的上升线。也就是说，不管外部形势发生什么样的变化，他的人生总在上升；不管遇到什么境遇，总能成为他上升的动力。这样的人生运动模式，是不是太诱人了？人们肯定会问，什么人才会拥有这样的人生模式呢？纵观古今，处于劣势时能够自强，处于强势时能够自弱，也就是把外部大道的反向运动模式，移植到自己的心智活动模式中的人，就能够在自己的生命中完成正反向的积极良性的运动。这就是能够主动遵循"反者道之动"模式的人，就是一种悟道的模式。由此可以解开人生中起起伏伏的秘密。什么力量可以帮助我们从"三十年河东，三十年河西"这样的人生咒语中解脱出来呢？什么力量可以使我们的人生向着永恒的、健康良性的方向不断升腾呢？当然是，观道之反动而知主观之妄动，明主观之弱化而知得道之大用。

第二，真正懂得了"无决定有"，我们就自动会谦卑和敬畏。老子告诉我们，一切有形事物背后都藏着一个犹如精灵一般的力量，那就是客观规律，是道，不是神，是一种特殊的我们肉眼无法看到的真实客观力量。平时我们总是说"人在做，天在看"，这个"天"就是这种无形无状的、执掌平衡的客观力量，就是老子所说的"道"。自以为是的人，往往就是因为忽视或者不承认这种力量的存在，等到碰得头破血流时又去感叹命运莫测，甚至再去求神拜佛。实际上，老子已经告诉了我们，大道的力量无时无刻不在伴随着我们，觉悟的佛也告诉我们，只有明白了万事万物的运行规律，才能让人生出现一般人看不太懂的神奇的结果。这就是悟道后的智慧境界。由此可见，主观想法越多，离大道往往越远；越是追求眼前有限的东西，越是会失去未来无限的东西。若是主观上能够清空，能够保持自我的谦卑与敬畏，人生就有希望达到无限。

第三，**擦亮心镜观自在，一生修行悟大道。** 从生活经验方面来说，我们每天照镜子时看见的是自己的形体，可照不见自己的心灵。我们能够给自己洗澡，洗的也只是身上的浮尘，却洗不掉心灵中的污垢。现在，越来越多的人关注修行，修什么呢？当然是修我们肉眼看不见的心，也就是我们人生的"底版"，修好了心灵的底版，才会有一个人生的靓照。

有人说，人生就是修行。想想看，你自己这些年有没有对自己进行过修正呢？你的心智还是十年前的模式和水平吗？关键是，我们在用什么做标准来修正自己呢？不少人在无意识中对自己进行了一些修正，但缺乏系统性、持续性和意识的清晰性。而真正的修行，就是用大道的标准作为尺子，不断地匡正自己的心念、调整自己的行为。这样，我们就可以少走弯路，就可以避免不必要的损失。成功者的经验表明，成功的真谛就是连续不断地主动调整自己、主动纠错。而不修行的人往往会一意孤行、固执己见、顽固不化、死不认错、屡教不改，一个人坚守错误的东西还能有什么好命运吗？

【悟道箴言】

万物周而复始，始而新生。

人生有来有往，往来有道。

大道无形无状，驱动万千。

大道无形之镜，照见心灵。

大道反动入心，即能悟道。

弱化主观皈道，人生永恒。

第四十一章　修理还是被修理？

《六祖坛经》中记载，有弟子问六祖惠能大师："师父，什么是道？"六祖答："道在汝心。"道，就在你心中。你还在找什么道？根本就是骑牛找牛。心能做主就是道，心不能做主就叫外道。

说到修行，很多朋友觉得离自己很远，似乎修行就是出家人的事。实际上，很多人误会了修行这件事，因为修行跟每个人都有关系。修理表现为两种状态：一种是主动态，一种是被动态。主动修理自己是修行，被动修理自己是被修理，是规律在修理你。你是愿意自己修理自己呢，还是等着被规律修理呢？这是每个人都要做出的选择。

【经文】

上士闻道，勤而行之；中士闻道，若存若亡；下士闻道，大笑之。不笑不足以为道。

故建言有之：明道若昧；进道若退；夷道若纇；上德若谷；大白若辱；广德若不足；建德若偷；质真若渝；大方无隅；大器晚成，大音希声；大象无形；道隐无名。

夫唯道，善贷且成。

【释意】

上士听闻了大道，会积极地精进自己的修行；中士听闻了大道，有的时候很精进，有的时候又很懈怠；下士听闻了大道，会哈哈大笑。如果不被见识浅薄的人嘲笑，那就不足以为道了。

因此，古代的圣人们留下了这样一些关于修道的说法：真正光明的道却似暗昧，前进的真谛却似后退，看似平坦的实则崎岖。崇高的德好似峡谷，最洁白的东西反而像含有污垢，广大的德好像有不足，刚健的德好像有些怠惰，坚贞的品质可能显得善变而游移。最方正的东西，反而没有棱角，最重要的器物总是最后才完成，最大的声响反而听来无声无息，最大的形象反而没有形状。道幽隐而没有名称。

只有道才善于产生一切，而又善于成就一切。

【核心要义】

修行的三种境界。

修道者的状态。

修行的三种境界

老子在这一章中，主要讲解了以下两个问题。

第一个问题是修行领域中三种不同根器或者三种不同境界的人，也就是上士、中士和下士。大道是无私的、是公平的，可为何不同的人对于修道有着完全不同的态度与做法呢？在此，老子划分了三个不同层次，为我们衡量自己修行的状态提供了一个基本的标准。

第二个问题是老子向人们展示了修道者与普通人不同的追求与状态。老子所展示的修道者状态，与不修道的人好像完全是两个不同的方向。

总之，老子在本章中给大家提供了两面镜子：一是通过对修道的态度与行为来观察自己的根性；二是用修道者的追求与状态来比照一下自己的现状，找到自己的差距。

老子描绘了三种不同的修行悟道的状态，也为我们描绘了真正的修道者与不修道者的不同人生景象！

第一，上等根器之谜。上等根器的人自然与大道和智慧相连，有点像很有天赋的那种类型，如不识字却极快地领悟大道的六祖惠能。实际上，我们所知道的圣人也并非生而知之，只是他们很早就特别好学，喜欢刨根问底。好像他们的学习并不需要大人的督促，好像生来就被万物背后的大道和智慧所吸引，对其他的外在事物好像没有多大兴趣。当然，人生下来之后的这种状态，很可能跟他接触的第一环境，也就是生命的第一界面有着非常大的关系，这就是我们所说的家庭环境和父母的状态。当然，也许与胎教也有一定的关系。不管怎样，父母是孩子的第一任老师，家庭是孩子的第一所学校。作为父母，即使为了孩子，也要好好学习，养成良好的习惯，拥有高尚的教养，才能够一代代不断地进步。否则，孩子就会把家庭和父母身上的缺点也全部继承过去，这当然是十分可怕的。

第二，中等根器之路。也许大部分人认为自己最多算是中等根器的人，对于修行、悟道这么重要的事，往往半信半疑、时断时续，有时明白、有时糊涂。既向往悟道的境界，又没有足够的勇气与毅力，大部分时候往往还沉迷于红尘之中，既想逃脱，又无路可走。这样的人，往往是三个方面的原因造成的：其一，内在方面，自身的学习不够，对于真理的领悟和积累比较薄弱，对修行悟道的境界还没有形成坚定不移的追求。其二，内外结合的方面，被强大的红尘诱惑所吸引，诱惑背后的灾难还没有完全受够，因此也没想过回头修道。可经历多了，人就会一会儿被红尘的诱惑拉向红尘，一会儿又被诱惑背后的灾难推出红尘。其三，外在方面，自己的人际关系圈子中有无修行的朋友，也会对自己有潜移默化的影响。另外，自己即使是想修行，可没人指导，又能怎么做呢？这也是修行中一个非常重要的因素。

第三，下等根器的困局。人是从动物进化而来的，不修行的人的真实生命状态就会离动物比较近。这样的人，往往有这样几个明显的特征：自己永远是对的，错都在别人；一切为了自己，绝不吃亏；对吃喝玩乐之类的事乐此不疲，对学习和修行，认为是虚无空洞的、没有什么用，所以就很排斥；痛苦之时，想的是别人的过错，也不会想着修行和修正自己。总之，这样的人以外在的物质形态为实在，以自我认识为标准，以满足生理欲望为追求，以学习修行为虚无。这样的人又应该怎么办呢？说句心里话，从古至今，这样的人还是很多的，于是社会就制定了严格的法律进行约束，以免这样的人突破人性的底线；若是突破了底线，就要用法律来制裁。当然，那些看起来大恶之人，也有幡然悔悟的。说到底，内在方面需要自己的觉醒，外在方面需要强力的牵引。否则，就像一个永远长不大的人，一直在浅水洼里玩耍一样。

修道者的状态

修行悟道，是对自己整个人生与生命模式的重大调整，也是对人生高度的提升，更是对小我的超越与战胜，是向着真理大道不懈地接近与皈依。道理已经说过很多次了，因为大道无限，自我有限，主观有局限。所以，超越小我，向着大道前进，就是人生的正道。牢记这一点，就能够明白老子所说的修行悟道的状态了。

在俗人看来，修道者拥有了崇高的德，但修行者心里清楚，自己与真正的大道相比又微乎其微，保持自己的谦卑和虚空状态才对。

在别人看来，修行者的品性已经很纯洁了，但修行者自己心中明白，还有很多污垢没有除尽。

在别人看来，修行者的品性已经很高大了，但修行者自己清楚，与无限大道相比，不足依然居多。

在别人看来，修行者的品性已经很圆满了，可他们自己怎么一点也不在乎呢？原来，修道者往上看，看到的是大道；不修行的人往上看时只能看到修行者。

大器晚成。由此可知，很多人难以有大成就，原因就在于短期能成的都没有经过反复打磨或者淬炼，因此难成精品和极品，大多是生命周期很短的消费品、次品或者没有什么价值的废品。因此古训说"十年磨一剑"，这一剑可能就是千古不朽，人生只为一件大事而来，其他的事都叫历练。

你发现了吗？人在世界上为何不同？为何对同样一件事物的感觉和认识不同？原来是每个人内心使用的标准不同，衡量同样一件事物的尺子不同，心中的参照系不同。

以大道为参照系的人，所表现出来的生命状态是质朴、低调和谦卑的，因此能够不断上进；而以弱者为参照系的人必然会生出骄傲自满，因此就会走向落后。

【悟道箴言】

人人皆是大道之子，道性自在命中。
鬼性魔性寄居命中，哪里还有人性？
生命只是一个道具，就看被何引领。
圣人指明生命方向，悟道才能前行。
若是不识鬼性魔性，傀儡哪有真命？

第四十二章　让思想倒着走

朋友，你知道人间的天才多半是逆向思维的吗？你知道世间的高人为何能够预测很多事物的发展变化吗？为什么我们普通人总是就事论事，总是看不透很多现象呢？你看到真正的强者往往是谦卑的吗？是他们装样子给大家看，还是他们心里确实与一般人不同呢？你肯定见过说别人坏话的人，那你见没见过说自己不好的人呢？

也许，我们觉得难以理解的，恰恰是我们还没参透的圣人的深奥智慧吧！

那么，就让我们一起走进老子《道德经》的第四十二章去看个究竟吧。

【经文】

道生一，一生二，二生三，三生万物。万物负阴而抱阳，冲气以为和。

人之所恶，唯孤、寡、不穀，而王公以为称。故物或损之而益，或益之而损。人之所教，我亦教之。强梁者不得其死，吾将以为教父。

【释意】

无形的大道，就是混沌的一体，它本身就包含阴阳二气，阴阳二气相交而形成一种适匀的、不断变换的新状态，万物就在这种状态中产生。万物背阴而向阳，并且阴阳二气互相激荡而形成新的和谐体。

人们最厌恶的就是"孤""寡""不穀"，但王侯却用这些字来称呼自己。所以一切事物，如果贬损它，它反而得到抬高；如果抬高它，它反而会受到减损。

别人这样教导我，我也这样去教导别人。强悍的人死无葬身之地，我把这句话当作施教的宗旨。

【核心要义】

有自信的人敢于贬损自己。

有自信的人敢于贬损自己

学习了老子在本章的智慧，让我们来调整一下自己的心智模式。

第一，正向看万物生成的过程，反向看万物玄同之根，能找到根，就能把握总规律。

早在数千年前，我们的祖先即在内观、微观、慧观、宏观中认识了宇宙之本源，发现了诸多现象背后的共同规律；然后再反过来，用共同的规律去认识各种各样不同的现象，形成了人的高级心智的功能。这样，就避免了就事论事、片面地看待问题，避免得出片面的结论和做出错误的决定。

第二，每一个人自身都包含阴阳两种力量。一般人认为，男人阳刚，女人阴柔，这只是一个笼统的判断。实际上，既有阳刚又懂得阴柔的男人才是成熟的男人，既有阴柔又能担当的女人才是成熟的女人。也许，我们很崇尚电影中那些阳刚式的英雄好汉，但那是艺术作品对人物的典型化，不能因此简单地将其作为榜样。在艺术作品中，对女性的塑造往往也有典型化的倾向，要么就是女强人，要么就是忍辱负重、忍气吞声的弱女人。对于这些我们要有一个全面的分析和正确的认识，对男人或者女人那种模式化的认知都是有害的。

第三，益之而损，损之而益。在修剪果树的过程中，人们会有意识地剪掉很多枝条，甚至会把一些能结果子的枝条也剪掉。也许有人会心疼，但若是留着所有的枝条，果树的营养就会被分散。如果留着所有的果子，那所有果子都很难长大。我们的人生也是如此，若是不经常清理，家里会堆满杂物，人生中会有很多负担。所以修行都强调要放下，要做减法，要学会拒绝。

根据客观大道与人的主观相互作用的规律，古代的侯王们发展出了自己的一种特殊的文化，就是以"孤""寡""不榖"自称。很明显，这是古人"自损而益"的一种人生战略。高高在上的侯王们，能够用这些具有负面含义的称谓一次次提醒自己，实在是了不起。这是手握重权的人，对自己进行管理的一种方法。很显然，这是老子发现的天地人间的一个重要的规律，也是一种比较典型的道家智慧思维：客观上强了，主观上对自己的管理也要加强，要让自己的主观守弱。看起来是一种自损的方式，却是一种平衡自己主观世界的智慧。在现实中，一些缺乏修养的人，往往拿着别人的短处开玩笑，讽刺挖苦别人；而真正有涵养的人，即使遇到别人的讽刺挖苦，也会善意地接受，而不会觉得尴尬或者反目。当然，真正的涵养，不仅在于能够接受不同意见的营养，还在于能够坦承自己的不足，承担自己的责任，并用自己的缺陷或者错误为别人的优点和成绩做陪衬。

综观世间损益互变之理可知：愈是想占有的人，愈是贫穷；愈是肯施舍的人，愈是富有。生命增值的秘密在于损，在于奉献；而不在于得益，不在于占有。

第四，把握自己的命运，就是有效的自我管理；有效的自我管理，就是时刻弱化那个会自动膨胀的主观。

老子在本章中，重点说的是我们如何对待自己的问题，当我们想有利于自己，或者抬高自己时，结果往往无利于自己或者贬低自己；当我们一心利他时，当我们诚心谦卑时，看起来好像是自己受了损失或者让自己显得卑微，但在人们的心目中，却反而提升了自己的地位。人们在生活中也积累了这样的经验和教训：凡是想利己的人，往往就会被别人看穿，利己的目的也不能达到，相反还会遭受损失。那些一心一意服务别人的人，反而会赢得人们的尊重和信任。

学习了老子上述的思想，你能掌握天地万物背后的总规律吗？你知道如何把握自己生命人生的尺度与分寸了吗？你能运用天地人间的损益原理吗？

【悟道箴言】

道一律，阴阳消长生万物。

阴阳律，正反中和才和谐。

损益律，损则益而益则损。

自谦律，自损合道必受益。

强死率，违道逞强自作死。

第四十三章　穿墙越屋

不少人都听说过武林高手的神奇轻功，似乎门窗、院墙和警卫都挡不住他们。这不是什么神话，而是我们生活中的一个特殊的事实。

人生的艰难，就在于不论我们的想法还是做法，经常会与外界的人或事发生冲突，有一种被无形的墙壁封闭的压抑感。跟人谈个想法往往被顶回来，跟人做件事情往往又被别人绊倒。若是强力突围可能会碰个头破血流；若是原地不动又无异于等死，心中又不甘。你说这怎么办呢？

在现实生活中，不少人都有这样的体验：你若是柔弱，就会被人欺负。可老子为什么说至柔能够至坚呢？柔就是柔，坚就是坚，怎么柔还能转化成坚呢？这实在让人有点费解。

看来，仅仅读《道德经》的文字，很难理解老子的真意。那就让我们一起走进老子《道德经》第四十三章的智慧吧。

【经文】

天下之至柔，驰骋天下之至坚。无有入无间，吾是以知无为之有益。

不言之教，无为之益，天下希及之。

【释意】

天下最柔弱的东西，腾越穿行于天地间却是最坚硬的、无法阻挡的力量。无形的力量可以穿透没有间隙的东西，我因此认识到无为的益处。

不言的教导，无为的益处，普天之下少有人能做到。

【核心要义】
大道柔弱而至坚。
大道无形而遍布。
柔弱是生命之本，刚强是伤命之刀。

大道柔弱而至坚

　　因为大道是抽象的，为了让人们能够理解，老子就拿人们熟悉的事物来比喻。比如老子说水是柔弱的，但水又是无坚不摧的。大道若水，水可以化为云，云聚又能为雨，这种能量就在天地间来回地循环往复。谁还具有这样的能耐呢？谁又能阻挡水的运动呢？至柔至坚，在水这里表现得很充分。

　　老子让人学习水的柔弱，实际上是让人体会水是自然的，没有人的强为意志，水能随形就势，故而最接近道。人学习柔弱的真意，是让人的主观对客观没有抗拒。你看，水遇到弯路跟着拐弯，遇到峡谷就变成激流，遇到湖泊就变得舒缓，遇到高地就不断积蓄直至越过。

　　人能像水一样根据外部的变化而调整自己吗？有人会说，我有我的立场，我有我的个性，我怎么能放弃立场呢？怎么能把自己的人格变得那样油滑呢？先别急，这是两个不同的问题。你遇到好朋友或父母时，说话的方式和语气一样吗？你会进行自我调整和对接，是不是？这伤害了你的立场吗？这涉及人格油滑与否吗？

　　学习水，没有主观，不会思考，也不问问题，但能够适应所遇到的一切，却又不失去本色。

大道无形而遍布

如道之水，它自己没有形状，完全根据外部条件而变化，甚至能够将自己融进有形之物而不显形，这不都是得益于把自己放得很小很小吗？正因为它很小，所以它可以无处不在。由此可见，柔弱是善的极致，也是无敌的根本。

在老子的《道德经》中，水是道的代表，是上善的典型，因为利万物，因为有善法，因为善于处下，所以这样的柔弱成就了水的天下无敌。谁会跟水对着干呢？若是明白了，我们就要自问，我能利众生吗？一个人若是一心只为自己，肯定会遇到对手，肯定与人发生冲突。若是学水的柔弱，唯利不害，就能强大到没有敌人的高度。

如果人能够像水一样，明白别人的心，知道万物的理，让自己的心合于众人的心，让自己的知合于万物的理，一个人和众人就是一体，人与万物也是一体，你我、主体客体就在人的主观世界中消失了。用这种模式面对人，别人就是自己，自己就是别人；别人的发展就是自己的发展，别人的幸福就是自己的幸福，别人的成功就是自己的成功。这样做，还会有对手和敌人吗？还会有人间的纠结、计较和苦恼吗？看看那些圣人、伟人、英雄和大成就者，他们不都是这样的人吗？用这种模式面对事物，你就是事物，事物就是你。

柔弱是生命之本，刚强是伤命之刀

人的生命，从生到死，也是从柔弱到僵硬的过程。从这样的意义上来说，柔弱代表合于道而诞生的神奇的生命力。

这可以从精神和肉体两个方面来说。

从精神方面来说，那些总喜欢跟人对抗和冲突的人，那些遇到事情总喜欢生气的人，那些没事儿也跟自己较劲、搞得自己很焦虑的人，肯定是不长寿的。

从肉体方面来说，出生的婴儿是非常柔软的，磕磕碰碰也不容易受重伤；但随着人的年龄越来越大，身体变得越来越僵硬了，似乎人也在开始萎缩，一旦咽了气身体很快就会变得僵硬。正因为如此，中医中有句名言——"筋长一寸，命长十年"，说的就是这个道理。

若是懂得了老子的这个道理，我们就调整一下自己吧。

大家都在争，想想看，我们在大部分无关紧要的小事上非要争个高下吗？争到就是胜利吗？这种胜利有什么意义吗？胜利之后产生的损失不是更大吗？平时说话，无关紧要的一个话题非要争个你错我对吗？如果一个人处处都不讨人喜欢，他自己会活得好吗？人人都在争，争的事情真的有很重大的意义吗？对于生命来说，具有重大意义的健康、觉悟、境界、智慧等高端的人生收益，有很多人在争吗？由此看来，人们在小事、小利上的争执都是成年人玩的最无聊的游戏。说到这里，你是否能够看透呢？

由此可见，我们平时坚持的所谓刚强，实际上都是对自我的坚持，对小我的固守，对愚昧的无知，对生命的伤害。这样的刚强还是早点把它断掉吧！

老子所说的柔弱，本质上是要弱化我们的自我，让我们回归根本，也就是把有限的自我回归于无限的大道。人一旦能够合于道，就获得了天一般的力量。人只有主观上柔弱了，才能让自己的生命接近于道，才能够遵道而行，才能够运用道的力量成就一切，这就是无为而无不为的人生智慧模式。

现在你知道了穿墙越屋的本领是怎么回事了吧？它说的就是，在人间，自在逍遥没有任何障碍，没有对手和敌人。

【悟道箴言】

弱化小我，成就大我。

大我合道，无我悟道。

天地道大，合道人大。

人道合一，无为大成。

柔弱长命，刚强短命。

第四十四章　永不亏本

世上的人，有想做亏本生意的吗？答案应该是否定的。那我再问，有人没有亏过本吗？答案应该也是否定的。既然人的愿望和现实是如此的不一致，那有什么方法或者智慧解决这个问题吗？对于这样的人生难题，圣人老子有什么妙法吗？

现实中的人们，不仅手忙，心更忙，忙着做什么呢？忙着计算，看看怎么做才会更加有利于自己，看看如何让自己占有更多。世上有几个人不是这样的呢？看来，世上的人都在打着自己的如意算盘，都觉得自己很精明，都认为自己算得很明白。可若真是这样，为什么还会有人失败？为什么还会有人焦虑？为什么还会有人早亡呢？

经历这些事情多了的人，就会发出一种感慨：人算不如天算！但仔细想一想就会知道，忙于算计的只是人，老天怎么会算计呢？如此看来，很多打着自己如意算盘的人们，也许根本就不会算人生这本大账，既然不会算账，却偏要计算，也就注定了最后的亏损。

老子是高人，他早就看清了人们是如何把账算错的，也教给了我们如何算人生这本账。让我们一起走进老子《道德经》的第四十四章，看看老子是如何看待人生这本大账的。

【经文】

名与身孰亲？身与货孰多？得与亡孰病？

甚爱必大费，多藏必厚亡。

故知足不辱，知止不殆，可以长久。

【释意】

声名和生命这两者，哪一样更为亲近呢？生命与各种实在的东西比起来，哪一样更为贵重呢？得到与失去，哪一个更有害呢？

过分地追逐名利必定要付出更多的代价，过于积敛财富必定会招致更为惨重的损失。

所以，懂得知足就不会受到屈辱，懂得适可而止就不会遇见危险，如此这般才是人生长久之道。

【核心要义】

人生七笔大账。

人生七笔大账

《红楼梦》第五回里有一首知名的曲子，名叫《聪明累》，歌词感慨的是聪明能干的王熙凤最终却落得个悲惨的下场。

机关算尽太聪明，反算了卿卿性命！生前心已碎，死后性空灵。家富人宁，终有个，家亡人散各奔腾。枉费了，意悬悬半世心；好一似，荡悠悠三更梦。忽喇喇似大厦倾，昏惨惨似灯将尽。呀！一场欢喜忽悲辛。叹人世，终难定！

如果有人说，不学习、不修行的人，注定命运凄惨，你会怎么看？看看现实中忙碌的人，聪明中表现着愚蠢，否则，为什么有的人会用命换名换利？为什么有的人拼了命要去挣钱？为什么有的人知法犯法？

他们要是读懂《道德经》，也许就能捡条命！学了《道德经》，就明白了这些事。因此有人说，老子的《道德经》是长命之法。

老子的思想很玄妙吗？确实，老子跟那些高智商又忙碌不停的人想的不一样。老子的思想很深奥吗？可老子说的又都是现实中最典型、最普遍和最直白的道理。每个人都长着自己的脑袋，要是想让人们都不算计，恐怕不现实。唯一可能的是，让人们知道算错账的人到底错在何处，进而明白人生这本账到底应该如何算。

老子在这一章中，告诉了我们，人生中非常重要但是又容易算错的七笔大账。

第一笔账：名声和生命相比，哪一个更重要？不要脸的人，活得如同行尸走肉；在乎别人说法的人，活得心惊胆战。争一点儿没用的虚名，往往会让朋友反目；为自己争一口气，可能会被别人气死；而那些不为自己而为了大众、民族和国家利益，敢于舍弃生命的人，却成了不朽的英雄、伟人或者圣人。这不是历史反复证明了的真理吗？你的账又是怎么算的呢？

第二笔账：东西和生命相比，哪一个更加贵重？很多人拼命工作，就是为了让自己多获得一些东西。也许通过努力，东西会越来越多，但生命的质量和健康却越来越糟。你说这到底是赚了还是亏了呢？

第三笔账：得与失相比，哪一个对人更加有害？很多人会在自己获得了想要的东西时兴高采烈，失去时又非常气恼。看起来好像是失去东西对人更加有害，可是，得到时又会得意忘形、智力下降，还会招致意想不到的人的嫉恨。这似乎在告诉我们一种规律：得到了东西，就像是得到了一种推动力，会把人推向意想不到的糟糕境地；失去时就更不用说了，一旦失去，就会非常懊恼，也许会暴跳如雷，也许会对人进行报复，也许会自我颓废。你说，这人到底是怎么了？怎么获得和失去都会变得越来越糟呢？很显然，这是人们太在乎表面上的得失，而看不清楚得失背后隐藏的秘密造成的。

第四笔账：有谁不爱自己呢？有谁不想让自己更好呢？人怎么做才是爱自己呢？现实中的人们，无非是想让自己吃好、穿好、住好，有钱、有势、有名，而且是越多越好。有谁不这么想吗？可最终又发现，若想让自己拥有得更多，要么拼命，要么违法，这不就是向着死亡冲刺吗？你说，人这账是怎么算的呢？这样的算账方法能有什么好的结局呢？

第五笔账：现实中没黑没白忙忙碌碌的人，不就是想让自己积累多一点的财富吗？在现实中，最忙碌的并不是那些上班挣工资的人，而是不愁钱花的老板们。他们都不愁钱花了，为何还要那么忙碌呢？一方面他们想做得更好，挣得更多；另一方面，他们虽然角色上做了老板，心智上却没有达到老板的智慧高度，遇事总是亲力亲为，自己做了很多具体的事，但就是两样事没做好：一是如何做领导，二是如何建构一个科学的管理系统，让大家心甘情愿地把事情做好。想想看，一个组织中最大的成本和费用，不就是领导不称职吗？

第六笔账：人类是种奇怪的动物，一方面想占有更多，另一方面又不珍惜拥有的。收藏的宝贝，新鲜几天也就忘记了；拼命追求到手的爱人，慢慢也淡漠了。人们总是让自己已经占有的东西贬值，以至于没有价值了，然后再去追求自己没有的。这就是现实中很多人所表现出来的魔性：追求着，占有着，忘记着，贬值着，继续追求着。这就像老人讲过的狗熊掰棒子，掰一个丢一个，最终还是两手空空。有时，人们也会念叨"知足常乐"，可又有谁愿意珍惜手中拥有的，在知足中保持自己的"常乐"呢？也许有人觉得，知足常乐有些消极，难道人就不追求了吗？是啊，这听起来也有道理。那又怎样既知足又有追求，还能够常乐呢？这笔账看起来真不好算。

第七笔账：会开车的人都知道，要想把车开得正常，既要知道什么时候踩油门，也要知道什么时候踩刹车。要是只知道踩油门，肯定会车毁人亡。人生不也如同开车吗？有的人，没遇到难题的时候豪情万丈，可一旦遇到难题又没有了勇气，或者有勇气而没有智慧，或者既有勇气又有智慧还有成果，但因为得意忘形和自以为是，导致自己勇敢有余智慧不足，于是前期的成果又都化为乌有。我们每个人不妨问一下自己：在自己取得成就的时候还能够自省过失吗？在顺利的时候会主动给自己踩踩刹车吗？在被很多成就证明很有智慧时，还能清楚地看到可能的危险吗？是不是有人一旦取得一些成就，就认为自己可以掌控一切呢？是啊，现实中不少人就是这样走向深渊的。

上述这七笔账，大家能否算得明白呢？

总结一下，老子在这一章的思想给我们提示了以下三个方面的问题。

第一个方面：外在的名利与生命相比，你觉得哪个更重要呢？你会为了外在的名利而伤害自己的生命和生活吗？人类所做的一切都是为了生命，若是现在所做的会伤害自己的生命，或者未来会留下祸患，那就一定是本末倒置了！

第二个方面：你总想对自己更好一些吗？你总想让自己再多占有一些珍贵的东西吗？你认为正确的事情能不能有一个正确的结果？凡事往往都在于一个度，过分了就容易走向反面。

第三个方面：大部分人总是把知足和进步对立起来，你也是这样的吗？如果一知足就停滞不前，或者一进步就变得更加贪婪，那就是搞错了知足与进步的关系。知足说的是对自己生活的珍惜，进步说的是自我的突破和不断的精进。

【悟道箴言】

生命是一切的根本，别为虚名去拼命。

生命是物质的主宰，可别变成了物奴。

看清得与失的本质，得失都是大考验。

人要有自爱的智慧，过分贪占是傻瓜。

知足同时要有理想，尽人事也听天命。

顺利得意都是毒药，小心笑着中毒死。

第四十五章　大将风范

现实生活中，人们有一个普遍的倾向，就是追求更大、最大。一个"大"字，把人们对极致的追求做了一个最好的表述，也正是对极致的追求让人的生命保持着旺盛的活力。

可是，当你去问人们什么才是大的标准时，很多人可能会表现得很茫然。是啊，这个大的标准确实很难描述，甚至也可能没有标准，或者根本就没有办法描述。

于是问题就来了：人们追求一个说不清楚的目标，不就根本没法衡量吗？生活经验告诉我们，目标越是清晰，越是具有可操作性，就越容易实现。

对于这样一个非常普遍的人生难题，老子又是如何看的呢？让我们一起走进老子《道德经》的第四十五章，去看看老子的高见吧。

【经文】

大成若缺，其用不弊。

大盈若冲，其用不穷。

大直若屈，大巧若拙，大辩若讷。

躁胜寒，静胜热。清静为天下正。

【释意】

真正的大成就，在一般人看来，好像还有欠缺，但其生生不息的作用是不会衰败的；真正的大充盈，在一般人看来，又好像很空虚，但其化育万物的能量却又是无穷无尽的。

那看起来曲折而委婉的，才是真正的大直；那看起来好像很笨拙的，才是真正的大巧；那看起来好像很不善言辞的，才是真正的善辩高手。

运动可以消解人体的寒凝僵结，守静可以消去人体因躁动而产生的热浊，唯有人心清静才能守住天下的正道。

【核心要义】

五项做人的智慧。

清静为天下正。

五项做人的智慧

在这一章中，老子讲了五个大，意思却和我们平时理解的相反。老子又讲了两对关系，躁与寒、静与热，与我们所想象的也有些不同。最后得出了一个结论，唯有人心保持清静无为，才能实施无为的天下正道。

老子的思想总是那样出乎人的意料，等人能够静下心来想一想的时候，会发现它又在情理之中。出乎意料，情理之中，这也许就是老子思想之所以吸引人的最美妙的地方吧。

现在的关键是，老子为何将五个真正的大，说得跟我们平时的理解不同呢？

原来，人的主观所看到的大，都是小。这当然是因为我们主观能力的局限性所导致的。真正的大是我们的肉眼看不到的，或者说看不全的。因此，当我们去看真正的大时，只能看到大这个整体中的局部——小。老子向我们展示的还是主观的局限与客观的无限对比出来的效果。比如说，地球很大，可在太空看它却又很小；地球是圆的，可在生活中感觉它却又是平的。

老子想告诉我们什么呢？站在我们个人主观的角度看问题，小事也是大事；但若是站在道的高度看问题，一切就都是小事。想想也是。当我们自己的境界不够高、心胸不够宽广、视野不够宏大时，我们就会计较小事，小事就会变成我们人生中的大问题；当我们的境界足够高、心胸足够宽广、视野足够宏大时，我们就不会再计较小事，那些琐事也就不会再困扰我们。

由此可见，老子还是变着法儿地让我们认识大道的无限性和自身的局限性，因为这是人生中最为根本的问题。

老子用他玄妙的思维，把我们领入了一个更加宽广的世界。我们终于明白了，许多人在人生中犯的一个最典型的错误，就是根本不知道什么是真正的大，所以才会把小当成大。也许这一点，就是我们很多人"有小成就骄傲""遇小考就晕菜"的原因吧！

在本章中，老子借助大道之大和主观之小的独特思维，告诉了我们以下五项做人的智慧。

第一，大成若缺的智慧。这就涉及大成与小成的区别。追求大成就的人，必定不计较小事小利，看起来小事上不是很圆满，却在人生战略、综合价值和人生大事上获得了丰收与圆满。回头看现实就会发现，那些计较小事小利的人，必然会耗费精力，甚至失去人品和众人的信任，结果必然是因小失大、因局部失全局、因利益失人品、因自我失智慧。这就是老子大成若缺智慧的妙处。

第二，大盈的智慧。这就涉及大盈和小盈的区别。智慧少的人总在表现自己的聪明，也就是比别人高明的地方。而智慧丰盈的人，却总是在表露自己不如别人的地方，总拿自己的弱点与别人的优点相比较。看起来这样的人内心是虚空的，却打开了不断吸收能量的开关，使他能够不断地吸纳周围的能量，并形成了"取之不尽，用之不穷"的模式。想想看，这样的生命好像成了能量汇聚的中心，这就是大盈若冲的智慧。

第三，大直的智慧。这就涉及大直和小直的区别。小直者，表现为率性、任性和不顾规律、不管别人的感受、自私的表达和作为，看起来率直可爱，实际上经常伤人。而大直者，能够在小事上、私事上、非原则问题上忍让、宽容、体谅和妥协，却能够以小糊涂成全大目标、小忍让克服大困难、小妥协汇集四海朋友，没有了冲突和对立，最大限度地降低人生的成本。这种能够克制或者消灭自己那任性的小我而直指人生大目标的能力，就是大直的智慧！就是大直若屈的智慧。

第四，大巧的智慧。这涉及小巧和大巧的区别。心眼小和没有远大抱负的人，玩的都是小技巧、小把戏、小聪明。正是因为都是小的，所以没有大的成就。而有远大理想的人，在小事小利等问题上绝不计较，表现出的是质朴、真诚和不计较，甚至乐意吃亏，因为他不愿意再在那些没有意义的、鸡毛蒜皮的小事上浪费自己宝贵的生命时间，所以能够集中精力办好大事。而这就是大巧若拙的智慧！

第五，善辩的智慧。在《道德经》中老子有句名言："善者不辩，辩者不善。"辩论，大多数时候，无非就是证明自己比别人高明，或者自己是正确的而别人是错误的。当然，这就会让别人不高兴。生活中很多冲突多是因为琐事而起的，大多是人们要在嘴巴上逞能，在无关紧要的事情上去战胜别人，这样的人怎么能说是善良的呢？若是明白了这个道理，就知道事实胜于雄辩，闭上嘴少说话，用心做成事，事实就会说话。所以，真正的善辩者显得有些木讷，因为他放弃了嘴巴上的逞能，而将精力转到了做事上。这就是大辩若讷的智慧啊！

清静为天下正

接着老子告诉我们的是非常独到的规律与智慧：躁胜寒，静胜热，清静为天下正。对于这段话，历史上研究《道德经》的学者争论不休，各说各的道理。只是大家在讨论这些问题的时候，忘记了道学的核心方法论，也就是阴阳和合之大道太极的原理：一内一外，一动一静，一阴一阳，连续不断地转换，螺旋式地上升。离开了老子道学的核心方法论，仅仅揪住个别的字词进行争辩，或者将两个相反的方面割裂对立起来，又去妄谈这是老子自身的矛盾，就实在可笑了。若是掌握了老子道学思想的方法论，也就知道了，躁与静，说的是人自身的、心灵的状态，寒与热说的是外部的状态，人生就是自身状态与外部状态一直处在连续不断地相互作用中。身体瘀滞了，就需要用运动来消解；身体燥热了，就需要静心来平衡。只要人们保持心灵的平静，天下就能和谐，这才是治理天下的正道。

这个世界是个客观的世界，把这个世界看成什么样子，完全在于我们自己的思维模式所达到的等级与高度。

老子在这一章中告诉我们，那些想自己、自己想、为自己的人，就不可能拥有理解万物万事万人的智慧。而那些能够节制自己的欲望与念头，总想别人之所想、解别人之所困的人，自然就是人间拥有大智慧的人。

总结一下，老子在这一章的思想，可以用以下四个问题来表述。

第一个问题：你更加在乎大局的领先呢，还是更加在意细节的完美？历史的规律表明，盯着细节做的人能够成就小事；盯着大局的人，能够成就大事！

第二个问题：你总是在表达自己的谦虚呢，还是自己的强大？你总是很在意自己正直的愿望呢，还是紧盯你要实现的目标？历史的经验表明，表现谦卑的人总能吸纳别人的能量，而自以为很强大的人总是会变得更加虚弱。过分在意自己正直的愿望而失去目标感的人，当然就很难实现目标。

第三个问题：你认为自己比别人聪明呢，还是别人比你聪明？你总想说服别人呢，还是总能从别人的意见中吸纳到好的想法？真正聪明的人总是能够把别人的聪明吸纳到自己的聪明当中，真正高明的人又总能把别人美好的想法变成自己的想法。

第四个问题：遇到事情你总是表现出急躁的情绪吗？你觉得自己很实干，总想解决问题，但是不是遇事就变得有些急躁呢？遇事总动情绪的人，只适合帮别人看事而不适合自己做事。因为只要动了情绪，智力就会下降，就很难把事情看清、做好。遇到外部的强烈刺激,你还能做到稳如泰山,你就具备了大将风度。

【悟道箴言】

大人看大不计小,小人看小难见大。

大人轻小能成大,小人重小故失大。

大人随道无烦恼,小人自我把罪遭。

大人静心不惹事,小人乱心胡乱搞。

第四十六章　知足之足

世间的人，虽然各不相同，但一些根本性的追求还是一致的——人们都趋乐避苦、趋利避害。有人例外吗？可是，想归人想，真实的生活却是苦乐并存、利害相连的。求乐，乐不长久；避苦，苦又赶不走。每个人都想利自己，可又有谁知道自己害了自己无数次呢？

人人都想求福，可是灵验的时候很少；人人都想避祸，可是总与其不期而遇。人生似乎很残酷，福气难长久，灾祸却又常光顾。一旦遭遇灾祸，整个生活就会变得乌烟瘴气。看起来，人生就如同一个解不开的困局！也许，正因为如此，人间才出了圣人，圣人们找到了破解困局的办法。那就让我们看看老子是如何破解人生困局的吧！

【经文】

天下有道，却走马以粪；天下无道，戎马生于郊。

咎莫大于欲得；祸莫大于不知足。故知足之足，常足矣。

【释意】

天下合乎"道"的时候，就可以做到太平安定，把战马退还到田间给农夫用来耕种；天下不合乎"道"的时候，连怀胎的母马也要被送上战场，在战场的郊外生下小马驹。

最大的过失是贪得的欲望，最大的祸害是不知足。知道到什么地步就该满足的人，人生才可能圆满。

【核心要义】

知足之足。

知足之足

老子在这一章中，说到了有道和无道两种不同的人间景象，也指出了无道惨景背后的两个重要原因：不知足和贪婪。不知足说的是对现有的不珍惜，贪婪说的是总想更多，这两个毛病往往是连着的。最后，老子为人们指出了一条光明大道：知足之足的智慧！

看看我们现今的社会，因为忙碌工作而照顾不了孩子、老人，直到孩子生病、老人住院才有时间陪伴。或者自己忙碌起来就像失控的机器那样一直旋转，直到生病倒下才会停止。忙碌什么呢？大部分人都在为自己的利益而奔波，尽管已经够多，还想要更多。为此，朋友可能翻脸，亲人可能反目。为什么会这样呢？老子给人们找到了根本性的原因：不知足和贪得无厌。老子将不知足与灾祸、贪得无厌与人生挫败联系起来，展示了两对奇妙的因果关系。

怎么办呢？人生既要懂得如何知足，又不能因为知足而失去奋斗的动力，奋斗又不能让生命失去控制。看来，人生要找到合适的奋斗方式确实不容易。

老子在本章中所说的事实和阐释的道理，对于今天的我们有什么样的启示呢？

第一，"统治者有道吗？"是老子提出的首要问题。不管是一个国家的统治者还是一个组织的管理者，对于整体的影响都是巨大的。如果统治者或者管理者无道，就会对整个国家或者组织产生重大的影响。因此，老子倡导统治者要有道。这也就直接告诉了人们，任何一个组织的领导者都应该是一个修道悟道行道的人。

如果你是领导者，你觉得自己有道吗？除了忙具体事务，你修道吗？如果不修道，你就可能成为组织健康发展的最大障碍。没出事时，你会意识到自己不修道的状态正在带来危险吗？你能保持如履薄冰、如临深渊的自我警觉状态吗？

第二，不修道的统治者会无道，不修道的普通人呢？当然也是同理。只是统治者影响到的是大局，而普通人影响到的是自己的家人和周围交往的人。你回家时给家人带回去的是快乐，还是胡乱的指责？

如果我们是普通人，我们有道吗？统治者无道祸害国家，普通人无道首先祸害自己的家庭。因此，很多修行大德劝告人们，家庭是人修行的第一道场，家人、亲近的人才是我们修行的最严苛的检验者。

第三，统治者贪婪，于是就会败坏江山；普通人贪婪，就会破坏自己的生活。想想看，统治者已经富有天下，竟然还会贪婪，那些处在底层的人们呢？那是不是说贪婪就是所有人的本性呢？准确来说，贪婪只是无道的人的本性，贪婪是无道的一个典型表现。为何这么说呢？因为贪婪是一心为自己的私利，贪婪是追求无限度的占有，这一方面导致了与他人的冲突，另一方面也违背了人生与生命的承载力。同时，贪婪是一种典型的外求模式，这也会导致生命被外部力量控制，也会造成自己的失控。

看到别人无道，并不代表着自己有道。统治者无道时万人唾骂，普通人无道时也会千夫所指。关键是，贪婪并不符合自己的利益，还会破坏自己的利益，为何要去贪婪呢？所以无道的人看起来是为了自己的利益，实则是在破坏自己的利益。

第四，知足之足，常足矣。知足常乐，往往是人们遭遇挫折后的感叹。顺利的时候，人生就像不断踩油门的车，速度越来越快，有谁会想到停下来呢？人生，就是要奋斗，不奋斗的人生还有意义吗？你看，在知足与奋斗这个问题上，我们很多人没有找到正确的答案。实际上，老子的思想是根据生命承载力、价值平衡性、内求神圣性、自我校正力的人生原理提出的。人们一味地追求多占，可是超出了生命承受力时，价值就会走向反面。人生需要物质，也需要精神，一味贪图物质利益会导致精神空虚，生命就会失去平衡，就会倾覆。人如果事事外求，就会沦为外物的奴隶，人生就会失去意义。人如果失去自我校正的能力，就会自残自伤。所以，有道的人能够约束私利不伤人，占有物质不伤己，精神提升不松懈，生活简单不放纵，尽心使命不懈怠，人生无求得圆满。这个圆满，就是自我与社会、内在与外在、物质与精神、生命与荣誉的综合价值平衡体系。

总而言之，老子告诉统治者要节制个人的欲望，要坚守为天下人造福的使命与情怀，这就是人间正道。坚守人间正道，一切该有的都会有。

人生短暂，生命有限，正如雷锋所说的那样，将有限的生命投入到无限的为人民服务中去，才可以成就伟大而不朽的生命。若是一心为自己谋私利，也就背离了人生的最大利益，也就是对生命的背叛。约束自我的欲望，节俭个人的生活，全心全意投入到为人民服务中去，去小我生大我，升级大我到无我，这就是人生和生命最神奇的张力，这种模式带给人生的就是那种几近圆满的人生结局。

总结一下，老子这一章的思想，可以用以下三个问题来表述。

第一，你认为自己在做正确的事情，但又总是把自己的生活搞得不得安宁，你知道这是背离了大道，正在走向险境吗？

一个活在自我硬壳里的人，总认为自己是正确的。即使外部结果已经出现了很多问题，还认为自己是正确的，这就是冥顽不化！

第二，当你一味地追求外部的发展而忽视了自身的提高时，当你只是在提高业务能力而不是在提高自己的悟道和修养能力时，你已经走在招灾惹祸的道路上。你意识到了吗？

古语说得好，福祸无门，唯人自招。当一个人提高的速度落后于外部的追求时，就会陷入极其危险的境地。

第三，当你过着十分狼狈的生活，还要追求外部的发展时，当你已经忙到没有心思学习或者静下心来修行时，你知道自己在干什么吗？

对自己的生活很知足、很珍惜，也很有兴致。对自己的提高总能优先安排时间，并能静下心来领悟大道，再用大道的规律去发展外部的事业。此生就无忧了。

【悟道箴言】

平安时，就是人生大福。

挫折时，就是大道惩戒。

不知足，就会自动招祸。

贪婪时，就一定会上当。

合道时，智慧促成圆满。

第四十七章　高级理性

现实中的人们，虽然都很现实，但又很向往一些神奇或者神秘的事情。比如，不少人看到或者听说过历史上一些能掐会算的神仙般的人物，也很向往的吧？

可是，人们对此往往又半信半疑：作为肉眼凡胎的人，真的能够拥有神奇的能力吗？对于普通人来说，历史上的圣人犹如神人一般，圣人们有能掐会算的神通吗？

【经文】

不出户，知天下；不窥牖，见天道。其出弥远，其知弥少。

是以圣人不行而知，不见而明，不为而成。

【释意】

不用走出门户，就能够推知出天下诸多事理的总规律；不用遥望窗外，就可以认识天道的奥秘。向外行走得越远，所知道的真正的道理就越少。

正因为如此，有"道"的圣人不出行却能够推知天下万物的事理，不用看见就能明了天道，不妄为反而能够拥有不凡的成就。

【核心要义】

高级理性。

高级理性

老子在这一章中首先讲了悟道的人拥有的两个神奇的能力，接着讲了许多人心智模式中的一个典型错误，也是外求的一个悖论：走得越远，知道得越少。最后讲了悟道圣人的三个神奇的作为。

在这一章中，老子似乎颠覆了我们习以为常的认知模式。我们绝大部分人是用肉眼看世界的，"耳听为虚，眼见为实""见多识广""行万里路，读万卷书""广泛的经历造就广博的见识"是被我们广泛认可的认知模式。如果按照老子的说法，"增长见识"和"读万卷书"也不需要了吗？

很显然，老子告诉我们的与我们所认可的恰恰相反，而且，这还不是老子一时兴起随口说的话，而是他不断强调的非常核心的论点。关键是，老子作为圣人所能达到的这种迷人的境界，是我们这些普通人可以企及的吗？老子的思想，不仅让很多人向往，也让人迷惑，甚至有的人还对此横加指责。解开这些迷惑，揭开那些错误指责背后的真相，也许是领悟老子思想的一条途径。

第一，作为圣人的老子，也遭遇了后人的批判。学术界在讨论老子哲学认识论时，有人持比较激烈的批判思想，认为老子是彻头彻尾的唯心主义先验论者，批判老子的人往往都会引用"不出户，知天下"作为论据。也有的观点较为温和，认为老子并不轻视实践所获取的感性知识，只是夸大了理性认识的作用。实际上，老子本人就是一位博学多识之人，他的人生经历涉及社会生活和自然界的很多内容。作为"东方第一位哲学家"的老子，正是因为看到了很多人停留在感性认识层面所带来的错误，才结合自己的修行体悟，提出了从感性上升到理性的必要性和玄妙性。也就是说，老子是在谈理性与感性的辩证关系，也是针对现实中人们的普遍性问题，提示人们升级自己感性到理性高度的重要性，"不出户""不窥牖"这类极而言之的表述手法，就是在强调理性认识的美妙。因此，研究学习《道德经》，应当深入体会其中蕴含着的真意，而不可望文生义，更不可基于自己的片面理解而对圣人横加指责。

第二，"矫枉过正"正是老子智慧的特点。面对现实中普遍存在的、顽固性极强的认识与做法，老子采取了"矫枉过正"的策略。正所谓"顽疾需下猛药""乱世当用重典"，将老子的思想与这种思想所要解决的问题以及产生的结果结合在一起思考，才能理解老子思想的真意。否则，就会错误地认为老子的思想很片面、很偏激。实际上，老子正是用自己的一个极致在与现实中众人的一个极端进行碰撞，来完成太极大道的过程。这一点，正是那些望文生义的批评者们所没有理解的。

第三，莫用自己的低级理性诠释老子的超级理性。老子认为，在认识上仅凭自己的感觉经验是靠不住的。因为没有深入事物的内部，就不能认识事物的全体，而且那些片段的、散乱的信息多了，还会扰乱人的心灵。因此，要认识事物的全貌与真相，就必须在自我内在的心性上下功夫。培养自己的超级理性，才能领悟天道，才能知晓天下万物的变化发展规律。正如著名的老子研究专家陈鼓应先生在《老子注译及评介》中所说的："老子认为世界上一切事物都依循着某种规律运行着，掌握了这种规律（或原则），当可洞察事物的真情实况。他认为心灵的深处是透明的，好像一面镜子，这种本明的智慧，上面蒙着一层如灰尘般的情欲。老子认为我们应透过自我修养的功夫，作内观返照，净化欲念，清除心灵的蔽障，以本明的智慧，虚静的心境，去览照外物，去了解外物和外物运行的规律。"

看到这里，我们应该感到惭愧，两千多年前的圣人开启的超级理性智慧模式，直至今日也没有几个人做到。

通过学习老子这一章的思想，我们可以获得一个重大启示：认识世界不能依靠简单感性的积累，而应该在自然的感性积累基础上，将重点放在理性提升上，而不是一味地积累感性总量或者停留在感性认识的表面。一个人见多识广，可以成为吹牛的资本，但并不代表着掌握了真理。否则，因为理性加工使用的程序太低级，感性信息积累得越多，反而就会越混乱，非但不会提升智慧，反而会增加人们内心的困扰。

老子告诉我们，大道是万事万物背后的根本性真理。见到万事万物的表象，去追寻背后的究竟，找到那个共同的、根本的道理，这就是我们人脑的智慧模式。若是就事论事，不问究竟，就很容易陷入愚昧模式。说得直白一点就是，因为事事藏道，因此要事事悟道，借事悟道，不断升级，去穿透变化万千的表象，这就是一种智慧的模式。回到生活中，就是事事用心悟道，勤总结反省，深问究竟，把别人的错误当成自己的来总结教训，把别人的成就当成自己的教材，认真分析其中的智慧，就是获得超级能量的最高效率模式。

一旦获得了这种智慧，对于那些不了解的人来说，好像就是神通。所谓神通，就是自己的心能够通达万事万物背后的真相与真理。这就是老子为我们提供的超级理性的智慧模式。进入这种状态的人，心中掌握着万事万物的总规律，看世间万事万物的变化再也没有了秘密。这不是主观唯心主义，而是按照辩证唯物主义的方法论所完成的认识理性的升级。

有人会问，老子反对"实践出真知"这个命题吗？当然不是，老子想告诉我们的是，实践不等同于真知，只有用实践推动理性升级，再带着高级的理性程序去实践，才能完成"实践、认识、再实践、再认识"的智慧提升。

总结一下，老子这一章的思想，可以用以下两个问题来表述。

第一，你认为自己经历得多了，就一定有智慧吗？那要看你是否能够进行高级的总结。你以为见识多了就一定会变得高明吗？那要看你用什么样的程序处理自己的那些见识。我们都反对填鸭式的教育，但我们很多人又对自己进行着填鸭式的知识与经验的积累。如果我们没有处理外部信息的高级程序，经历和见识多了，往往会让我们变成更加顽固和愚蠢的人。

第二，我们感觉圣人的智慧有些神奇，甚至感觉圣人像有神通一样。那是我们在用普通人的思维审视圣人。圣人老子已经把这件事情说得很清楚，那不是什么神通，而是悟道后能够通达万事万物规律的状态。你若也想获得像圣人那般的神奇能力，就要学道、修道、悟道，最后得道。

【悟道箴言】

感性只是素材，理性才是高度。

若是没有感性，理性就是忽悠。

若能穿透感性，方可领悟智慧。

小成可以靠力，悟道方有大成。

第四十八章　为学与为道

现实中的芸芸众生，有着各自不同的人生模式：没知识的卖力气，有知识的卖知识；没知识的求知识，有知识的求智慧。总之，没有几个人甘愿停留在自己目前的状态。可是，求智慧过程中还没有得到智慧时，怎么办呢？是不是只能运用学知识的方式去领悟智慧呢？可是，学习知识的方式怎么能够直接搬过来用于学习智慧呢？

很多人说老子的思想难学，也许就是用学知识的方式来领悟智慧这样一种错误的学习方式所导致的吧。

【经文】

为学日益，为道日损。损之又损，以至于无为。无为而无不为。取天下常以无事，及其有事，不足以取天下。

【释意】

求学的人，欲望和知识一天比一天增加；而求道的人，欲望和知识一天比一天减少。

将那些浮华减少又减少，到最后达到了质朴无华的"无为"境地。正因为能够做到无为，也就是主观不再妄为，一切按照事情本身的规律去做，那么任何事情就都可以做好了。

治理国家的人，要以不骚扰人民为治国之本，如果经常以繁苛之政扰害民众，那就不配治理国家了。

【核心要义】

为学与为道。

为学与为道

在这一章中，老子指明了为学和为道两种不同的人生模式。这对于一味追求知识的人来说，简直犹如晴天霹雳！原来，我们自己所熟悉并认可的学习模式，并不能让我们获得智慧，相反还可能让我们变得迂腐。这对于花了大半辈子时间学习知识的人来说，更是一个棒喝。这不由得让人想起了这样一句话："人的生命有两次诞生，一次是肉体的出生，一次是灵魂的觉醒。"毫无疑问，对于我们专心学习知识的人来说，老子的棒喝就是我们灵魂觉醒的契机。也许，当我们灵魂真的觉醒时，会不由自主地向着天空、向着老子顶礼。

明白了老子为学与为道两种模式的区别，就可以用来提升自己的智慧。

第一，从为学的模式升级到为道的模式。在本章中，老子以他独有的智慧，为我们揭示了一个很多人忽视了的问题，这就是为学和为道的问题。我们很多人只知道为学的模式，就是去追求外在的知识和个人主观的经验，并且认为知识和经验越多越好，但忽略了三个十分重要的问题。一是，忽视了外在的知识只是人的主观有限能力认识的结果，当然也是有限的，我们若是以这种有限的知识去认识世界，肯定是片面的；若是依据这种片面的知识去判断和行动，往往会出错。二是，当我们把这些有限的知识当成真理，而且越积越多时，我们的思维就会进入无序化的状态，到了这种时候，知识越多越可能陷入一种窘迫的境地：自我感觉知识很多，但遇到问题，却没有办法看到真相，说出来的想法和念头也是十分零散的，让别人听起来似乎很有知识、很有道理，但听完之后，头脑却又是混乱的。三是，自己不爱学习，知识也很匮乏，只相信自己那点可怜的经验，就以为自己很了不起，就以为自己掌握了真理，这样的人已经进入了自我锁定的智慧停滞状态。

老子告诉我们，那种为学的模式是有害的，老子教我们要为道，也就是要认识自我知识与经验的有限性，并且把这种有限的东西去除掉。如此才能以一颗干净的心，不带任何主观偏见地去认识事物的真相，这就是修行。只可惜，我们现代人只是熟悉现代教育和学习的模式，很多人都没有进入修行悟道的高级智慧模式。在这种为学模式下，即使掌握了很多知识，又能有什么大用呢？老子告诉我们为学与为道两种模式的区别，就能够让那些沉迷于为学这种学习与教育模式中的人们清醒吗？当然，这也要看个人根器和机缘。

第二，总是批评老子思想的人，往往就是从为学模式出来的人。从古至今，总是不乏一些批评圣人的人。比如，关于这一章中老子的思想，就有人这样认为：老子把理性思维绝对化，使他倒向了唯心主义的错误，甚至陷于排斥感性知识的错误。持这种观点的人，是在用老子哲学的辩证法思想来思考老子的思想吗？若是随便将任何人的一篇文章中的某句话拿出来进行分析和评价，也许所有人写的文章都会被批判。这样的批判逻辑本身就是很荒谬的，因为这种分析评价方法本身就是错误的。老子的思想不是某一句话，而应该是《道德经》通篇的思想。老子在第六十四章中就这样说过："合抱之木，生于毫末；九层之台，起于累土；千里之行，始于足下。"怎么能说老子是排斥感性知识的呢？怎么能说老子是主观唯心主义呢？

第三，有人说老子所说的"为学日益，为道日损"是承认为学的益处的，实际上，这又是一种断章取义的理解方式。老子看到了人类生活中两个相关联的现象：一是为学，二是为道。人来到这个世界上，一定是要学习的，否则就会一直处在蒙昧无知的状态。同时，如果不将这样一个过程当作客观对象来进行审视，只是一味地学习和增益自己，恐怕就会走向反面。正因为如此，老子才提出了为道的模式。换句话说，为学的模式是人类生存的一个必然过程，但若是想增长智慧，就必须用为道的模式来处理为学的模式所产生的各种各样的结果。为学必须升级到为道，才能够纠正为学过程中产生的知识和个人生命状态的偏差。这才是老子的真意，也是老子哲学智慧的逻辑：学习与实践，然后产生知识与经验，再进行自我否定和提升，从而不断地接近真相和真理。

第四，为学模式的高危人群是谁呢？毫无疑问，就是那些在特定的群体中拥有优势地位的人，那些在经验和知识方面优于别人的人，那些在位置和权势上高于别人的人。国家的统治者当然是这种人的典型，但老子的思想也不仅仅是专门讲给统治者听的，因为在人类的生活中，年长者对年幼者、老师对学生、上级对下级、富人对穷人，都具有这种相对的优势，因此也最容易将自己有限的知识与经验，加上个人的意志，在弱者面前进行展示。用一句话来说就是，在任何时候、任何地点，那些拥有相对优势的人，都容易犯这样的错误。所以，在弱势者面前的谦卑，在幼者面前的平等，对自己强势状态的警惕，就成了一个成熟的人应该具备的美德。

你会向那些不如自己的人主动请教或者征求意见吗？你愿意弯下腰身去与年幼者平等地交朋友吗？这就是对一个成年人成熟性的拷问！

总结一下，老子这一章的思想，可以用以下三个问题来表述。

第一，你能搞清楚知识、经验与智慧的区别吗？你是不是经常以为自己比别人知识经验多就是比别人智慧高呢？

很显然，知识和经验不等同于智慧。因为知识和经验都是针对具体事物的，而智慧是针对所有事物的。知识和经验还不能算是本质性和根本性的规律，因此，将其运用在新的具体事物上时，就很可能犯教条主义和经验主义的错误。

第二，如果你的知识经验已经很多了，那么你具备了去粗取精、去伪存真的高级理性能力吗？如果你只是在那些知识经验不如自己的人面前表现自己的优越性，恐怕就会误人误己。

唯有对既有的知识和经验进行高级的理性加工，才有可能发现其背后隐藏着的根本性和本质性的规律。看历史上的圣人和伟人，他们不都是这样做的吗？你现在具备这样的能力吗？或者你愿意去学习这样的能力吗？

第三，如果你还不具备高级的理性能力，却又每天忙着去处理很多事务，难道你没有发现问题越来越多吗？也许你相信矛盾会层出不穷的道理，那你想过这是错误的矛盾机械论吗？

程序不升级，又要做很多事情，多半就是在解决问题的同时又在制造问题。问题变得越来越多时，如果你还不觉醒，那你就会陷入越来越忙乱的境地。

【悟道箴言】

为学似有益，生存低层次。

为道似减损，智慧在升级。

为学升为道，人生步步高。

为道到悟道，无为无不为。

优势当小心，自误又误人。

第四十九章　两个层次的是非观

正直的人总是有自己鲜明的立场和是非观，而且往往以此为豪。也许有人会说，是非分明难道不对吗？我们都知道，万事万物本身是没有善恶的，善恶之说是人的主观判断，也是现实社会的基本常态。正因为如此，许多正直的人坚守善良、摒弃邪恶，将此视为自己人格的根基。对于这一原则，圣人们难道不是这样理解的吗？

对于人生中一些最基本的价值判断，圣人们那种"是非不分、善恶不辨"的状态，让很多朋友感到既难以理解，也难以接受。可我们都知道，圣人的思想是经过几千年的时间检验的，如果有错，可能多半是我们的错，因为我们的人生刚刚经历了几十年。只是我们所引以为豪的那种价值观和立场，又错在何处呢？

【经文】

圣人常无心，以百姓心为心。

善者，吾善之；不善者，吾亦善之；德善。

信者，吾信之；不信者，吾亦信之；德信。

圣人在天下，歙歙焉，为天下浑其心，百姓皆注其耳目，圣人皆孩之。

【释意】

圣人是没有自我的私心的，圣人是以百姓的心作为自己的心的。

以百姓的心为心的圣人，他们会善待善良的人，也会善待不善良的人，这样就可以达到符合道的善良，这样才可以使人人向善。圣人会信任守信的人，也懂得不守信的人，这样就可以达到符合道的诚信，这样才可以使人人守信。

在人间，圣人收敛自己的欲念，使天下的心思归于浑朴。百姓都专注于自己的耳聪目明，有道的圣人使他们都回到婴孩般纯朴的状态。

【核心要义】

两个层次的是非观。

两个层次的是非观

老子在本章中重点讲解了一个核心思想，就是如何从世俗的低级是非观上升到圣人的高级是非观。根据老子提出的这个核心思想，我们可以实现"三个超越"，进而完成心智的"三个升级"。

第一个超越：悟道的圣人是将自己的心与众人的心合一，不再用自己的心去揣测别人的心。将自己的心和他人的心合二为一，方法就是去除自己的心，把别人的心放在自己的心中。为什么要如此呢？这是圣人的慈悲吗？回答是否定的。因为老子要告诉我们的是，我们的主观之外都是客观，客观就是大道，大道无处不在，百姓众人就是我们主观之外的客观，就是大道，自己与百姓合心合命就是合道！用一句话来说，就是目中无人，心中有道，人人是道！

第一个升级：学习老子《道德经》的人，不能一边学经读经，一转脸又用自己的主观评价别人或者指责别人。这样的状态就是没有把其他人当成道的不合道状态。弄清楚了这一点，我们就要把所遇到的人和事都当成客观大道，领悟其中的规律，顺应其中的规律，而不是用自己的主观去指责或者评判。找到万事、万物和万人的合理性及其规律，才有可能悟道。否则，即使一辈子读经诵经，仍然是那个主观的我在生命中运行，始终上不了道。这是评价学道的人是否能够上道的一个重要标准，对此，我们学习《道德经》的人要格外小心。

第二个超越：德善和德信就是合于道的普善和普信。悟道的圣人，超越了主观上最典型的善与不善、信与不信的两极对立思维，将其变成有机统一体，这就是圣人的得道状态。这跟我们普通人在现实中所坚信和坚持的那种扬善抑恶、惩恶扬善的思维方式很不一样。老子的这一观点让很多人百思不得其解，他们会想：如果这就是得道的状态，人岂不是变糊涂了？当然，我们在这样说的时候，心里还会有另外一种声音：难得糊涂。圣人肯定比我们普通人更智慧，肯定是我们糊涂。可关键是，我们认为自己是很清醒的，难道这份清醒就是糊涂吗？这圣人的心思怎么就揣摩不透呢？

原来，善有善种，恶有恶因，若只是根据结果进行判断，而不从原因上着手解决问题，恐怕就很难彻底解决问题。心中有善的强大能量的人，对待任何人都是善的；心中有恶的人，对待什么人都是恶的。那人们心中的善恶力量又是从哪里来的呢？回顾一下我们自己生命的成长，这善恶的方向与能量都是别人放进我们心中和命中的，随着自己的成长，这种能量就会越积越多，越积越强。当一个人看明白了人生就会知道：对别人的善，往往也是对自己的善，同时也是对别人对我们的善的回报；对别人的恶，往往也是对自己的恶，同时也是对别人对我们恶的一种报复。简单一点说，现实中的善，很多背后都隐藏着个人的功利心；现实中的恶，很多背后也是因为缺乏爱而导致的。说到这里，也许我们就知道圣人的那种情怀了：善待善者，是人的基本理性；善待恶者，是人的道性。唯有如此，善才会在人间不断增加，恶才会在人间不断减少。这才是人生和治世的妙方！我们要特别小心的是，人类一直在改变世界，但真的在改善世界吗？

第二个升级：在现实生活中，人们常说这样的话，"冤家宜解不宜结，冤冤相报何时了""宁得罪君子，不得罪小人""善有善报，恶有恶报，不是不报，时候不到"。这些话在告诉我们：要做善人，不要做恶人；只要一心向善，吃亏也是福；只要一心为恶，得利也是人生的债务；一生都要善待那些对我们好的恩人和贵人，也要原谅、体恤、怜悯，甚至帮助那些对我们不好的人。如此这般，在我们的人生和生命空间里，美好的力量才会不断增加，恶的力量才会减少。这些准则是人间道的层面，若想悟道，就要超越善与恶的两极对立，以善的高度来对待世间的一切：在世间所遇到的一切善恶，都是遇见自己，借外部的善恶来反观自心，就是修行。时时警示自己：别人对我们的善会不会激起我们的贪欲？别人对我们的恶，会不会勾起我们心中的恶？我们自己的恶会被自己装扮成一种正义吗？如果我们在这些方面都过不了关，那就等于说，外部的善恶都会让我们增长内心的恶。当我们自己掉进恶魔窟中时，我们就只能过那种鬼一样的日子：谁都不好，只有自己好，可又感觉不好；谁都不对，只有自己对，但又总是制造令自己很痛苦的结果。若是借外部的善恶都能提升和加强我们自己心中正向的能量，我们就走在修行悟道的正确道路上了。

第三个超越：世间不修道的人都生活在用自己的肉体感官感受出来的世界中。用肉眼看见的，就以为是真实的；用耳朵听到的，就以为是真相；经验多了，就以为自己很老练；见识多了，就以为自己很有智慧；思考多了，就以为自己很聪明。实际上，这一切都是人有限的主观对无限世界的有限认识，距离真相和真理还很远。

老子看到了现实中人们主观世界里的这些所谓的聪明，也看到了藏在这些聪明背后的欲望，特意在此提示人们，正是这些聪明，制造了人间的很多灾难。怎么办呢？简单来说，就是要放弃小聪明，收敛自己的私欲。

第三个升级：现实中的人有几个觉得自己不聪明呢？现实中的人有几个没有自己的私欲呢？也许有人会说，没有了私欲，人还怎么活呢？老子在这里让人们节制自己的私欲，说的不是那种生存所需的力量，而是远远超出了生命所需、生命难以承载并且给人的心智带来了扭曲的那种过分的、膨胀的欲望。在此，我们澄清一下概念：生命所需谓之需要，超出生命所需并带来心智扭曲的才叫欲望。换个角度说，就是一心为自己、不断追求物质财富而导致心灵空虚和扭曲的，是生理驱动型的生命状态；而一心为他人，以义生利，以公证义，物质生活不断变得简单而质朴，精神生活变得高尚而神圣的，就是理想和神圣驱动型的生命状态。

总结一下，老子在这一章中的思想，可以用以下两个问题来表述。

第一个问题：你总是用自己的标准衡量别人吗？你的标准一定是对的吗？你能读懂别人的心思吗？

你的标准是个人的，不是公认的真理！你若认为自己掌握了真理，岂不是过于狂妄！你能懂得别人的合理之处，才是你的聪明！

第二个问题：对那些善良的人你能不欺负吗？对于恶人，你能懂得他的不幸和可怜吗？对你不好的人，你能替他辩护吗？

对你善良的，别辜负！对你恶的，别忘伸手帮助！对你不好的，回过头来做自我检讨！

【悟道箴言】

俗人分善恶，道心处处皆是道。

低层分两极，高层合一和天下。

自己有问题，处处就都是问题。

世界没问题，皆是自心出问题。

自心没问题，一切问题皆化解。

圣人无自心，大道就在自心中。

第五十章　悟道长生

人生万事，再大也大不过生死。

芸芸众生，求的再大再多，人生也不过百年。

可在现实中，不同的生命却走上了完全不同的轨道：有的生命夭折了，有的生命英年早逝，有的家财万贯却疾病缠身，有的人看起来让人羡慕却得了抑郁症，有的人虽然活着却毫无乐趣可言。人类一直追求活得健康、快乐和长久，可又有几个人能够做到呢？

这背后的原因到底是什么呢？看看老子给我们的解读吧。

【经文】

出生入死。生之徒，十有三；死之徒，十有三；人之生生，动之于死地，亦十有三。夫何故？以其生生之厚。

盖闻善摄生者，陆行不遇兕虎，入军不被甲兵；兕无所投其角，虎无所用其爪，兵无所容其刃。夫何故？以其无死地。

【释意】

人始出于世而生，最终入于地而死，属于一般寿命的人有十分之三，属于短命而亡的人有十分之三；人本来可以活得长久些，不由自主地加速了死亡的也占十分之三。为什么会这样呢？因为奉养自己太过度了。

据说，善于养护自己生命的人，在陆地上行走，不会遇到凶恶的犀牛和猛虎，在战争中也不会受到武器的伤害。犀牛对其身无处投角，老虎对其身无处伸爪，武器对其身无处刺击锋刃。为什么会这样呢？因为他没有进入死亡的领域。

【核心要义】

悟道长生。

悟道长生

老子用了两个很玄妙的方法来表述他的思想。

第一，用"十分法"将人的生死分成了四种。对于每个人来说，出生入死都是生命必然要经历的过程。在这个过程中，老子观察到世间人们的生死有四种典型的情况，老子用"十分法"来描述四种生死的状态与比例：属于一般寿命的有十分之三，属于短命的也有十分之三，属于自己作死而加速死亡的又有十分之三。老子使用"十分法"却只讲了三个十分之三，加起来是十分之九，那还有十分之一的人呢？实际上，剩下的十分之一，就是老子在本章第二段所讲的那些善于养生的人。加上这样的人，就正好是十分之十了。

第二，老子在本章强调了两种典型和极端的人。一是自己作死而加速死亡的人，二是善于养生而长寿的人。关于加速死亡的原因，老子给出的答案也很奇特，就是奉养自己过多、过厚。这种观点如果放在今天，我们很好理解，因为现在人们的物质生活非常丰富，很多人的疾病就是因为吃得太好太多。可在两千多年前，人们也会这样吗？估计这种情况是指当时的达官显贵吧！可是，老子接着所讲的善于养生的人，并没有讲清淡饮食方面的问题，倒是讲了陆行不遇猛兽、打仗不会被兵器所伤，并做了一个结论，叫作"无死地"。这种功夫听起来有点神奇，好像有什么神奇的功夫一样！

老子在这一章中为我们讲解的人的生死问题，可以给当今的人们以下三个非常重要的启示。

第一，管控自己的欲望。在身体健康方面，管住嘴、迈开腿，一直是养生的最基本的方法。在心灵健康方面，就是要有积极乐观的人生态度、面对琐事的阳光心态、对人的理解与宽容、与天地万物的和谐与接通、自己做心的主人和避免成为物奴的达观等。也就是说，在吃饭方面管不住嘴巴的人，会吃坏身体；在与人相处方面，总是算计、占便宜、怨恨、对立和冲突的人，肯定会自己坏了自己的心，也就会种下疾病的种子。

第二，生命是目的，不能当成人生的工具。本来，人所做的一切都是为了人自身的生命存活与健康。可是，很多人拼命工作、为了争夺一些外在的财富、荣誉、地位等，把自己的生命和生活当成了工具而不是目的。这就颠倒了人生的目的。你看那些因为争夺利益而损命的人，最后人病了，钱都送到医院去了；有的人拼命，最后死了，留下的财富家产又是谁的呢？开车的人都知道定期将车放到4S店去维修保养，可有几个人像对待自己的车那样认真对待自己的身体呢？

第三，"无死地"是人生修行的最高境界。说到"无死地"，很多人觉得有些神奇。实际上，世间修行好的人相信万物皆有灵，真的就可以跟各种动物做朋友，他们与动物在一起时的那种亲密真的会胜过与人的关系。我听说过，自己也经历过。修行好的人，行走四方，处处都是朋友，遇到抢劫的盗贼时都能降服他使他成为自己的朋友。你说，这样的人还有什么危险呢？再看现实中一些总是凶巴巴的人，在人群中到处做些让人讨厌的事，说起话来也以自己痛快而伤害别人为乐，时间久了，不就积攒了很多内在的和外部的负能量吗？一个人活在这样的环境中，能不危险吗？

由此看来，人生中生死这样的大事，是可以由我们每一个人自己的修行来掌控的。主要表现在四个方面：一是通过学习圣人的思想，学会感恩一切人和事，自己的心中不再有负面的能量，符合了人心之道；二是按照老子的教导，学会了生活的简朴，符合了生命之道；三是按照圣人的教导，利人无害，损己利人，合人合万物，跟天地间的各种人和动物都能够保持和谐，于是没有了敌人，也就没有了死地；四是让自己的欲望减少的同时，还能坚定自己的理想和使命，将自己的生命与无数生命连接在一起，将理解、帮助与服务所有相遇的人作为自己的使命，让自己的人生和生命变得干净、纯正和洒脱。

总结一下，老子在本章的思想，可以用以下两个问题来表述。

第一，你知道哪些做法正在加速自己的死亡吗？你以为吃好喝好就能够活好吗？遇到矛盾不生气，做了好事不求回报，吃东西别吃饱，好好学习日日进步，适当运动别过头！这才是养生之法。

第二，你很好斗吗？你总想处处胜过别人吗？你总想说服别人吗？你总说别人不对吗？你总想让别人符合你的标准吗？你总发现别人会对不起你吗？注意，你已经进入死地，你的想法和做法正在给自己挖坟墓！给别人留空间，是你的心量大！总能发现别人的独到优点，是你开了"慧眼"！你总能发现自己的不对，就是开了"天眼"！你总能发现别人值得学习的，就是开了"法眼"！

【悟道箴言】

生不由己，死要自控。

人生百年，莫要作死。

人命有道，悟道长生。

和合万物，人无死地。

第五十一章　玄德之妙

说到玄德，不少人会不由自主地想到刘备，因为刘备字玄德。一个皇亲国戚，落魄到卖草鞋的地步，但最终又能在三分天下中占据一席之地，真是很了不起的人。

刘备在很多方面印证了玄德的思想，千古流传的一些经典故事也是现实中很多人根本做不到的。比如，桃园三结义，兄弟三人不离不弃；三顾茅庐，屈尊请到了当世的高人诸葛孔明；与曹操煮酒论英雄，深藏不露；撤退之时不忍抛弃百姓，却让自己的孩子身陷重围；白帝城托孤，对诸葛亮的嘱托可见一代明主风范；等等。不管后人怎么评说，刘备所做的这样一些事情，世上又有几个人能够做到呢？不过，刘备还是有一个死穴的，那就是兄弟情义胜过了国家利益，关键时刻他的情绪主导了理性，最终让蜀军在夷陵之战中遭受重创，也使蜀国从此走向了衰退。

但是不管怎么样，刘备所表现出的一般人难以企及的玄德境界，还是值得我们学习的。只是很多人只将其当笑话看，没有真正看懂刘备的智慧。

【经文】

道生之，德畜之，物形之，势成之。

是以万物莫不尊道而贵德。

道之尊，德之贵，夫莫之命而常自然。

故道生之，德畜之；长之育之；亭之毒之；养之覆之。生而不有，为而不恃，长而不宰，是谓"玄德"。

【释意】

　　道生成万事万物，德养育万事万物，又以各种各样的事物形态来呈现，形态背后的规律和能量又会形成不竭的势能使万事万物成长起来。因此，万事万物莫不尊崇道而珍贵德。

　　道之所以被尊崇，德之所以很珍贵，就是由于道生长万物而不加以干涉，德畜养万物而不加以主宰，顺其自然。

　　因而，道生长万物，德养育万物，使万物生长、发展、成熟、结果，使其受到抚养、保护。

　　生长万物而不据为己有，抚育万物而不自恃有功，导引万物而不自以为主宰，这就是奥妙玄远的德。

【核心要义】

　　玄德之妙。

玄德之妙

　　首先，老子讲解了大道生育万物的全过程，就是道生、德养、物形、势成四个核心的环节。大道生养了万物，也包括人类；大道又藏匿在人的生命中，形成了人性的本质。不管人类知不知道这个事实，大道这种客观规律随时随地在调理着每一个生命。在这个问题上，天地间万事万物都是一样的，任何事物和人都不可能例外。纯粹的客观事物本身没有思想，也不会与大道的规律相对抗。低级动物虽然也有思维，但不足以与大道的客观规律相对抗，因此只能顺应自然。麻烦的是，人类思维比较高级，但又没有高级到极致，自己的思想经常出来主导自己的行为，于是经常与大道相违背，这就是人为什么要修行的原因。"万物莫不尊道而贵德"，人类呢？对于决定着我们的大道，我们还有其他选择吗？

当我们真正明白了上述道理，对于大道也就有了一种必然的、客观理性的态度，这就是老子所说的尊道贵德。大道其实不需要人的尊重，它如神灵一般冷冷地看着我们，不管我们怎么做，它都主宰着我们，我们再能想或者再能干，也都是在大道的范围内活动。如同《西游记》中的孙悟空一样，一个筋斗十万八千里，却逃不出如来佛的手掌心。最后，孙悟空只有一条路——臣服和皈依。走上这条路后，孙悟空这样一个猴子最终也成佛了，也就是获得了究竟圆满的觉悟。说到这里，你应该明白自己对待大道的态度了吧？那就是相信大道、皈依大道，心中想、口中言、世中行皆不离开大道，让自己生命的一切都与大道合一，这就是人生最高的境界。

第二，大道滋养万物的全过程，似神又非神。经常有朋友问，相信神和相信道，有什么区别吗？相信神，就产生了迷信，就会走向不可知论的神秘主义，就会产生盲目崇拜，就会处于被主宰的状态。相信道则不同，大道既在生命之内，也在生命之外，与我们的生命是合一的，对于大道来说，根本没有内外之别。而且，更为重要的是，大道的存在与运行是有规律的，也是可以认识和领悟的，但要通过心性和生命的修行，不能用学习知识的那种方法。若是你达到了这种状态，那些没有悟道的人就会认为你很神奇。由此可见，俗人眼中的神就是道人心中的道，道人心中的道就是俗人眼中的神。

老子在本章中概括出了大道的属性——玄德。这对我们又有什么启示呢？现实中，很多人所说的道德，往往已经脱离了道德的本质。现实中最典型的三种道德错误，也是很多人熟视无睹的：一是行善积德，二是行善求报，三是反目成仇。你看，道德已经变成了交易的筹码，也往往会成为生成怨恨时自己依然正确的借口。现实中人类的困境，不就是因为违背了玄德的标准吗？大道生而不有，俗人总想自己占有；大道为而不恃，俗人做成点事情就认为自己有恩有功于别人；俗人一旦有点能耐或者权势，就总想去主宰别人、支配别人，甚至对自己根本不了解或者也没有能力去思考的事情，也总喜欢指指点点，一副轻浮浅薄、自以为是、不知自己是谁的样子。

那么如何做到玄德呢？我们主要应该考虑以下几个方面。

第一，人要忘我地去做合于道的事情。对人对事都是这样，用不着事事为自己，因为结果都会有你一份。这个因果规律有三个特性：一是给你的结果会在不同时段出现，不会只是在我们所想象的某一个点上出现；二是结果兑现的方式并非按照我们个人的意愿，而是遵循客观规律的；三是结果反映的形式是多样的，有正有负，有长有短，有有形也有无形，而且往往交织在一起，这都是不言自明的公平逻辑，因为世间一切都是公平的，根本没有什么人所认为的委屈。凡是自己说不公平或者觉得委屈的，都是因为没有看清楚自己，因而把问题的责任全部归于外部了，这样算账的方式肯定是错误的。所以叫喊不公平或者自身感到委屈的人，并不会因为他的错误算账方法和抱怨而让自己获得所认定的公平，因为他所认定的公平实际上是不公平。

第二，若是帮了别人，也不要觉得有恩、有功于别人。否则，此念一起，恩情或者功劳就会变成反面，就会让人讨厌，就会被人看穿背后的用心。反之，具备上德的人，即使帮了别人，也会认为是自己的本分或者情分，甚至还会反过来，将帮助别人的做法看成是对别人的报恩行动，甚至再进一步，一方面感恩别人，另一方面检讨自己。对于这样的思路，你若是还能跟得上，玄德也就不玄了，而是一个厚道而有良知的人所明白的最厚道、最质朴的道理。

第三，一有权势就盛气凌人，一有能耐就飞扬跋扈，一有成就便趾高气扬，一受尊重就放肆地胡言乱语，这不就是自己无法承受的力量与荣誉吗？也许这样的人很有财富、成就和权势，但就是没有一颗高贵质朴的心。一有财富、成就和权势，自己就失控，这不就是启动自毁程序吗？这样的人生还有什么意思呢？

总结一下，老子在这一章中的思想，可以用以下两个问题来表述。

第一，你知道为何一般人看重德，而高手看重道吗？如果你崇尚"厚德载物"，那你知道这厚德是从哪里生出来的吗？一般人的德都是无根的，高手找到了德根，就是道！抓住了源头的人，才是高手！

第二，你总想自己多占有吗？有了能耐就有点骄傲吗？总想让别人听你的吗？这能实现吗？占有的东西多了，灵魂空间就小了！骄傲了，智力就开始下降了！让别人听你的是痴心妄想！怎么办？让精神再富有一些，生命灵魂就健康了！寻找可以否定自己和提升自己的人和事，你就会变得更加智慧！能听到别人的心声，你愿意做他们的代言人，你就具备了领袖的潜质！

【悟道箴言】

俗人只想利自己，往往鸡飞蛋打；大道利万物，绝不利自己。

俗人总想多占有，往往得小失大；大道养一切，绝不占己有。

俗人总自以为是，往往聪明自误；大道凭自然，绝不强干预。

俗人有恩又有功，往往恩功转怨；大道成万物，绝不自居功。

俗人得意又忘形，往往自动变傻；大道掌一切，绝不表强势。

第五十二章　开门关门

每个家庭都有大门，自家人进出都要开门。不开门，自家人无法进出；但不关门，就可能让贼进来。这是我们每个人都熟悉的日常生活现象，也是每个人都懂得的生活常识。家里的门是有形的门，而我们每个人的生命中还有个心门，这心门又是朝着什么方向开的呢？

有道的人，关闭了自己的欲望之门，开启了面向大道的门户，于是具备了吸纳万物能量的能力，从而缔造了一个能量无限的超级生命。无道的人，开启了自己的欲望之门，关闭了面向大道的门户，于是小我开始成为主导，最终被欲望和主观撑破了自己脆弱的生命。

有道的人，私欲、私念不再出来捣乱，全部生命只与大道同行，也就没有了麻烦和问题。无道的人，起心动念，全是私欲、私念，自己的主观念头一直跟大道相冲突，因此问题多多、麻烦不断。这就是有道和无道的重大区别，这就是老子看到的人间真相。

【经文】

天下有始，以为天下母。既得其母，以知其子；既知其子，复守其母，没身不殆。

塞其兑，闭其门，终身不勤。开其兑，济其事，终身不救。

见小曰明，守柔曰强。用其光，复归其明，无遗身殃；是为袭常。

【释意】

天地万物本身都有起始源头，这就是天地万物的根源。知道了根源，就能认识万物由来的过程；认识了万物由来的过程规律，就能把握住万物的根本，自己终身都不会有危险。

塞住欲念的孔穴，关闭欲念的门径，终身都不会有烦扰之事。打开欲念的孔穴，就会增添纷杂的困扰，终身都无法解脱。

能够洞察到细微之处的道，叫作"明"。能够让主观持守柔弱，叫作真正的"强"。运用大道的光芒，返照内在，让心中的大道呈现光明，就不会再给自己带来灾难，这就叫作万世不绝的"常道"。

【核心要义】

开门关门。

开门关门

现实中的我们，也许拥有丰富的阅历和经验，知识也许很渊博，也能够将事物分析得头头是道，可又有多少人能够找到纷繁事务背后的总源头呢？老子是哲学家，他是借人生中的现象来思考总源头的智者，所以他发现了大道的规律，也为我们提炼出了人间修行的基本路线、原则与纲领。

有人也许会问，为什么我们就找不到这个总源头呢？老子已经告诉了我们答案：自己主观的想法太多，因此就远离了客观；自己的私欲太重，于是就只顾眼前；自己在乎的事情太小，所以就看不见真正的大；自我的欲望之门一直打开着，通向大道的门却一直关闭着。原来，问题的根源是我们开错了门。

若是把门开向大道呢？那就会毫不费力地从细微之处觉察到大道的存在，进而把握万事万物的总规律，人间万事也就没有苦恼和秘密了。这样的状态实在是太迷人了。

老子的上述思想，能够给现实中的人们哪些启示呢？

第一，老子揭示了天地万物的"母子关系"，找到了万物之因。老子在这一章又一次使用了"母"和"子"这对概念。"母"就是"道"，"子"就是天下万物，因而"母"和"子"的关系，就是"道"和万物的关系。我们都知道，母子关系的本质是因果，父母是因，儿女是果。万事万物的生成与存在，也都是因果关系的模式。要想认清果是什么，就必须搞清因是什么——因的性质一定会在果中有所呈现。

人的认识大部分时候是零散的或者残缺不全的，在一般生活中还能应付，但在真正的科学研究当中，这样的思维模式肯定无法发现事物的科学真相。科学是要反复实证的，要在不断地自我否定中接近真相，这是科学研究的基本模式。但在日常生活中，我们很喜欢只在一些零散的和不完整的信息基础上对事物做出判断。当然，这种判断多半是错误的。为什么会这样呢？核心的原因主要有三点：一是思维模式有缺陷，二是掌握的信息不完整，三是主观立场有偏差。

既然凡事皆有因果，见果溯因才能明白真相；见果不明因，随便发议论或者做判断，肯定是错误的。因此，人的第一个念头应该是，见到结果就应该去寻找它的原因，找不到原因就不要做判断，否则就会后悔，就会失误。

第二，任何一个事物都有自己具体的因果，但所有的事物也有一个总的因果，这就是大道的规律。掌握了大道的总规律，也就能够知道万事万物的真相。我们接触了很多事物，但对这些事物的因果规律并没有进行深入细致的总结，大多停留在表面的认识上。连具体事物的具体规律都没有搞清楚，也就没有办法搞清楚万事万物的总规律。如果能够掌握具体事物中隐藏的总规律，就既能认清眼前事物的本质规律，又能洞察未来事物的趋势。如此的人生，才是玄妙啊！

怎么才能做到呢？唯有修行。一是要搞清楚具体事物的因果规律，二是要搞清楚不同事物因果规律的共同性，三是要如此不断地前进，逼近万事万物总规律的源头。

第三，要管住自己的念头。能够让自己的念头停一下的人才可能成为高人。自我的主观念头都是有局限的，若是管不住自己的念头，以己度人，以人度物，就是乱贴标签，就是无视真相，就会违背规律，就会做无用功，最后，就会将生命浪费在无用的事物上。

怎么办呢？唯有修行。修行就是管控住自己的欲念，让自己在无我无念无私的状态下面对世间的万物，这样就能够让世间万物的真相呈现出来。在生活和工作中，当我们刚刚接触事物的表面信息时，我们就会有判断，或者有情绪反应，自己若是能够觉知，就应当先放下这个念头，进一步更深一层地了解事物的全面信息，了解当前事物前面的原因，了解一个事物各个方面的综合原因，这样才能够对事物有一个全面正确的判断。若是管不住第一个念头，就一定会做错误的判断。正所谓，冲动是魔鬼。你在平时的生活和工作中，是不是往往就跟着第一个念头走下去了？表层信息加第一个念头，就会形成我们进一步深入认识的屏障，就会成为我们悟道和获得智慧的一堵墙。你在平时的生活和工作中是这样的吗？开门关门，一念天堂，一念地狱。你的心门向着何处打开呢？

总结一下，老子在这一章中的思想，可以用以下三个问题来表述。

第一，你是不是一见到什么就会有评价或者结论？你是不是听别人一说什么就容易动情绪？你看到的都是局部，你听到的都是片段，急着判断做结论就是脑子短路！急着动情绪，就是脑子失控！稳定一下，询问、请教、协商，一切都需要过程！

第二，你一直急于表达自己的观点吗？若是这样，你就一直处在很可笑的地步！有人告诉你吗？你需要请教别人，这样才能让谈话继续！你可以从别人那里吸收能量，而不是急于表现，这样才会增长实力！

第三，你是不是觉得很多人不懂你？你是不是觉得自己比大部分人正直和仗义？可是，你懂别人吗？明白别人才是智慧，放低自己才能强大。

【悟道箴言】

万事背后皆是因果，有果必然有因。

见到结果不问原因，只是自言自语。

见果溯因见因问果，方是智慧之道。

万事万物的总规律，才是智慧大道。

只要主观不来捣乱，人生才能悟道。

神秘大道无处不在，静心见微知著。

保持心性柔弱状态，大道真相自现。

第五十三章　人为财死

现实中，大多数人的痛苦都来自一心为自己。小人物占小便宜，大人物贪大名利。庄子在《庄子·胠箧》中写道："彼窃钩者诛，窃国者为诸侯，诸侯之门而仁义存焉。"这就是"窃钩者诛，窃国者诸侯"的出处。

在庄子那里，偷点小东西的是小偷，而偷窃国家的是大盗。实际上，偷窃背后的本质就是利己，凡是为自己私利的都是偷窃，只是程度有大小之别。即使在今天，那些贪官污吏和损公肥私的人也都是偷窃啊！人为财死，鸟为食亡，一心为自己的人会有什么前途吗？

【经文】

使我介然有知，行于大道，唯施是畏。

大道甚夷，而人好径。朝甚除，田甚芜，仓甚虚；服文彩，带利剑，厌饮食，财货有余；是谓盗夸。非道也哉！

【释意】

假如我持正信正念，在大道上行走，唯一担心的是走了邪路。

大道虽然平坦，但人却习惯于走邪径。朝政腐败已极，弄得农田荒芜，仓库十分空虚，而人君仍穿着华丽的衣服，佩带着锋利的宝剑，饱餐精美的饮食，搜刮占有富余的财货，这就叫作强盗头子。这就是无道啊！

【核心要义】

人为财死。

人为财死

《庄子·大宗师》中有这样一句话："其嗜欲深者，其天机浅。"后来人们就说"嗜欲深者天机浅"，意思是说一个人如果深陷欲海、贪婪无度，生命中的灵性与智慧就会减少，就会错过人生中许多好的机缘与福报。一个人如果淡泊名利，生命中的灵性与智慧就会增加，就会得到人生中许多好的机缘与福报。

有道与无道，始终是老子阐释大道思想时喜欢用的比较方法。有道的人私欲少，精神世界丰富，灵性和智慧高深，一心利益众生，人生会幸福圆满；无道的人私欲多，精神世界空虚，灵性和智慧浅薄，一心只为自己，人生会苦苦挣扎。

民间有句古话：人为财死，鸟为食亡。但对这句话有两种不同的解释方式：第一种是人毕生都是为了自己的财富奔波，就像鸟寻食一样，是人的本能。看历史上和现实中的芸芸众生，此言不虚，穷人为钱，那是为了活命；富人不缺钱但还要拼命挣钱，这就是玩命。难道这就是人的宿命吗？看看红尘中的那些修道者和觉悟者，我们就会明白，若是在一个人的追求中，物质胜过了精神，不管有多少钱，最终他也是个穷人，因为他一直在索要；若是在一个人的追求中，利己胜过了利他，不管拥有多么高的位置，最终他还是个小人，因为他只在乎小我的利益，因此把自我变小了。

老子在本章中为我们讲解了人间正道与邪道所导致的两种不同的人生，也给现实中的人们提供了以下四个重要的启示。

第一，有道的人能管好自己，能谨小慎微，解决了张狂放肆的问题。人类历史和现实生活中的教训告诉我们，不怕外部有事，就怕自己的内部心乱。西方有句名言：上帝若要谁灭亡，必要使他先疯狂。一方面，人一旦失去自己的控制，就会自以为是而听不进任何劝告，就会骄傲自满而肆意妄为。也就是说，即使外部没有什么事情，自我失控的人也会制造事端。另一方面，当自我失控又遇到外部问题时，就是百姓们所说的"事儿赶事儿"，就会变成事故。自己不失控，就是外部有事，也能把事情处理成故事。所以，有道的圣人，也要"唯施是畏"。现实中我们能够看到这样一种现象：胆小的人往往会发展智力，胆大的人往往会发展体力。当然，到了一定的高度后，就会做事越发谨慎，不敢相信自己的个人判断。悟道的人的谨慎是在警惕自己的主观不要出来作乱，与一般人的胆小不是一回事。总之，一个人对外部永远无法做到完全把控，还是留点敬畏为好。因此，人在任何时候，都必须对自己无法掌控的外部力量怀有敬畏之心。

第二，万事万物的客观规律，就是人们通达成功的捷径，而离开大道规律的投机取巧就是走弯路，甚至是走邪路。只要人一动心念，远离了大道，就会走上邪路。要命的是，那些自以为是的人，总以为自己走的是成功的捷径，只有碰得头破血流时，才会明白，正是自己的自以为是，让自己远离了客观规律，夸大了自己的掌控能力。所以，对于那些已经有一些成功经验的人来说，要警惕自我的膨胀，否则，极可能走上万劫不复的绝路。因此，要通过修行来认识自己是否变得恶性，因为这就是未来灾难的种子。所以，有道的人一直对自己心中的念头保持着持续的觉知，以免自己的信念把自己引上邪路。

第三，任何身处高位的人都要懂得弯下腰身去为众人服务。若是沉迷于自己的生活享受，听信谗言，就会使自己的心智模式进入愚蠢的状态，就会失去民心。历史上的朝代更替，不就在向我们展示这样的道理吗？对于当代富裕起来的人们来说，若是在满足了物质生活之后，不知道去设计和开创自己的精神生活，而是一味地沉迷于物质生活，或者再加上自我膨胀的扬扬得意，离倒霉的日子就不远了。

第四，成功者是高危人群。获得大发展的人们，千万不要产生一种错觉，觉得自己很优秀，觉得自己的收获是因为优秀和勤奋而换来的，却忽视了背后隐藏的危机。也不要以为花一点儿小钱做点公益，就可以赎掉自己的罪恶。账总是要算的，欠了的总是要还的。人到顶点，若是不知道弯下腰身，躬身自省，调整人生的模式，就会被外部力量调整，那就将意味着人生的重大灾难。

总结一下，老子在本章的思想，可以用以下三个问题来表述。

第一，胆大的总能占得先机，可失去的也很快。看清楚别人看不到的才叫先机！得了先机还能够反省自己而不张狂的，才能长久！

第二，不深入了解就下结论会正确吗？直接批评别人，效果会好吗？抢来的钱是自己的吗？不练功就到处行动有好结果吗？不跟人商量就做决定算是果断吗？念头来了，想好下一步要做的，先别下结论，先别急着说或者行动！对人商量，对事调研，对己练功才是上策！

【悟道箴言】

有道有敬畏，无道则张狂。

遵道有捷径，无道走弯路。

膨胀的自己，肯定走绝路。

人处低谷时，要往上提气。

人在高处时，要弯下腰身。

第五十四章　三个中心定乾坤

多少人梦想自己的家业能传承千秋万代，可是现实中，富不过三代的比比皆是。多少人梦想自己能够名垂青史，可是忙忙碌碌之中，又有几个人能够真正成为历史的丰碑。

经历几十年的人生，很多人自以为见多识广、经验丰富，可是又有几人真正能够看清楚天下大势呢？经历过人生严寒酷暑的打磨之后，不少人感慨人心太复杂，可是圣人又说大道至简。有人说，世间唯一不变的就是变化。可又有人说，万变不离其宗。这到底是什么道理呢？

经历得多了就会发现，世间的道理实在太多。到底该信什么呢？老子在本章中，就为我们揭示了人生中三个中心的神奇规律。

【经文】

善建者不拔，善抱者不脱，子孙以祭祀不辍。

修之于身，其德乃真；修之于家，其德乃余；修之于乡，其德乃长；修之于邦，其德乃丰；修之于天下，其德乃普。

故以身观身，以家观家，以乡观乡，以邦观邦，以天下观天下。吾何以知天下然哉？以此。

【释意】

悟道与万物合一的人所成的建树不可能被拔除，悟道与万物合一的人所抱持的不可能脱掉，子子孙孙都会受此滋养而绵绵不绝。

将自身与大道合一，他的品性就会是真实纯正的；将自家与大道合一，他的品性就会是丰盈有余的；将自乡与大道合一，他的品性就会受到尊崇；将自邦与大道合一，他的品性就会丰盛硕大；若能将天下与大道合一，他的品性就会无限普及。

所以，用自身的修身之道来观察别身，以自家的修家之道察看观照别家，以自乡的修乡之道察看观照别乡，以平天下之道察看观照天下，原来都是一样的道理啊。我怎么会知道天下的情况之所以如此呢？就是因为我用了以上的方法和道理。

【核心要义】

三个中心定乾坤。

三个中心定乾坤

在本章中，老子讲述了人生中的一个很重要的机密，就是三个中心的神奇规律。

第一个中心，天地间的万事万物和变化发展，都由大道的客观规律所决定。这也是老子一直在强调的思想。

第二个中心，人世间的一切都由每个人自我的心性状态所引发。很多人都想成为人群中的中心，为此千方百计地去努力，但大部分人都没有成功。而小部分成功的人，一旦成为中心，又会在众人的审视之下，露出自己的原形。于是，人生中就出现了一个非常典型的悖论：一个不修行的人总想让自己成为中心，可自己又不具备成为中心的能量。于是，那些刻意为自己求名求利的人，求不到时心中郁闷，求到了又开始放荡。总之，求到和求不到时自己的状态都不好。

不修行却想让自己成为中心的人，实际上是人们心中自己的妄想，即使实现了也是人生的危局。把众人当成中心的人，却在无求中成了人们心目中的真正中心，这是自然而然形成的结果，是人生那种"无死地"的一种至高境界。人世间所发生的一切，看起来都有内因和外因的作用，但内因是决定性的。也就是说，发生在我们身上或者生活中的一切，全部都是因为我们自己的状态所引发、所吸引的。如果我们的生活如同照片，那我们自己的心性就是生活中一切景象的底版。也正是因为这样一个中心的规律，才形成了中国文化中"内求诸己"的修行法则。

第三个中心，人生一切的中心之起点就是自己的修行。很多人向往那个中心的神奇效应，"与神同在""上帝与你同在""大道与你同体"，这太好了！实在是好极了！可怎么才能做到呢？

正因为如此，总有人告诉我们，要去掉我，要达到无我的境界。圣人的经验是，没有自己的常心，却能以百姓心为心。百姓又是谁呢？就是圣人的客观对象，就是大道的载体。能够以百姓的心为心，就是将自己与大道合一，就是悟道得道。一个人如果说通过修行达到了圣人的这种境界，没有了自我，结果却成了百姓们所簇拥的中心。说到底，这个中心就是自我与大道的合一，就是拥有了大道的力量，因此可以产生人生的"裂变效应"——自动放大、自动传播、自动运行、自然常在！中国人常说，有大智慧的人做事犹如神助，西方人说"上帝与你同在"，道家说"你与大道同体"。这就是人间那个神奇的中心，也就是人生一切奇迹的奇点！

老子的这些思想是在告诉我们，拿自己下手，把自己修好了，一切就都好了！修好自己，似乎是激活了人生的一个原点能量，如同宇宙产生之前的奇点。以这个奇点为中心，产生的光明就会一层一层地向外辐射，最终能够通观天下。

我们从老子揭示的第一个秘密知道了天地万物的那个中心，就是客观大道！通过老子所讲的第二个中心，我们知道了一切都是因为我们自己。通过老子所讲的第三个秘密，我们知道了中心的中心，就是我们每一个人对自己的修行。若是放弃了这个中心的中心，第一个神奇的中心就不会被激活。自我的修行是一切的起点和中心。唯有自己修行好了，才可以立身、为家、为乡、为天下，这就是老子之"道"的中心论。

在佛学中有一句流行的话：修行不是为了遇见佛，而是为了寻找真正的自己。人也好，物也好，神也好，魔也好，都只是俗人眼中的相。在《金刚经》中，佛告诉人们，若见相非相，即见如来。在现实中，求神拜佛的人很多，但成佛的人很少。原因在于，向外求佛本身就是虚妄。学佛做佛，才是人生觉悟之路。佛就是觉悟的人，就是领悟大道的觉者！

现实中所有的苦难，都是因为自己这个中心出了问题，又不愿意对着自己的问题下狠手，遇到问题总是推卸责任，或者总是责怪别人，已经出了错还在论证自己是正确的。一个不修行的人，一个灵魂懦弱的人，大大的眼睛看到的都是别人的问题，唯独看不见自己心中的肮脏。这就是所谓的魔鬼思维！

总结一下，老子在本章的思想，可以从以下三个方面来表述。

第一，爱情本来有，后来为什么跑了？赚来的钱为什么又没了？朋友为什么翻脸成仇了？你是不是因此在责怪别人，在抱怨人生？本来有的又跑了，那都是因为自己下道了，再去怪别人，就走入邪道了！

第二，你跟人在利益上有冲突、在观点上有分歧时还能继续相处吗？经历一次冲突你就能提升一次人格魅力吗？你自己的修行能够征服多少跟你有冲突的人？世界上没有问题，一切问题的出现都是一面镜子在照我们自己，你能够借着冲突与分歧提升功力，你就是高手！

第三，你能从别人那里的冲突和矛盾看到他们自身的问题吗？若是你的朋友跟人发生不愉快，你能帮他找到自身问题进而改变局面吗？你能够看到别人像自己过去一样犯错时，自己就进步了。你若能够帮助别人发现自身问题并反转局面，你就有功夫了！

【悟道箴言】

有形的，总自生故有死。

无形的，不自生故不死。

永存的，必是大道同体。

痛苦的，必是与道分离。

得救的，必是皈道合体。

神奇的，背后都是规律。

无限的，奇点激活遍地。

第五十五章　比于赤子

世上觉得自己牛的人很多，可有谁知道最牛的人是什么样的呢？

有人说，那肯定是有钱、有势、有成就的人。你看人家多牛，什么事都不愁，什么事都能办。也有人说，那些都算不了什么，因为每个人光鲜的背后都有各自的忧愁，羡慕别人，实际上就是自己糊涂。

你怎么看呢？老子会怎么看呢？老子心中最牛的人会是什么样子的呢？

【经文】

含德之厚，比于赤子。蜂虿虺蛇不螫，攫鸟猛兽不搏。骨弱筋柔而握固，未知牝牡之合而朘作，精之至也。终日号而不嗄，和之至也。

知和曰常，知常曰明。益生曰祥。心使气曰强。物壮则老，谓之不道，不道早已。

【释意】

道德涵养浑厚的人，就好比初生的婴孩。

这样的人，蜂虿虺蛇这些毒虫不螫他，恶鸟猛兽不伤害他。他的筋骨柔弱，但拳头却握得很牢固。他虽然不知道男女交合之事，但他的小生殖器却勃然挺起，这是因为先天精气充沛的缘故。他整天啼哭，但嗓子却不会沙哑，这是因为阴阳二气和合淳厚的缘故。

认识阴阳和合的道叫作常，知道这个常道的叫作明。贪生纵欲就会遭殃，欲念主使精气就叫作逞强。事物过于强盛就会转向衰老，因为强盛就不合于道了，不遵守常道就会很快死亡。

【核心要义】

比于赤子。

比于赤子

对于大部分成年人来说，见到天真无邪的婴幼儿，都会觉得很可爱。可面对成年人，情况就不同了，有的人自私得让人恶心，狭隘得让人唾弃，而那些看起来貌似可爱的人，你又搞不清楚到底是真是假，似乎这可爱也可以变成骗人的东西。总之，人长大之后普遍变得不可爱了，最起码没有孩子那样可爱。

年幼的孩子之所以可爱，是因为他对外界的反应是纯自然的，没有成年人那么多的算计。也就是说，身体和生命是和谐统一的，自我和外界也是和谐统一的。

人长大之后，自我变得越来越强大，但自我与周围世界的疏离感、对立感也越来越强，由此引发了自我无尽的苦恼和与他人无休止的猜忌、对立和冲突。看起来成年人心眼儿多了，但快乐少了；看起来成年人似乎成熟了，却变得不可爱了；看起来成年人越来越能干了，但解决不了自身苦恼和与别人对立的问题。

原来，真正的牛人不是那种威武雄壮的人，而是像个可爱的孩子，能够跟其他生命和谐相处，这就是老子神奇的智慧！

老子所说的牛人，实际上就是悟道的人，这跟我们俗人所说的牛人完全不是一个意思。反观现实中那些貌似很牛的人，牛着牛着就出事了。看来，红尘中很多人以为很牛的那种状态，实际上是一种错误的状态。

学习了老子本章的思想，我们可以有以下这样几个收获。

第一，我们知道了，越牛越傻。人长大之后，总想让自己变成很厉害的人，而那些厉害的人总以为自己很聪明、很能干，但内心深处实际上隐藏着一种与人对立的程序，也就是亲手制造对手和敌人的程序。一个人一旦进入了这种状态，结果会怎么样呢？这种牛的背后，实际上是自我过分强大，是在与外部的客观规律相对抗，也就违背了大道规律。在老子看来，人唯有在婴儿时的状态，也就是主观上的想法最少的时候，与万物才没有冲突、对立，进而呈现和合的状态，就是合于道的状态。

第二，我们知道了，合道神通才是真牛。像婴儿一样合道，就与万物互不相伤，因而在任何时候都是平安的。婴儿的生命状态完全是合于自然的和谐状态，阴阳二气在体内是平衡而和谐的。成年人则没有婴儿的这种能力，见到猛兽时，成年人会害怕，猛兽也很容易攻击成年人。你看，猛兽不喜欢成年人，可婴儿的可爱就连猛兽都喜欢。曾经有猛兽抱走人类的孩子去抚养的案例，可从来没有听说过猛兽去抚养成年人的案例。所以有人开玩笑说，看一个成年人是不是悟道，就看看动物和小孩子是否喜欢他。

第三，我们知道了，成年人难以悟道的原因。因为成年人主观上太强大，与客观形成了对立。因为主观只为自己，所以建构了自己的囚笼。面对客观世界，我们总想改造，以为可以证明自己的能力，又因为确实改造了很多，就误以为自己很强大。实则只是改变了一些外形，没有改变客观的本质，却改变了自己——让自己深陷虚幻，以为自己了不起。当然，对于宇宙，人类还没敢妄想去改造。但对我们对面的人，我们却失去了将其作为客观进行观察的能力，总想用自己去改变对方。不仅如此，我们这一切都是为了自己，都想证明自己的正确，都想让自己日益强大，却因为违背大道，而让自己走向了绝路。

总结一下，老子本章的思想可以用以下三个问题来表述。

第一，人们长大后把生命中的什么丢掉了？成年人以为自己比孩子更成熟，实际上，人长大后失去了纯真和可爱，失去了灵性却被成见和偏见绑架了！敢于向孩子学习的成年人，才有希望！

第二，成年人比孩子更强大吗？不修行的成年人习惯制造对立、制造对手，时间久了，就会陷入对立的泥潭，就会被对手包围。这就是成年人的绝境。

第三，你觉得自己有很多要坚持的观点，是吗？因为坚持这些观点，你经常会与别人产生对立或者去挑剔、指责别人，是吗？如果是，那你就真的老了，就是在走向死亡了。人老脑子先老，只要固执己见，就是早衰！

【悟道箴言】

婴儿欲少，可爱人也爱。

成人欲多，恨人遭人恨。

生命合道，天下则无敌。

自我逞强，必是寻绝路。

第五十六章　玄妙的同

你听说过这样的话吧：见人说人话，见鬼说鬼话。但一个人若是经常这样做，恐怕就很难有人信任他。

从原则上来说，人要说实话，不能说假话。可是，真话有时比假话更伤人啊！有人说，做人应该真话不全说，假话全不说。可是，这也很难做到啊！

人们常说，人心不同，各如其面。圣人却说，万物一理，天地一马。听着好像都有道理，但是哪个道理才是对的呢？

【经文】

知者不言，言者不知。

塞其兑，闭其门，挫其锐，解其纷，和其光，同其尘，是谓"玄同"。故不可得而亲，不可得而疏；不可得而利，不可得而害；不可得而贵，不可得而贱。故为天下贵。

【释意】

真正的智者少言寡语，而到处说长论短的人不是聪明人。

堵塞嗜欲的孔窍，关闭嗜欲的门径，不露锋芒，消解纷争，挫去锋芒，和解纷争，收敛光耀，混同万物，这就是与万物玄妙齐同的智慧。达到"玄同"境界的人，已经超脱亲疏、利害、贵贱的世俗范围，不会为这些外在的东西或者力量而改变自己的本心，所以就为天下人所尊重。

【核心要义】

玄妙的同。

玄妙的同

在这一章中，老子告诉了我们以下这样一些智慧。

第一，寡言的智者。老子说智者不言，并不是说有智慧的人不说话，而是说他们少说话，并且不说自己的话，而说别人心里的话。若能替万物代言，那就是精灵般的人物，也都是悟道者。

闭上嘴，让心静一会儿。几乎每个成年人都有这样的体会，当我们特别想说话时，内心有一股力量在躁动，不吐不快。若是有话不能说，真的感觉快把人憋死了。关键是，大部分人说的话有什么积极作用吗？人们也许会说，人和人之间必须通过说话来沟通啊，可我们很多人不会沟通，所以尽管沟了，但是没通。如果一个人在说话时，能够把对方的利益考虑进去，能够随时根据获取对方信息的增加，来对自己的观点与思路进行调整，而且在发现双方都不在状态时就赶紧停止，也许就能够减少因语言沟通不当而产生的问题。你若是说的都是别人的心里话，考虑的都是别人的利益，而不只是在说自己的道理，那就是在说道了，因为你说话的对象本身就是客观，就是道的载体。

第二，玄同找真相。现实中的人们，个个都活在肉眼的世界里，看到的都是人与事物的表象。人们彼此不同，这种差异性导致了许多人灵魂的孤单。为了摆脱这份孤独，他们不断地寻找一些与自己相同的人和事，尽管也只是表面现象上的类似，但心中已经觉得十分温暖，尽管后续所发生的很多事情会让人失望，但人们依然不长记性，乐此不疲。

老子告诉我们，两个人表面上的相同，或者某些属性上的雷同，并不代表一定会志同道合。亲人不睦、朋友撕破脸的事情不是很多吗？所以，有道的人可以避免犯两个错误：一是不以表面的相同作为重要决策的依据，二是不以表面的差异作为确定关系性质的基础。也就是说，不要以为是熟人，就认为他肯定跟你一个立场，也不要以为是亲属，就认为他不会背叛你。把自己的亲属放在工作中敏感而关键岗位上的领导人，实际上是缺乏足够理性的人。对于人和人之间的关系，求同存异，抓大放小，把握好分寸，达成公开的契约，建立明确的权力机制和有效的监督体系，随时总结、评估、升级和完善，同时做好最坏的准备与打算，才是科学而理性的。这同中有异、异中有同、求同存异、异不伤同、阴阳和合、相得益彰，是超越表象的同和异，就是老子所说的玄同。

第三，重新审视身外之物。你想要的最终得到了，你会高兴吗？当然会。你不想要的却不期而遇，你会难过吗？多半也会。得到的你会珍惜吗？也许就几天的新鲜劲儿。得到的又失去了，你会懊恼吗？大概也会。有钱就代表富有吗？大概是这样的。地位高就代表高贵吗？好像很多人都这么看。老子在本章中对人的规劝也围绕着我们自己和外物之间的关系，当我们被外部的事物表象牵着走时，就迷失了自己而变成奴隶。若能悟道，跟着道走，就不会迷失自己，才能做自己的主人。北宋文学家范仲淹的名著《岳阳楼记》中说了一句名言："不以物喜，不以己悲。"如此这般，一个人才会有高贵的品性，才会受人尊重。这就是老子给予我们的教导。

在这一章中，老子按照万物负阴而抱阳的道学理论，给我们提供了一个修养理想人格的方法与标准，这就是"挫锐""解纷""和光""同尘"的"玄同"境界。

总结起来，本章中的老子思想可以用以下三个问题来表述。

第一，话说出口前，你思考过吗？有停顿的时间吗？总是喋喋不休的人实际上是一种心理疾病，最想说的话等一会儿再说，误不了什么事。不说你不会变成哑巴！特别想说时先问问自己：不说又会怎么样？说了又能怎么样？

第二，你会不会以为观点和行为跟别人不一样就是自己有个性？非原则性问题顺着大家说，原则性问题跟大家商量着说，分歧性的观点找到共同处再说，对立的观点向对方请教着说，别人指责你的话感激着去请教，别人赞美你的话要反过来去赞美别人。健全的个性，就是合人、成事。总是表现自己的与众不同实则是自卑的表演，主动在内涵上与人互动才是修养和涵养。尤其是，你学了《道德经》，要做个合道的人，而不要变成怪怪的人。

　　第三，你是不是得到自己想要的就很高兴，失去自己认为重要的就很气恼？如果你的命还在，你又用得到和失去让自己的生命启动负能量，这就是变相的自杀！命是父母给的，只能用几十年。正用的东西是你的，失去的东西是别人的。遇到得失，只要不动情绪，你就是自己生命的主人，否则，你就是东西的奴隶。

【悟道箴言】

智者寡言，多说无益。

论理生非，行胜于言。

挫锐解纷，和光同尘。

相同有异，阴阳和合。

不以物喜，不以己悲。

人行风中，风过人在。

第五十七章　乱局解法

现实中的人们在忙什么呢？有人说，在忙着解决问题呗！可又有人问，怎么总是解决问题，问题还是层出不穷呢？有人会振振有词地说，旧的矛盾消失了，新的矛盾又出现，矛盾是永远存在的，是不会消失的。这样的理解是不是有点像矛盾机械论啊？难道人们要一直解决问题，就没有尽头吗？

对此，老子跟现实中很多人的看法不一样。他认为人们表面上在解决问题，实质上又在制造问题，所以问题当然没有尽头。如果人们能悟道、行道，产生现实问题的根源就会被除掉。若是把现实中人们制造出来的问题当作矛盾、当作阴阳，那就大错而特错了。

这世上有什么事就叫作问题吗？也许，问题都是人心制造出来的。

【经文】

以正治国，以奇用兵，以无事取天下。吾何以知其然哉？以此：

天下多忌讳，而民弥贫；民多利器，国家滋昏；人多伎巧，奇物滋起；法令滋彰，盗贼多有。

故圣人云："我无为，而民自化；我好静，而民自正；我无事，而民自富；我无欲，而民自朴。"

【释意】

以无为、清静之道去治理国家，以奇巧、诡秘的办法去用兵，以不扰害人民的方式去治理天下。我怎么知道是这种情形呢？根据就在于此：

天下的禁忌越多，老百姓就越陷于贫穷；人民的锐利武器越多，国家就越陷于混乱；人们的技巧越多，邪风怪事就闹得越厉害；法令越是森严，盗贼就越是不断地增加。

所以，有道的圣人说："我无为人民就自我化育，我好静人民就自然富足，我不搅扰人民就自然富裕，我不贪婪人民就自然淳朴。"

【核心要义】

乱局解法。

乱局解法

老子在本章中阐释了以下几种道家智慧。

第一，无为而治的智慧。用一句话来说，无为就是要让人的意志服从规律，不以主观意念代替客观规律；按照规律办事，不谋私利，不彰显自我。于是，人就不会与规律相对抗；而人与万事万物皆有规律，按照万事万物的规律去做，就没有办不成的事。

理解老子的无为思想，关键要明白"无"字。通常，一说到"无"，人们马上联想到的是"没有"。其实，老子所说的"无"，是无形无状、无边无际又主宰着一切的大道。即使在我们的生活中，无形无状的存在也是很多的，比如空气、能量、光谱、细菌，这些虽然肉眼看不见，但我们都知道那是存在的。首先，要突破"无"就是"没有"的认识错觉。其次，老子也在用"无"来告诉我们修道的方法，那就是无我、无念、无私，如果主观意念太强、念头太顽固、私心太重，就只能活在自我中，而无法悟道。若是能够以客观规律为念，以纯粹的利他为目标，并能以此智慧让大道的网络得以呈现，无为而治的理想就能实现。

第二，"正—奇—无为"的独特逻辑。老子在本章开头告诉我们，做任何事情都要以天地大道为方向，这就是正。不得已而用兵打仗时，要搞清楚对手或者敌人的特点与规律，以此来调兵遣将。要将自己的意图和对方的意图放在一起进行正反两方面的思考，如此用兵才能令对手无法取胜，这就是奇。一旦用兵结束，就要与民休养生息，让人民过上幸福安康的日子，这就是无为。老子在这段话中，演绎了一个"正—奇—无为"的连续逻辑链。首先，在平时的生活、做人和事业上，我们都要确立一个正确的方向，如果方向是错误的，一切努力都会朝向失败。现实中很多人步履维艰或者屡屡受挫，就是在方向上不纯正，其中正的方面成就了他，邪的方面又挫败了他。其次，正确的方向确立之后，就要有符合规律的方法，而不能自以为是。只有正确的方向而无正确方法的人，也不足以成事。没有正确方向却有很多奇思妙想的人，虽能成事，但不能持久。只有在正确的理想指引下，与现实做紧密的结合，才能将丰满与骨感融为一体。第三，按照规律把事情做好了，就要保持清静无为，不要得意忘形，要让自己有所成时内心能够反而走向安静。这就是老子奇正无为思想给我们的启示。

第三，现实中独特的因果。只要做事是遵循自己个人的主观意念，而不是客观规律，就会越努力解决问题问题越多。令人遗憾的是，这样的模式在人类历史上持续了很久，却很少有人反思。打个比方，若是你用钥匙开锁，使了半天劲也没打开，难道你不看看是不是拿错了钥匙吗？也许在现实生活中，人们可能会想到拿错了钥匙，但在解决问题的过程当中，却很少有人会想自己解决问题的方法是不是有问题。若是在解决问题的同时就在升级完善自己的系统，不断提升自我的程序和境界，不断把现实问题当成肥料，把解决的结果变成播种未来的善因，就有希望推动系统进入良性循环，从而达到无为而治的理想境界。

第四，圣人的四种状态和因此产生的四种结果。圣人的四种状态是：无为，好静，无事，无欲；四种结果是：民自化，民自正，民自富，民自朴。若是按照圣人的说法，在现实中民不能自化、不能自正、不能自富、不能自朴，皆是因为统治者出了问题。反观现实，不修行的人怎么能够做到无为、好静、无事和无欲呢？做不到就会胡乱作为，就会躁动不安，就会无事生非，就会私欲膨胀。普通人若是这样，影响范围还较小；领导者若是这样，就会带乱一个组织。因此，将人生作为修行的过程，让修行覆盖人生的全部，就是一个聪明的领导者最重要的选择。若是领导者不修行，就会带领着众人深陷混乱之中，这就是人间地狱；若是领导者能够修行入道，并将自己的部下带成一支修行的团队，这样的组织就会不断走向光明。如果你是领导者，你能从老子的这一思想中得到启示吗？你会改变自己的领导模式吗？

总结起来，在本章中，老子的思想可以用以下三个问题来表述。

第一，"正—奇—无为"的逻辑。你知道什么叫正道吗？估计回答会五花八门。你能够不用经验而用合乎事物规律的方法吗？走正道，若是没有好方法，也就是个旗杆。又有正道，又有善法，必定能成事，成了事你能不当事吗？你能保持自己的初心、质朴不改变吗？只会说正确话的，只能去讲课。正道善法成了事却又把持不住自己的，又会失去一切。

第二，天下为什么总是那么乱呢？你看看当今的世界乱局，不都是一个个能人折腾出来的吗？世界乱局，就是我们自身乱局的放大版。不懂天地大道，就会逆天而行。不懂人间大道，就会自私自利，就会胡乱指挥。解决问题不合道，又会错上加错。

第三，圣人四品——"无为、好静、无事、无欲"。无为，于是一切按照规律运行，自然和谐；好静，自己不乱，也不乱别人；无事，自己不惹事，大家都安定；无欲，不为自己，人生无忧。你有权力、经验和能力时，能够遏制自己又激发别人去做吗？遇到事，你能先安静下来，而不是在躁动中、冲动中胡乱行动吗？你会不会总想些点子出来，以证明自己的聪明？你做事能够一心利他人而超然世外吗？

【悟道箴言】

世间本来无事，无道者自造事，自负者总造事。

以正道立方向，以道法成效果，以天道定天下。

去私念不妄为，去躁心不冲动，去私欲不贱卖。

第五十八章　福祸双胞胎

世间的人哪有不求福的呢？可求福会灵验吗？求福若是灵验，人间怎么还会有那么多人遭遇灾祸呢？求福若是不灵验，为什么还有那么多人去求呢？

现实中常见的现象是，幸福人人想，可并不长久；灾祸无人要，可又往往不期而遇。想要的留不住，不想要的又赶不走。这人生真是不容易理解啊！

是啊，人世间的这些事情细想起来还真是让人有些迷惑。若是能找到将祸转福的方法，那该多好啊！老子能告诉我们这样的妙法吗？

【经文】

其政闷闷，其民淳淳；其政察察，其民缺缺。

祸兮，福之所倚；福兮，祸之所伏。孰知其极？其无正。正复为奇，善复为妖。人之迷，其日固久。

是以圣人方而不割，廉而不刿，直而不肆，光而不耀。

【释意】

政治宽厚清明，人民就淳朴忠诚；政治苛酷黑暗，人民就狡黠抱怨。

灾祸啊，幸福依附在它的旁边；幸福啊，灾祸藏伏在它的里面。

谁能知道究竟是灾祸还是幸福呢？它们并没有确定的标准。正的忽然转变为邪的，善的忽然转变为恶的。对此，人们的迷惑由来已久了。

因此，有道的圣人方正而不生硬，有棱角而不伤害人，直率而不放肆，光亮而不刺眼。

【核心要义】

福祸双胞胎。

福祸双胞胎

老子的这些思想可以给我们一些什么样的启迪呢？

第一，老子揭示了领导科学的一个最基本的原则，这就是：当你用自己有偏见的主观意念去看世界时，当你带着私心与人相处时，当你想利用别人而为自己谋利时，你所做的一切努力和结果最终的综合价值都是负数，忙来忙去，自己的人生总账仍然是亏损的。当一个人悟了道，愿意用无我无私无念的方式去做事时，用我们所熟悉的话说就是，不仅全心全意，还能以民心为心，以民意为意，并能处下做众人的公仆，就获得了一种治国理政、领导管理的最高智慧。在现实中，做领导或者搞管理，最典型和最普遍的错误就是用自己的主观意念和领导意图代替民心；不愿意做人民的公仆，而是喜欢高高在上；更有甚者，利用别人为自己谋私利，还谋求众人的忠诚和追随。如果你是领导者，或者是管理者，愿意无怨无悔地奉献自己，而为众人谋福祉吗？愿意放弃自己的意念，而把民心装在自己的心中吗？

第二，在这一章中，老子揭示了人间福祸的那种扑朔迷离背后隐藏着的玄机。首先要明白，祸与福的概念，纯粹属于人的主观意识，这个世界上有什么事物真叫作福或者祸吗？当然没有。同样一件事情，有的人称之为福，有的人又称之为祸。由此看来，福与祸并不是客观世界的真相，而是我们的主观世界运作的结果。

明白了这一点，也就知道了福和祸的真相以及二者联动的变化规律。当一个人求福避祸时，已经动了自私之心，虽然这是现实中非常普遍的现象，但也说明心态已经不正常了。若是你只求福，祸又给谁呢？看来，只要动私心，福祸一定会结伴而来。如果一个人保持心灵寂静的状态——悟道的状态，福来不喜，祸来不怒，福来没有祸相伴随，祸来也不能伤人，如此就可以避免祸福过山车式的变化对生命的折磨。你想想，人间福祸都向着灾难方向的转化，不都是因为人的状态在里面捣鬼吗？你看那些因为成功、富有或者得志而忘乎所以的人，不都是在推动着成功、富有与得志向着灾难的方向转化吗？明白了这一点，你就可以洞察老子在福祸问题上隐藏的玄机：全是自己的主观之心在捣乱，全是不悟道的俗心在搞鬼。修道悟道，不管祸福，都是人生的营养。不修道不悟道，有福难长久，有祸难解脱。

第三，明白了上述道理，对于圣人的那些智慧，也就容易理解了。"方而不割，廉而不刿，直而不肆，光而不耀"这四句很有玄机的话中，方正、棱角、直率和光亮原来都是因悟道而生的品质，并不是我们普通人所说的个性，因此才会不生硬、不伤害人、不放肆、不刺眼。也就是说，老子在这里用的这几个词已经赋予了它道的内涵，而不是我们平时生活中所说的含义。你看看现实中那种把方正变成唯我独尊的人，把鲜明立场变成了固执己见的人，把直率变成根本不顾及别人感受的人，把光亮跟自己的自鸣得意和自吹自擂联系在一起的人，有几个讨人喜欢的？有几个结局好的？老子在这一章中用了四个"而不"的转折，就是针对俗人的那些毛病所开出的一个药方。

总结起来，本章中的老子思想可以用以下三个问题来表述。

第一，乱想都是瞎折腾出来的。关键是有想法、有能力、有权力的人能不折腾事吗？不明道，只按照自己想法折腾的人，就会越折腾越乱。

第二，求福避祸虽然是人之常情，但也不合道。福不是求来的，是自己的慧心种出来的；祸也并不是自动上门的，都是私心、贪心、贼心给招来的。

第三，圣人四品——"方而不割，廉而不刿，直而不肆，光而不耀"。圣人为何能做到呢？因为圣人有道，外通大道，内通心道。也许你也信奉"方、廉、直、光"这些看起来像是正道的品质，但只有能够同时做到"不割、不刿、不肆、不耀"才是天地大道的境界。

【悟道箴言】

　　心机一动，灾难开启。
　　私心一起，自残自毁。
　　本无祸福，皆是心鬼。
　　悟道明心，圣人智慧。

第五十九章　生命之根

现实中的人，对于趋利避害、求乐避苦、大富大贵、长生不老等都有着共同的追求。可是，又有多少人能够正常地活好自己的一生呢？君不见，那么多人在忙碌中把自己的心情和身体都搞坏了吗？多少人在人生的追求当中受尽煎熬，甚至丧失生命。哪怕是过去的国君皇帝，看起来享尽荣华富贵，实际上也是苦不堪言，费心费力不说，王朝一旦被推翻，就是灭顶之灾呀！

今天的人们，会不会比过去的人们更幸福呢？若是只看物质生活条件，当然比过去好多了。但人们的苦恼减少了吗？很多人感到心比过去更累了。富有的人累，贫穷的人也累；当官的人累，普通百姓也很累。

这是怎么了？对此老子有什么办法吗？

【经文】

治人事天，莫若啬。

夫唯啬，是谓早服；早服谓之重积德；重积德则无不克；无不克则莫知其极；莫知其极，可以有国；有国之母，可以长久；是谓深根固柢，长生久视之道。

【释意】

治理百姓和养护身心，没有比去掉自我欲念更为重要的了。去掉自我欲念，早早地皈依大道；皈依了道，就能不断地积德；不断地积德，就没有什么不能攻克的；没有什么不能攻克，那就无法估量他的力量；具备了这种无法估量的力量，就可以担负治理国家的重任。有了治理国家的原则和道理，国家就可以长久维持。国运长久，就叫作根深柢固，符合长久维持之道。

【核心要义】

生命之根。

生命之根

实际上，这一章的关键是劝人皈道。理解这一章有个关键的字，就是"啬"。见到这个字，现代人很容易联想到一个词，就是"吝啬"。实际上，这个"啬"字本意是指农人之治田，务去其殊类，归于齐一也。用在此章，是劝人要小心主观，割掉自我欲念，早早皈依大道，不要再让主观上的各种念头出来捣乱，就如同农人在田里割除杂草一般。老子在这一章中，做了一段首尾相连的逻辑演绎，起点是"治人事天"，终点是"长生久视"。过程中的环节呢？老子用了"啬""早服""重积德""无不克""莫知其极""有国""长久"七个词来组成逻辑链环。老子在这一章中，教给了我们以下三个重要的道理。

第一，"治人"和"事天"两件事，最高原则是"啬"。对于领导者来说，"治人"也是道，领导者不归道，就一定会用自己心中那些像是杂草一样的念头来乱指挥。所以，若想领导别人或者管理别人，必须要"啬"，也就是要去除心中的自我杂念。"事天"呢？按照一般人的理解，就是敬奉或者祭祀天地鬼神的意思，老子在这里所讲的"天"，实际上说的就是道；"事天"，就是敬畏和信奉道。为什么也要"啬"呢？既然要信奉和敬畏道，当然就要节制个人的主观意念，这是修道悟道的核心问题。关于"早服"，"早"是相对于"晚"而言的，"早"强调的是事先或者抢先，也就是要抓住一个"首要"，"服"是臣服和服从的意思，将二者合起来说，就是要把道作为我们思考一切问题的前提性原则。

如果不明大道，自我必然膨胀，心中的主观意念就会与客观规律相对立，结果是受到规律的惩罚，这样做就会导致自我的失败。明白了大道对一切的决定性，就必然要做自我的节制，让自我的低级状态服从于大道的高级状态，让主观服从于客观。如果认可这一点，在做事的过程中，我们就要首先明白我们所面对的对象的规律，而不是用个人的经验、知识或者思考来代替规律。要学会聆听，要坚持兼听则明的原则，要主动去征求不同的意见。我们要尊重持不同意见的人，而不是谁同意我们，我们就喜欢谁，谁反对我们，我们就排挤谁。在处理事情时，不能在掌握信息不全、不真的情况下做出判断和反应，否则就会出错和出丑。在面对一个非人的客观对象时，如那种客观的物体，我们就更不能靠自己的想象，而要想方设法去了解这个客观事物的真相，这也是科学研究最核心的准则。

第二，"重积德"与"无不克"是人生中重要的根基。在明确了一切以道为根本和节制个人意念这样一个前提之后，后续的过程就是按照道的规律去做一切，这样就能够不断积德，也就是能够生出道果，也就是用行动和结果来印证大道。世间的一切事情都是有道有规律的，而按照万事万物的规律去行动，就能达到无为而无不为的境界，在一般人看来，就是无不克的超级能力。

在现实中，出于私心和为自己积德的行为，实际上是无德的，因为缺乏了道的前提。我们都见识过那些做了一点好事就到处张扬的人，是不是不讨人喜欢？是不是暴露了他们自己的私心？是不是一旦不能满足他们的私心，他们就不做这种好事？这还算真正的做好事吗？实际上是做私事啊！这种私心当然就会被人看出来，还会有什么德可以积累下来吗？包括那些烧香敬神求福的人，也是因为自己的私利而表现出恭敬的吗？因此，有道有德，无道无德，这是人间的铁律。

第三，按照大道的原则去做事，就是阴阳和合，就是无极的状态，就消除了世间人们的二元对立，这些阴阳和合也就能在万事万物万人当中对立统一。人进入到这种状态，也就没有了对手和敌人。因为战胜了自己，完成了自我和万物的统一，也就无须再去战胜外界的事物和人。如此治国，就能够创造和谐的社会；如此生活，就能有幸福美好的生活；如此做事，就能无为而无不为，因为抓住了万事万物的根本，因为让自己的心完全与大道相合，这就是深根固柢，如此就能够长久、祥和、平安，就能健康长寿。

如此这般，因为没有冲突，国家就能和谐，就能长治久安，人民就拥有了人生和生活的稳固基础，人生也就能够长久和平安，生命也就能够健康和长寿。

总结起来，本章中的老子思想可以用以下三个问题来表述。

第一，"治人事天"的一个重要法则，就是"啬"。有想法、有能力、有权力的人能不放弃自我的欲念吗？如果不能解决这个问题，小贼大盗肯定会把天下搞得乌烟瘴气。人生不复杂，看你用什么程序武装自己的灵魂。自我很小，私欲很脏，若是用这种力量，就一定是一个肮脏的人生。省点心吧，也许一切会更好！

第二，早早皈依大道，自动积累德功。这是一个因果链条，没有道，就没有真正的德。有道有德，生命就会获得无穷的力量。犹豫不决，耽误的是自己的生命！皈依大道，就是找到了生命心魂的家园！道生德养，人生就拥有无穷的力量。

第三，老子告诉我们人生的根本，皈道养德，才是人生和生命的长久之道。无道之人没有福气，无道之人积不下功德，无道之人难以长久。

【悟道箴言】

大道决定一切，学道就要节制自我。

一切遵道而行，就能印证大道玄妙。

人生一旦悟道，无我时也就能无敌。

悟道深根固柢，人生方能长生久视。

第六十章　鬼神之上

现实中的人们，贫穷的时候要奋斗，富裕了又开始瞎折腾，搞来搞去，喜忧参半，不如意事十之八九。有谁能够完全掌控自己的人生呢？

随着年纪的增长，人经历的事情多了，对人生的变化无常也会生出很多困惑。于是，或多或少都有点敬神怕鬼的感觉，可这鬼神又在何处呢？

人们感觉中那种莫名其妙的力量到底是鬼神呢，还是什么别的力量？

【经文】

治大国，若烹小鲜。

以道莅天下，其鬼不神；非其鬼不神，其神不伤人；非其神不伤人，圣人亦不伤人。夫两不相伤，故德交归焉。

【释意】

治理大国，好像煎烹小鱼。

用"道"治理天下，鬼神起不了作用。不是鬼不起作用，而是鬼怪的作用伤不了人。不但鬼的作用伤害不了人，圣人之道也不会伤害人。这样，鬼神和有道的圣人都不伤害人，就可以让人民享受道德的恩泽了。

【核心要义】

鬼神之上。

鬼神之上

在这一章中,老子使用了与上一章相似的表述方式,也就是先提出一个总的主题,然后以道为始,解释了"鬼不神""其神不伤人""圣人亦不伤人""两不相伤"的道理,最终就会是"德交归焉"。

本章开始,老子提出了千古流传的一个名句:"治大国,若烹小鲜。"用烹小鲜来形容治大国的原则,其比喻可谓巧妙。"治"与"烹"相对,"大国"与"小鲜"相对。实际上,治国就是治人心,但人心又是变化不定的,既容易被激发,也容易被挫伤。当然,老子所强调的重点,是警告治国的人,不要总是使用个人的意志,不要自以为是,不要有个想法就折腾一通,知民心,顺民意,少干预,人们就会自动形成一种秩序。这就是以道治理天下的准则与模式。

至于在后面所讲到的鬼神和圣人的问题,实际上是说了两个不同的维度:客观大道和个人意念。相对于大道而言,个人的意念就是鬼念头。对于众多人来说,最典型的问题就是个人自我的鬼念头与外部客观大道和规律连续不断地对抗。悟道的人,就是消除了自己的鬼念头、与客观大道不再对抗的人。顺应了大道,既不会伤害自己,也不会伤害别人。圣人就是悟了道的人,自然不会伤害人。当然,没有悟道的人,用无道的思维去理解圣人的思想,就会把圣人的思想教条化或者片面化地理解,就会打着圣人的旗号去伤害别人和自己。

在本章中,老子阐释了人生中的一些敏感话题。

第一,心中有鬼,必然闹鬼。生命如同一间屋子,离开了正道,脱离了本源,就会被兽性魔性居住。若是坚守正道,正道在身,正道在心,正道在命,正道即是人的本性。

我们都知道一个成语"疑神疑鬼",历史上还有个典故叫"疑邻盗斧"。所以，平时我们所说的鬼，实际上都是自己的心念，众念也不过是个"大鬼"而已。一般情况下，鬼都是疑心所生，心念作祟。人心的三个基本规律是：第一个规律，这个世界是客观的，但对于每一个人的意义却是由每个人的主观所决定的；第二个规律，不同的人心状态会有不同的世界；第三个规律，这个世界上的人，心理的状态都是不同的，也是在不断变化的，每个人在不同时候都有着完全不同的世界。这些就是人和人之间出现很多麻烦的根本原因，也是理解人、懂得人、体谅人、宽容人等品质显得很珍贵的原因。

第二，人大鬼也大，大鬼最可怕。能干的人，往往主观上就很强大。当官当大了的人，官气往往也会很重。老子专门警告治国理政的人，手中握有重权更要像烹小鲜那样小心翼翼，不要肆意妄为，不要瞎折腾，否则就会给国家带来混乱。在现实社会中，有这样几种类型的人往往主观性比较强：一是人生经历多的人，二是经验丰富的人，三是知识多的人，四是做事成功的人，五是位高权重的人，六是财大气粗的人，七是个性比较固执的人。这七类人往往主观性比较强，也就是与客观大道的对抗性比较强，心中的"鬼"比较大。掌握权力的人要注意的是，领导力不在于表现个人的优秀，而是如何选拔优秀、造就优秀的问题。一个领导者若是总在表现自己的优秀，就说明他还没有完成自我角色的转化与升级。

所以，领导者要做修道的领头人，要把不断增加和不断膨胀的自我主观性消除，如此才能接近大道。人间这方面的高人，往往就是经验越多，越知道约束自己，越懂得去听取别人的意见；地位越高，对下面的人越是亲和；越是富有，个人生活越是低调和节俭；别人越是尊敬和赞美，他就越是谦卑和谦虚。这些就是一个人战胜自我、让主观接近客观大道的行为。

第三，人是道化，鬼是人造。皈依了大道，鬼神不伤人。人是天地大道之子，生命中就自带着高贵的道性。只有忘记了生命这个道性本质的人，才会去装神弄鬼。

在现实中，能干的人会自我膨胀，遇到问题解决不了的时候又会疑神疑鬼，或者求神驱鬼或者相信那些装神弄鬼的人，到底是什么原因呢？原因并不复杂，也是明摆着的，这就是：在我们来到这个世界之后，又有几个人是把学道修道作为自己的身份的呢？有几个人知道自己所学的知识和积累的经验，与无限的客观真理相比是多么微不足道呢？有多少人在人生中遇到挫折之后会想着回来反思自己的主观模式、改变或升级自己的心智模式呢？即使是想到了这一点，又有几个人真正愿意弱化自我，将自己的心智修成空灵的状态来对接客观规律呢？当然，真正的修行者就能够做到。我们现实中的教育体系，基本上是借鉴了西方的所谓科学教育模式，而中国文化历史上最悠久的教育模式——修行模式、师徒模式、哲学模式、智慧模式等，却没有很好地继承和发展，这是值得我们所有人去反思和改变的。也许，这才是真正的中国教育模式的特色与优越性所在。

学了《道德经》我们就知道，人和万物都是大道造化的产物，大道没有造化鬼神，鬼神都是人心造出来的，都是因为人心离开了大道，所以才会疑神疑鬼。明白了这一点也就知道了解决的办法，那就是让自己的心皈依正道，正道才是人心的居所，正道才是人心的主人。正道就是纯心的利他。忘记了这一点，私念一动，人心就生鬼，就会变得六神无主，就会神不守舍。若是不知道在此时要皈依大道，不知道要把自己的心领回到大道之家中，反而去求神驱鬼，那就是糊涂了。

总结起来，本章中的老子思想可以用下面这个问题来表述。

老子说的这个问题就是，以道治天下，就是鬼神之上的功夫。可现实中的人，要么觉得自己很厉害，要么自己不行了再去求鬼神或者圣人，就是不愿意或者不明白要去学道修道悟道，这才是鬼神之上的功夫。世间厉害的人，一定是很有信心地向着让自己露出原形的方向和高度前进！那么不学道悟道不修行的人，去求鬼神也只是自我戏弄的老把戏！唯有早点想明白，皈依大道，好好修行，才能修成神一样的功夫！

【悟道箴言】

人间一切，以道为本。

悟道之要，节制自我。

自我迷失，必生心鬼。

回归道性，莫求鬼神。

主观归道，天人合一。

与道同在，如神在身。

第六十一章　大小谁胜？

我们先来想一个问题：大人跟孩子，谁能胜过对方呢？也许你会脱口而出，这有何悬念，肯定是大人胜过孩子啊！可是，静下心来想想，很多时候大人是为孩子服务的，是被孩子牵着走的，不是吗？那大国与小国呢？是大国能够战胜小国呢，还是小国能够战胜大国呢？有人可能会说，这叫什么问题呀？这不明摆着吗？可是，好像事情也没有这么简单吧？历史上，人们更多关注的是大国战胜小国的案例，可是，强国因为作死而导致衰败的事件也是一股历史暗流吧！看来，历史并不是大国战胜小国的历史，似乎背后还藏着点什么规律。

国家和国家的盛衰如此，人和人之间的关系也是如此。在几十年的人生中，我们有机会能够看到很多强者衰败、弱者兴起的案例。如人们所说的那样，三十年河东，三十年河西，这是老黄历了，当今时代的变化节奏加快了，也许十年就会分个河东与河西、存在与消亡。人处于强势时自然得意，由强转弱时自然也会非常沮丧，这到底是什么规律呢？

【经文】

大国者下流，天下之牝，天下之交也。牝常以静胜牡，以静为下。

故大国以下小国，则取小国；小国以下大国，则取大国。

故或下以取，或下而取。大国不过欲兼畜人，小国不过欲入事人。夫两者各得所欲，大者宜为下。

【释意】

大国要像居于江河下游那样，使天下百川河流交汇在这里，处在天下雌柔的位置。雌柔常以安静守定而胜过雄强，这是因为它居于柔下的缘故。

所以，大国对小国谦下忍让，就可以取得小国的信任和依赖；小国对大国谦下忍让，就可以见容于大国。

所以，或者大国对小国谦让而取得小国的信任，或者小国对大国谦让而见容于大国。大国不要过分想统治小国，小国不要过分想从大国那里套利。两方各得所欲求的，大国尤其应该谦下忍让。

【核心要义】

大小谁胜？

大小谁胜？

按照人们惯常的理解，大国和强国的自我实力强大，还会怕什么吗？看当今世界，有些大国那般霸道，想怎么干就怎么干。可老子却告诉人们，大国要处下守柔，这跟一般人的理解真是不一样啊！可又一想，那些恃强凌弱、穷兵黩武的强国，往往会耗尽国力、丧尽人心，最终走向衰败。所以说，老子的观点确实高于一般人。

中国不愧是文明古国，有老子这样的圣人智慧指引，我们的很多做法还一直遵循老子的思想：善待各国，倡导国家不分大小，一律平等。尤其是最近几年，中国提出的"人类命运共同体"和"一带一路"倡议，在世界上深得人心。中国人一直秉承着老子的智慧来处理国际关系；相反，世界上某些大国，总是欺凌小国弱国，总是强调自己优先，很不得人心。

再联想一下历史与现实，那些强势的人若是欺凌弱小，也是不得人心的；那些富有的人，若是自视高贵，瞧不起穷人，也会在社会上遭到众人的鄙视，甚至是唾弃；那些拥有权力高高在上的人，若是官气十足，人们表面上惧怕，背后却会盼着这样的官早点下台。

看来，我们很多人有两种感觉，但没有统一起来：一个感觉是自己一旦得势就会傲慢，另一个感觉是面对能够处下守柔的强者，我们总是感觉很舒服、很亲切，也很敬重这样的人。但是，又有多少人能够在自己面对弱者而处于强势时，或者自己得志时，还能保持我们期望强者的那种让人舒服的处下和守柔呢？我们期望别人那样做，但等到自己到了那样的强势位置时，往往就忘记了初衷。这也是近几年"莫忘初心"这句话很流行的一个原因吧！

在这一章中，老子提供了以下三种思想。

第一，借事言道，借道明事。在这一章中，老子借大国与小国的关系，阐明道家处下守柔的思想。反过来说，也是用道家处下守柔的思想，说明大国与小国的关系该如何处理。这背后所隐藏的智慧就是通过自我的主动调整，平衡对方的心理，以便建立平等和谐的关系。

第二，大小强弱，以道为准。在现实的世界中，很多时候，在很多事上，我们看到的是一种力量法则。从国家经济力量，再到军事力量，似乎大家都在比着"秀肌肉"。在老子看来，这是不合道的。国家大小各有各的历史渊源，但彼此之间应该本着平等的精神，相互尊重，互利互益，这才是合乎道的。

第三，警示强者，主动遵道。在大国、小国的关系中，大国很容易自恃强大，恃强凌弱。小国则由于与大国的国力差别，很容易有压抑感，从而导致心态不正常，既可能做一些挑衅来证明自己的尊严，也可能寻求与其他大国进行结盟，来对抗邻近的大国，这就会让邻近的大国非常不爽；或者，采取自以为聪明的平衡路线。实际上，大国也不是那么容易被白白利用的，结盟对抗也未必是可靠的。这种枉费心机的举动，往往会把事情搞坏。按照老子的智慧，大国和小国都应该摆正自己的心态，不要枉费心机，尤其是大国，更应该体谅小国，多做些安抚，主动地表现出友好的低姿态。

老子上述这些思想，对于我们现实生活也有着重要的启示。

第一，在国与国之间关系的处理上，中国的外交思想堪称典范，几乎完全符合老子所倡导的思想。

第二，"强者守弱"的哲学智慧。人的本质是一切社会关系的总和，当人的社会关系恶化时，往往也能够反证人性的异常和扭曲。不管强者还是弱者，与人和谐就能强大自己，与人交恶就会损害自己。人世间的强者要格外小心，还不够强大却又假装强大的更要小心，总与弱者相比、总跟比自己差的人相比觉得自己很厉害的人也要小心，总是自我感觉良好不敢面对自己弱点的人更要小心。不管是什么样的强大的感觉，都容易让小我长大，让心智恶化，自毁程序启动。这个世界不是有钱就有智慧，否则，一些人为什么会有了钱就缺德、就犯法，最终毁了全家？也不是有权即真理，否则，那么多代的王朝为何会被推翻？一些高官为何被关进监狱？对于一个人来说，当自己处于强大地位又面对相对弱势的人群时，要小心心中的优越感正在膨胀，权力得到吹捧时智力会下降。因此，对自己进行更加苛刻的管理才是强者保命的法则。行动中，强者主动地尊重弱势人群，并低姿态地表示自己的谦和。作为领导者，不要高高在上，要与群众打成一片，官兵一致。对于富裕的人来说，要多和贫困的人群建立联系，只有这样，自己的心态才不会出现偏差和大问题，才不会自我孤立而与大多数人形成对立的关系。

第三，弱者更需要生存智慧。弱小容易使人自卑，自卑容易让人心态出现扭曲，这也是现实中一个非常普遍的现象。作为弱小的个人，要敢于向强者学习，要根据自己的现实能力，摆正自己的位置，做好自己力所能及的事情，而不是一味地向强者挑战，或者疏远强者。更不要犯以下三种典型的错误：一是委身于一个强者，而与另外一个强者对抗；二是不要挑拨两个强者之间的关系，不要以为可以坐山观虎斗，否则可能成为任何一方撒气的对象；三是不要试图在两个对立的强者之间保持平衡路线，而是要同时降低与两个对立的强者之间的关系强度，因为时间久了，对立的强者中的任何一方，都不愿意接受这种小国的投机取巧。

说到底，一个人做人，一个国家立世，都要保持不卑不亢、自尊自爱的基本立场。保持距离但不对抗，保持友好但不自贱，不去挑拨矛盾，不去结盟或者对抗，永远做和平的使者、对抗的调节者、矛盾的化解者。在交往中只追求合理的利益，绝不追求伤害别人的特殊利益。总之，无论强者还是弱者，不论大国还是小国，多做利于大家的事，坚决不做伤害别人的事，这才是彼此的相处之道，也是自保平安之道。

人类历史的经验与教训表明，人们若是不懂得这些道理，强者就会由盛转衰；弱者若是不懂得这些道理，就会自惹祸端。

老子在本章中提到了"大国者下流"，大家不要误解，老子此处所说的"下流"，是处下的意思，与我们现实生活中说的"下流"完全不同。当然，如果强者或者弱者、大国或者小国，违背了老子所说的相处原则，那可能就真的很下流了，最终会走向穷途末路。

总结起来，本章中的老子思想可以用以下两个问题来概括。

第一，"大小和强弱"相处的一个重要法则，是强者弱者通用的一个长久生存法则——"主动处下"：人如同风筝，可以借着风势在空中飘游，但如果断了线，终究会被风吹落。强者为何难以持久？骄傲了！傲慢了！弱智了！树敌了！弱者为何往往会成为牺牲品，就是攀缘附势，在夹缝中被夹死。

第二，别动鬼心思。大小强弱的国家或者个人，都不要动鬼心思。平等待人，和谐共处，没有前提，不论大小。高处的人主动谦卑，弱处的人恭敬谦和，如此这般的君子风度才是人们相处的准则。

【悟道箴言】

因为力量强弱，而让心态失衡，即是无道。

强者友善谦卑，弱者心诚质朴，即能合道。

无论强弱大小，保持心态正常，即是有道。

第六十二章　大道保佑谁？

纵观人类历史，充满了动荡不安。也许，人类到今天为止依然是一种非常不安定的动物。强大的国家或者个人，总是盛气凌人，或者表现得很傲慢。好在有主宰他们的大道一直监控并调理着他们，虽然代价往往很巨大，但总是能够找到一个平衡点。

一些智者也总在想办法治理这个世界，各种各样的思潮和理论也层出不穷。可是，好像我们一直也没有找到一个最好的方法。看起来人类的生活与发展是那样起伏不定，但冷静下来看时也能发现一个基本的规律：那些按照道的规律思考和行事的善者，就会得到规律的奖赏；那些不按照道的规律思考和行事的人，也会在大道的法则中得到纠正，当然要自己买单。

依法治国，以德治国，是各个国家非常重视的治国原则。若是升级为"以道治国"会怎么样呢？

【经文】

道者万物之奥。善人之宝，不善人之所保。

美言可以市，尊行可以加人。人之不善，何弃之有？故立天子，置三公，虽有拱璧以先驷马，不如坐进此道。

古之所以贵此道者何？不曰：求以得，有罪以免邪？故为天下贵。

【释意】

大道之中隐藏着万物的秘密，它是善人的珍宝，也是不善之人心中的良知永远离不开的心灵家园。嘉美的言辞可以相互交换，尊贵的行为可以互相感染。对那些不为现行价值观所认可的不善之人，为什么要横加贬弃呢？（越是嫌弃，就越是容易把他们推向更极端的反面啊！）

所以，自诩为天子而自贵，设置三公九卿以供驱使，虽然好像有了玉璧由四驾马车供奉护拥着似的尊贵显耀，其实这些外在的华丽怎么能比得上真正主宰一切的大道呢？与其如此，还不如皈依大道，从而获得无穷的力量。

自古以来，人们为何如此敬畏大道呢？还不是因为它有助于人们达成目的而避免过错吗？所以才得到天下人的共同崇敬啊！

【核心要义】

大道保佑谁？

大道保佑谁？

正如前面所言，大道是万物之母，万物又携带着大道的基因，这是所有生命的本质、道性。悟道的上善之人，是道性的觉者，是被大道之性引领的人。道性冷冷地看着没有悟道的人们，等着他们觉醒。世间哪有没有道性的人呢？这就是大道与所有生命之间的秘密！活在肉眼世界中的人们，看到的都是人间五彩缤纷的表象，老子告诉我们的是在这种表象背后的真相。

一个人真善，就是幸运的；一个人真恶，就是不幸的。想想看，合道的真善之人，在其心灵内部，起心动念生产的都是美好能量，整个生命的细胞都浸泡在美好中，这多美妙啊！在其外部，他内心的美好一旦说出来、做出来又会得到美好的回馈，这多么幸运啊！相反，作恶之人，在其心灵内部，起心动念生出来的全是恶毒的负能量，整个生命的细胞都浸泡在这样的心灵环境中，你说身体能好吗？又怎么会愉悦呢？在其外部，作恶之人直接面对的是众人的警惕和反抗，面对的是社会的法律，你说这有什么胜算吗？当然，大道是没有偏私的，人只要回头，就总有机会获得新生。在佛家思想中，有"放下屠刀，立地成佛"的说法，说的也是同样的道理。

既然在人们的意识背后，心中的道性和外部的大道一直与人如影随形，是人生和生命中决定性的力量，那我们去追求外部的力量感，而忽视或者放弃了修道，又怎么可能有好的结果呢？几千年来，人们对大道一直如此尊重，不就是因为它对人的这种不离不弃吗？在人世间，锦上添花的居多，雪中送炭的却很少。大道则不同，它会随时陪伴着我们，不会嫌弃任何人，也会给坏人回头的机会。

通过老子在这一章的论述，我们可以进一步领悟大道的以下智慧力量。

首先，万物平等。人与万物皆是大道之子，没有高低贵贱之分，这就是老子的万物平等观。反观人世间，人们总是会用各种各样的标准将人分为高低贵贱。那些所谓高贵的人往往放纵而傲慢，最终伤人害己；那些所谓低贱的人，往往心态不平，寻衅滋事，给个人和社会带来危害。因此，即使人和人之间在很多方面有差异，但每一个人对自己和他人都应该有绝对的平等观，这是生命和谐的基础。瞧不起别人并不能表明自己高贵，反而会暴露自己是低贱的。对抗比自己强大的人，既没有什么胜算，也无法提升自己的尊严。这一切都是告诉我们，大道公正，如同种瓜得瓜、种豆得豆的原理，就看你在种什么！

其次，鬼心眼胜不过大道。因为万物没有意识，所以一切都在大道的驱动下运行；而人则不同，人有自己的主观意识，但人的大部分意识还没有通达到大道的境界，因此就会形成与大道相分离、相对抗的状态。于是，有了权势地位就高傲，身处底层自己不上进还怨天尤人。看起来，不管是高低贵贱的哪种人，只要不修道悟道，启动的全是自伤自残自毁的程序。若是想明白了，悟道了，就会按照规律做事，就会成为能量汇聚的中心，就会弯下腰身向万物学习，尤其要学习那些非生命的存在，如花草大树等，学习它们那种默默遵循大道的生存与运行方式，这也就是儒家所说的"格物致知"。人这种拥有主观意识的动物，若是不能够觉察到这一点，就自以为是，在大道面前就会成为如蚍蜉撼大树般愚蠢的存在。

再次，打破"自己是正确的，别人是错误的"的魔咒。世间充满了相互指责，善良的人们因为相互之间的差异而指责彼此，善良的人们又去指责那些不善良的人们，这一切都是由于人们的智慧停留在浅表的层次。只有进入上善的悟道层次，人们才能跳出这种相互指责的旋涡。善良的人们不要以为自己拥有多么高的道德优势，因为红尘中的善良大多是带有自私动机的。没有做坏事的人也不要以为自己就是完人，也许是外部的条件还不具备才没有做坏事而已。而且，只要指责别人，而不是用对方可以接受的方式帮助对方，就可能恶化关系，还可能推动对方走向极端。至于已经犯罪的人，我们不还是竭尽全力在帮助他们悔改和进步吗？古人云：人非圣贤，孰能无过；知错能改，善莫大焉。出了一些差错的人，也不要自暴自弃，更不要破罐破摔，而要勇于面对，勇于改正，知耻近乎勇，改过近乎圣。

最后，从相信自我到相信大道。现实社会中，很多人过于相信自己的力量，而不知道自己被大道决定着。领导者过于相信制度或者国家机器，对大道在人间的力量重视不够。结果往往是，按下葫芦起了瓢，拆东墙补西墙，很难找到一个长治久安的方法。你若真善，就对自己心里明白的私心加以约束；你若真善，就对现实中不幸的人们多一点善良；你若真善，当你遭遇不善的人时，就要一直坚守真善；你若真善，对于那些需要你付出而没有直接回报的事情，就要做到义无反顾、无怨无悔；你若真善，对于那些不善的人所做的事情，就要借此反省自己，并且愿意替他承担必要的责任；你若真善，就要做到闻过则喜，能够主动地反思自己的过失。

总结起来，老子在本章中阐释的思想，可以用以下三个问题来表述。

第一，大道如天父般慈爱。对于家里的父母来说，孩子们都不一样，但不管孩子们做了什么，父母还是会让他们回家，不会抛弃他们。我们是不是已经习惯了嫌贫爱富或者崇尚优秀又嫌弃落后？这是人间道，而非天道。其实，人人皆乃天地造化之灵物，嫌弃别人的行为就是不合道的。悟道者，爱天地一切；无道者，嫌弃很多，并且最终变成让人讨厌的样子。

第二，万物有灵。老子似乎在教导人们对他人应该宽容、包容。实际上，若是与人类自身的认知水平结合起来考虑就知道，老子是在暗示人类要向自然学习。大道虽大，道还要法自然。在自然界面前，懂得敬畏的人，就容易觉悟；懂得弯腰的人，就能发现万物奥秘。恃才傲物，就成了行走在天地间的怪物。把一切人和事都当作大道所呈现的道书，人就能从蒙昧中苏醒！

第三，放弃幻想，回归大道。华丽的尘世，喧嚣的世间，一切浮华终究会散去。有错改错，否则不认错、不改错，求神也是徒劳。大道通天，人生捷径。若是到处为自己私心求名求利，有错还在掩饰，就是原地打转，就会让小病变成要命的病。

【悟道箴言】

大道万物之奥，人生一切的总秘密。

大道公正博爱，承担一切的总救赎。

大道胜过人力，觉者虔诚皈依大道。

第六十三章　万难总秘

不少人认为自己很忙，这学道修道悟道的事等有空再说，也许这修道之事适合那些没有什么事做的悠闲之人！在现实社会中，这样的一些认识和理解，可能具有一定的普遍性。这样的理解有问题吗？当然，站在道门之外，这样的理解也不奇怪。实际上，古往今来有很多人就是在红尘的生活中修道悟道的，在事上修道，在事中悟道。

如果说人间的难事都是因为自己不合道造成的，而一旦悟道，万事的道就会呈现在眼前，一切事都不再是难事，你觉得这种人生状态够诱惑人吗？如果不修道悟道，一生都将在艰难中跋涉和挣扎，如陷沼泽一般，越挣扎陷得越深。

你说，这样的修道悟道不好吗？

【经文】

为无为，事无事，味无味。

大小多少，报怨以德。图难于其易，为大于其细；天下难事，必作于易，天下大事，必作于细。是以圣人终不为大，故能成其大。

夫轻诺必寡信，多易必多难。是以圣人犹难之，故终无难矣。

【释意】

以无为的态度去有所作为，以不滋事的方法去处理事物，以恬淡无味当作有味。

大生于小，多起于少，用合道的方式处理抱怨是处理怨恨的妙法。处理难题要从容易的地方入手，实现远大要从细微的地方入手。天下的难事，一定要从简易的地方做起；天下的大事，一定要从微细的部分起始。

因此，有道的圣人始终保持自己不出现背离大道的那种自大丑态，所以才能做成大事。那些轻易发出诺言的人，必定很少能够兑现，因为轻易许诺就会超越自己的能力；把事情看得太容易，势必会遭受很多困难，因为用主观轻视客观，就会被教训。因此，有道的圣人总是看重困难，所以就终于没有困难了。

【核心要义】

万难总秘。

万难总秘

不少人以为老子的无为就是什么也不做，而老子的"为无为"就解开了这个谜团：人是要有作为的，但要用合于道的方式，而不是用自以为是的方式。不少人认为道家的逍遥处世，是远离尘世，又无所事事。实际上，悟道者已经看透了人间万事，怎么会再把我们所说的事当成事呢？任何事情的背后都是道。

悟道者知道，天地间只有大道最大，而人面对大道时渺小到根本没有自高自大的资格，也无法超越大道，于是心气就平和了。看起来圣人们能够很平静地对待人间的万事，似乎没有什么情绪的起伏，这样的人生有意思吗？不是有人说，有起有伏，有喜有悲，才是真正的人生吗？既然圣人是悟道的人，那就是了解和掌握了世间一切的秘密，那圣人们为什么还那般的谨慎小心呢？

老子告诉我们的上述道理，可以给我们以下十个启迪。

第一，用道做事。人活着不做事就是等死，不懂规律而努力做事就会累死。那要是遵循规律做事呢？就能达到老子所说的"无为而无不为"的境界。

第二，做事悟道。你为现实中的事感到困扰或者苦恼吗？万事都是大道的载体与表象，看清楚了万事背后的规律，哪里还有什么苦恼？所以，之所以把事当事，而不是把事当道，就是糊涂！一旦明白了让你苦恼的事背后的道，你非但不会苦恼，还会欣喜，是不是？

第三，超越情绪。你有时心情会不好吗？因为心情不好而对所有的事情都不感兴趣，吃饭也没滋味，那就是你的心被事情的表象占领了，你已经不是自己的心的主人，因此才会索然无味。悟道的人会拥有一种品味人生百味的心情，甜也不是甜，辣也不是辣，而只是一种美味。谈不上喜欢，也谈不上不喜欢，因为一切都很美妙。

第四，细微即道。十年磨一剑，一剑定乾坤，这是因为善于将小的细节与大的目标联系在一起，将大目标分解成小细节，于是也就不再急躁，大目标就变得容易了。因为自己从细节处能够看到，自己正在向大目标一步一步地接近。创造奇迹的人，哪一个不是深入到事物内部而发现了事物的规律呢？原来，体悟大道在细微之处。

第五，神奇积累。古训有云："勿以善小而不为，勿以恶小而为之。"因为积累的神奇效果：若想得到多，那就从少开始，积沙成塔，集腋成裘，人间的奇迹都是这样诞生的。你知道了奇迹诞生的规律，心情是不是大好呢？静不下心，人只是在绕圈子，两手空空，浪费生命。

第六，鬼难神易。据说，在神面前没有难事，而鬼所面临的都是难事。你觉得人间有难事吗？老子认为人间没难事，因为难事都是由容易的事组成的，你只要把难事拆分开来，难事就会变得很容易，于是就没有难事了。当一个人说难时，可能还没有开始，只是畏难情绪，这就是鬼心思！悟道的人把"难程序"删除，静心进入到易中，天下有何难事呢？没难事的人生，才是美妙的人生啊！

第七，怨中有道。大道无处不在，恩恩怨怨之中也藏着道。在现实生活中，你是以德报怨呢，还是以怨报怨呢？明白了怨的背后也是道，找到自己不合道而生怨的原因，回到道上，不就没问题了吗？明白了这一点，以德报怨，也就是以德报道，道和德互为表里，如此可以化怨为爱，这是多么神奇的转化术啊！以怨报怨只能怨上加怨，对所有人都没有什么好处；以德报道，一切都会转化成神奇。你是愿意做一个复制怨恨的人呢，还是愿意做一个转怨为爱的人呢？答案也是不言自明的。

第八，合道真大。据心理学理论讲，自卑的人很喜欢表现自大。猥琐的人，很喜欢把别人看低、看坏。实际上，自大的人都是傻瓜，因为一自大，智力就下降。人一旦悟了道，就知道了一个秘密：道才是最大的，若是自己能够与道合一，自己就变成了最大。怎么才能做到最大？就是与天合一，人间无大事；与众生合一，人间没敌人。这神奇吗？这种神奇是不是很简单啊？这回终于明白了，很多人把简单的事情搞得复杂，是因为自己心智程序低级，如此才制造了人间那么多的烦恼。

第九，轻诺背道。在现实生活中，轻易给你许诺的人，是不是往往会失信？跟你吹牛的人，是不是事情往往办不成？为什么呢？因为轻易许诺时，一定承诺的是未来的事，可未来怎么是这般性情的人可以掌控的呢？如果在未来他的承诺不能兑现，也别怪他，这并非他有意背信弃义，而是时过境迁，很多事情已经变化了。所以，悟道的人不会轻易给人许诺，或者不会把话说满。悟道的人不会事先吹牛，但又往往能够把事情办得漂亮。不轻易许诺，不事先吹牛，这就是管控住了自己的主观，因此容易静心入道，所以才有那么多的神奇发生。

第十，敬畏永恒。现实中很多人的失败，往往都是因为自己的大意而忽视了规律。现实中有点成功的人，其实很容易失去敬畏心，因而骄傲自满、大意轻敌。圣人就不同，圣人敬畏所有事情和人背后的规律，时刻警惕自己的主观扰乱自己的心智。从外表看起来，圣人总谨小慎微，这和一般人的胆小可不是一回事。正因为圣人不敢自大，所以始终不偏离大道，对于他来说就没有难事和败事。这才是真正的成功啊！

【悟道箴言】

用道做事如神，用脑做事玩儿悬。

做事悟道大吉，无道做事纯自贱。

超越情绪近道，情绪启动智力低。

细微之处道脉，静心入微道同频。

心大神落细微，神奇积累是大道。

说难就是鬼话，入道如神万事易。

放下怨恨情绪，怨中有道等你悟。

自大即是鬼大，合于道方能真大。

轻诺多是吹牛，未来变化神知道。

自大阴沟翻船，敬畏永恒保平安。

第六十四章　认识失败

　　人们都追求成功，肯定没人追求失败。可是，成功的人多呢，还是失败的人多呢？标准不好定，人数也不好说，可失败总是有的，而且也不占少数吧？

　　人们追求成功，于是有人就搞出个成功学。可若是不懂失败的规律，单纯学习成功学就能成功吗？很显然，懂得失败的规律也是十分重要的，可是世间没有失败学啊？

　　纵览人生就会发现，人生的成败有一个奇怪的规律：成功需要不间断的无数次正确来积累，失败只需要一次重大错误就能决定人生。至于小错，就看你是否愿意改，若是马虎或者知错不改，就是在积累那个致命的大错。

　　人们都想成功，若是不知道失败的规律，那成功真的能实现吗？即使成功了，可知成功的背面是失败吗？如果不知，你会不会被反转呢？

【经文】

其安易持，其未兆易谋；其脆易泮，其微易散。为之于未有，治之于未乱。

合抱之木，生于毫末；九层之台，起于累土；千里之行，始于足下。

为者败之，执者失之。是以圣人无为故无败，无执故无失。

民之从事，常于几成而败之。慎终如始，则无败事。

是以圣人欲不欲，不贵难得之货；学不学，复众人之所过，以辅万物之自然而不敢为。

【释意】

局面安定的时候还容易保持和维护，事变尚没有出现迹象时还容易图谋；事物脆弱时容易消解，事物细微时容易散失。因此，做事情要在它发生以前就处理妥当，治理国政要在祸乱没有产生以前就早做准备。

合抱的大树，生长于细小的萌芽；九层的高台，筑起于每一堆泥土；千里的远行，是从脚下第一步开始走出来的。

刻意想有所作为而用心不用道的，将会招致失败；执着于自我而背离大道的，将会遭受损害。因此，悟道的圣人不会背道而为，也不会招致失败。

人们做事情，总是在快要成功时失败。所以当事情快要完成的时候，也要像开始时那样慎重，这样就没有办不成的事情。

因此，有道的圣人追求一般人所不追求的，也不稀罕难以得到的货物。学习别人所不学习的，复盘众人经常犯的过错作为自己的借鉴。如此，遵循万物的自然本性而不会妄加干预。

【核心要义】

认识失败。

认识失败

生活中有很多话是我们很熟悉的，比如"防患于未然""不能一口吃成一个胖子""听人劝吃饱饭"，还有一些成语如"虎头蛇尾""善始善终""半途而废""吃一堑，长一智"等，可是，为什么知道这些道理的人们就是做不到呢？

道家思想之玄，也许就玄在你明明知道那个道理，却依然不懂如何去做。我们这是怎么了？好像被什么莫名其妙的力量控制了。

让我们来看看老子在这一章中所提出的七个关键的思想，也是时间序列上的一个连续的逻辑体系，展示给我们的实际上是一个道家智慧的套路。

第一，先机。有几十年生活经验的人都知道，抢占先机对于做事情非常重要。若是失了先机，也就错过了最优的机会，后续可能要付出更多的代价。我们都知道，凡事预则立，不预则废。预防为主，先谋而后动，别人还没想到时你先想到了，这叫有先见之明。一个不好的事实呈现出苗头时，很多人不在意，但你能够见微知著，防患于未然，别人会认为你是有远见的。别人还看不出什么用处时，你已经在用功夫，过了若干年，别人也看明白了，就不得不赞叹你的深谋远虑。几十年的人生，你若是比别人晚觉悟了十年，还怎么和别人竞争呢？你现在所做的就是在为十年之后的自己做准备。这个问题确实很重要，如何才能做到呢？修道悟道，一切就如同画面，连谋划都是多余的。走在大道的人生，世间再也没有什么秘密可言。

第二，起点。如果懂得了先机，占据了先机，接下来从何处开始也是个很大的学问。从最难处开始吗？这基本上是自取灭亡！毫无疑问，选择起点时要权衡力量的对比，形成自己的优势，而不是一开始就暴露自己的弱势。总的原则就是：不能蛮干，选择容易处开始，运动中形成局部优势，思想上形成空间天网，战略上超越对手的想象。

第三，根基。虽然很多人都知道，盖房子首先需要画图纸打地基。可若是把盖房子这件事换成人生，很多人就不愿意在基本功上下功夫了，总是想快一点出结果。有的人抓住了机会获得了大发展，可由于根基太浅，在如日中天的时候却轰然倒塌了。有的人不愿下笨功夫，总想挣快钱，总想找些门道让自己快点发展，但因为这样的人太多，所以也不容易找到机会。你愿意静下心来，拿出那种"十年磨一剑""甘坐冷板凳"的精神为十年后的自己打牢基础吗？想想看，如果你愿意静心深入到眼前事物的细微中去，在细微中发现共同的规律，这样的功夫通用于所有的地方，你还需要奔忙吗？

第四，过程。任何事情都有起点和终点，中间叫过程。若是有了起点，却不能坚持到最后，也就不能到达终点，这就叫半途而废。有的人跨过起点，转了一圈，又回到了原点。有的人停在原点，踌躇不前，好像被心中的某种力量锁死在那里。有的人抢到了先机，可在遭遇波折或者一些困难时又放弃了，以为自己没做过的其他的事情会比眼前做的更容易，但做起来却发现还是那个样子，于是又放弃了。很多人的人生，就停留在途中。很多人做了很多事情，可没有一件事情真正做明白，做彻底，做出一个圆满的结果。老子告诉我们，成就任何事情的一个完整过程，既要抢占先机，也要打好基础；既要克服过程中的困难，也要坚持到底。你是这样做的吗？

第五，坚持。在现实中，我们总能见到一些人，为自己的失败找出很多理由，于是这种失败变得具有合理性，这就是失败者人格的常用逻辑；而具有成功者人格的人，是从来不为自己找理由的，也不期望天上掉馅饼，而是有着一种对自己所期望结果的执着，一切都为目标让路，当然不能越过法律和道德的红线。于是有人说，成功需要的不仅仅是智慧，还有意志；成功需要的不仅仅是勤奋，还有面对困难时的勇气。你在遇到问题或者挫折时会唉声叹气吗？那就学学具有成功者人格的人，他们在面对问题和挫折时会感到兴奋，一方面他知道这是在考验自己；另一方面他也知道，在这样的时刻很多人会退缩、会放弃，于是前面的道路上就少了很多竞争者，这反而增加了成功的概率。

第六，纠错。但坚持不是固执，而是在正确方向上的微调，是对错误方向坚决的放弃，是在困难时冷静的前行，是在挫败时还能够站起来找到方向。可是，一个人的经验、经历和智慧总是有限的，这时你就要有一种超级的吸纳能量的能力：一般人不学的，你来学，如很多人不学哲学，你学了就比别人更有智慧；一般人看着别人倒霉就幸灾乐祸，你则静心总结别人的教训，吸纳为自己的教训。如此这般，不出错和纠错的能力就会胜于一般人。

第七，远见。一个只根据自己所掌握的资源做事的人，永远不可能找到整合与吸纳其他资源的机会，于是就会一直处在低速发展的状态；一个只根据眼前的理解、认识来做事的人，永远无法赢得未来，因为他根本没有想到未来，也没有谋划未来；一个根据一般人的见识而做眼前决定的人，将永远只能混迹于一般人当中，这就是平庸，这种平庸的结果是因为他使用了一种平庸的思维。

你能看到一般人认为没有意义的事情对未来的重大作用吗？你的认识能超越多少人的认识，决定着你在人群中的地位。如何做到呢？悟道就懂得了规律，就能够完成从前识到后知的全过程。

老子在本章中的思想智慧，概括成一句话就是：洞察规律占领先机，选择容易的地方当起点，深耕基础打牢根基，纵观全局明白过程，不畏艰难坚持到底，学习总结纠错不贰过，放眼未来顾全大局。

【悟道箴言】

播下成功的种子，除掉失败的苗子，小处见大。

走出坚实的步子，打好未来的基础，由小成大。

抓住起始和过程，经受挫折的考验，雨过天晴。

放弃失败的理由，直指成功的结果，意志胜利。

超越俗人的见识，培育未来的种子，天下无敌。

第六十五章　圣人劝愚

人们都喜欢做聪明的人，有人想做愚蠢的人吗？悟了道的领袖们就知道，群众才是真正的英雄，这样的领袖把自己放低，愿意做人民的公仆，建立了人民当家做主的国家。

上面这些做法和说法，我们不少人基本上是清楚的。但是，对于出现在老子《道德经》和孔子《论语》中的"劝愚"，很多人就很难接受了，一些人甚至将此认定为这是圣人们思想的局限性。

可是，圣人们总是在劝愚，这会不会是圣人在帮我们开启智慧之门呢？

【经文】

古之善为道者，非以明民，将以愚之。

民之难治，以其智多。故以智治国，国之贼；不以智治国，国之福。

知此两者亦稽式。常知稽式，是谓"玄德"，玄德深矣，远矣，与物反矣，然后乃至大顺。

【释意】

古代善于为道的人，不是教导人民知晓智巧伪诈，而是教导人民淳厚朴实。

人们之所以难于统治，是因为他们使用太多的智巧心机。所以用智巧心机治理国家，必然会危害国家；不用智巧心机治理国家，才是国家的幸福。

了解这两种治国方式的差别，就是一个法则。经常了解这个法则，就叫作

"玄德"。玄德又深又远，纠正具体事物的偏差而复归到真朴，然后才能顺乎于自然，从而一顺百顺。

【核心要义】

圣人劝愚。

圣人劝愚

这一章的主题主要是讲治国的原则，再具体一点，就是讲统治者如何做才能把国家治理好。围绕这一主题，老子提出了自己的思想观点：统治者不要用智巧之心去统治人民，而应该用真诚质朴之心服务人民。为什么要这样做呢？因为统治者的智巧心机会引发普通百姓的智巧之心，这样的话，社会上就会充满伪诈之徒；而统治者的真诚质朴之心，会培育百姓的敦厚朴实性情，这样社会中的人们就会彼此真诚信赖。

总之，不管是人们的生活，还是国家的治理，都要从人心的那种主观状态回归到客观的大道上来，任何自以为是的聪明，哪怕是出于好意，也会带来恶劣的后果。至此，我们终于明白了，圣人们所说的愚民，和我们理解的不一样，是在教人们回归到淳厚质朴。

老子的这些智慧能够给我们的人生一些什么样的启迪呢？

第一，你愿意做什么人，聪明人还是愚人？即使知道自以为是的聪明是背离大道，可又有几个人愿意做所谓的愚人呢？我们可以问一下自己，在人群中，我们若是不表现自己的聪明，会害怕别人小瞧了自己吗？大多数人会的。这是因为每个人内心都有自卑的情结，因此要向外部寻求证明，可这样做的结果又会适得其反。你愿意做一个懂得别人却不表现自己的厚道者吗？

第二，你愿意做自己崇拜的那种人吗？既然我们崇拜绝对忠诚的英雄和痴心不改的爱情，你愿意让自己成为这样的人吗？反观现实中的人们，你会发现，大多数人属于叶公好龙型：心中有着美好的向往，却不愿意成为那样的人，这也许是人生中最深刻的悖论了。崇拜英雄和神灵的人，宁愿自己做一个旁观者或者观众，就是不愿意去成为那样的人，这到底是为什么呢？说到底，是因为自卑、自私和无知所产生的一种愚昧，人们把英雄奉为神灵可能更多的是用来保护自己，而不想成为神灵去保护别人，这不是狭隘自私和无知吗？

第三，聪明人的下场。世间闹出最大笑话的都是什么人呢？聪明一生，英雄盖世，最终却黯然落幕的人。反观人类的历史，就是这样一个笑话不断重复的历史。人类在进化吗？也许一直停留在自己小我的原点上，也许未曾向前挪动一步。活着的时候取得不凡成就的人不少，但最终成为圣贤而被后人世代祭祀不辍的却不多。著作等身的学者专家不少，但成为人类文明一代宗师的却不多。由此可见，在俗人堆里再聪明的人，也算不上真正的智慧之人。

第四，怎么才是成熟的人？许多成年人依然如同一个幼稚的孩子，不如意时会哭泣，得意时会张狂。也许，很多人在生理年龄上是成年人了，但在心智方面却未必是个成熟的人。为什么自己辛辛苦苦创造的基业或者成就不能够长久？有多少人想过，这是因为自己的心智成熟度不够，取得的成就反而成了自心恶变的推手，自心的恶变又会毁掉一切，根本不需要敌人和对手，即使有敌人和对手，最多也就是自毁的帮手。当我们把这一切真相说出来时，才真正能够感受到，不觉悟的自心是多么的愚蠢，亲手毁掉自己的成就，又是多么的可笑。

话说到这里，你还认为老子所说的愚民是一种封建的思想吗？你还觉得自己的聪明是自豪和优势吗？若是不能觉醒，增长自己的聪明很辛苦，表现自己的聪明很可笑，最终证明聪明却很愚蠢。

本章的思想，概括起来就是一句话：做人别动心眼，治国别去刺激众人的贪欲，始终要坚守质朴真诚的心态，这才是根本。否则，人心一动，危机四伏。圣人说的所谓愚民，是提醒人们别自作聪明，不要用自己的念头对抗大道。圣人说的所谓愚民，是让人们找准自己的位置，做自己能做的。

【悟道箴言】

道者貌愚，心开智慧。

智者治世，真诚质朴。

聪明造祸，至诚通天。

第六十六章　王者在哪？

俗话说，人往高处走，水往低处流。人们多么羡慕那些大官或者成功者，他们高高在上的感觉多好啊！可如果要问，你喜欢那些摆官架子的人吗？你喜欢某些成功者那种高高在上蔑视你的感觉吗？你肯定会很厌恶的。

老子给出了一个领导者最典型的姿态：位置高高在上，心态姿态放低，能够与民同乐。

【经文】

江海之所以能为百谷王者，以其善下之，故能为百谷王。

是以圣人欲上民，必以言下之；欲先民，必以身后之。是以圣人处上而民不重，处前而民不害。是以天下乐推而不厌。以其不争，故天下莫能与之争。

【释意】

江海所以能够成为百川河流所汇往的地方，是由于它善于处在低下的地方，所以能够成为百川之王。

因此，圣人要领导人民，必须用言辞对人民表示谦下；要想领导人民，必须把自己的利益放在他们的后面。所以，有道的圣人虽然地位居于人民之上，而人民并不感到负担沉重；居于人民之前，而人民并不感到受害。天下的人民都乐意拥戴而不感到厌倦。因为他不与人民相争，所以天下没有人能和他相争。

【核心要义】

王者在哪？

王者在哪？

按照普通的思维，领导都是高高在上的，人们会想到领导是善下的吗？老子真不愧是中国最伟大的思想家，也是阴阳和合哲学的大师，你看，"江海"和"圣王"这两个看起来不同的主题，在老子这里竟然是这般的相似，这是天地人间的合一，这是上下的贯通，这是前后的统一，这是自我与他人的统一。只要不再利用别人来为自己，只要不再将自己凌驾于别人之上，只要将自我融于天地万物和众人之中，就能够成就天下无人可争的至高境界。

从人类历史和现实的角度来看，那些受人尊敬的领导者或者成功者，无一例外都是老子这种圣主思想的信徒和践行者。反之，违背老子这个思想的人，即使高高在上，也会被人们所鄙视；即使他们得意扬扬，也往往会遭人们唾弃，走向自我毁灭。

老子在这一章中，告诉了我们以下这些重要的道理。

第一，师者自然。人类的知识，来自哪里呢？老子从江海看到了大道。

第二，客观知识。我们都很熟悉文字，但你还知道"桃李不言，下自成蹊"。处下的江海不用命令就能让百川汇聚吗？这种无言的命令，才是人间的最高智慧。

第三，圣依道行。古代的圣人们就是依靠自己对客观知识的超常领悟力，创造了人间的"元智慧"。

第四，圣道普世。在两千多年前，中国的圣人们根据客观世界的规律，已经创造了普世的价值体系，并以自己生命的践行对后世产生了经久不衰的、神奇的吸引力。

第五，道者利他。世上的道理千千万，核心的只有一条，这就是利他，利他就是天道天条。人与天地间的万物都是相互联系的，利他就是遵循并维护这种联系的规律，而自私是在破坏这种规律。人与万物的相互联系，才是生命的本质。

老子在这一章中的思想，能够给我们一些什么样的启迪呢？

第一，看破文字。文字只是知识的符号，本身并不能等同于知识。一个人所掌握的书面知识如何变成智慧？关键取决于他能够将多少书面知识与客观自然现象联系在一起。我们学习知识本身并不是目的，真正的目的是通过知识去认识自然规律，并利用自然规律服务于人类的发展。现如今，通过书本已经掌握了很多知识的人们，能够把多少文字知识跟现实生活的事实结合在一起呢？在现实生活中忙碌的人，在手脚忙碌的同时，又能够从所面对的客观事实中汲取到多少智慧呢？你若是能够从百川汇流江海这样的自然现象中，提炼出这背后的哲学思想，你也就具备了圣人般的读懂无字天书的能力。你是一个行动中的思考者吗？你是一个思考中的行动者吗？

第二，大道无言。在生活中，我们很多人常有两条感知的路线。一是用嘴巴讲道理，用耳朵听别人的道理，但最终发现长着嘴巴的人都能讲出一大堆自己的道理，而且都认为自己讲的最有道理，甚至还要驳倒对方，让对方觉得没有道理。二是用我们的眼睛或者耳朵，看到或听到了一些事实和信息，虽然没有人给我们讲关于这些事实的道理，但我们好像也收到了一种信息，内心会有一种触动或者感动。第一种感知路线——用嘴巴说道理和用耳朵听别人的道理，会让你渐渐发现，通过嘴巴说出的道理是很乏力的，也很容易引起人和人之间的口角。而那看起来没有说话的事实，却往往犹如一种无言的命令，正如江海，它没有向其他溪谷河川下达任何命令，却能够令它们自动地流向大海。关键时刻出手帮助你的人，甚至在你脆弱时用表情和眼神给你鼓励的人，虽然没有说什么，但你却能懂得。至于那些没事的时候说得很好听，遇到事情就躲得远远的人，怎么会有感动人的力量呢？恰恰相反，这种言行不一，恰恰暴露了自己、出卖了自己。由此可见，无言的命令才是人间的最高智慧。我们可以问问自己，在平时，我们可以用多少无言的行动来证明我们的力量和我们的品格呢？说到这里，我们不由得想起了中国文化中的两句名言：行胜于言，事实胜于雄辩。

第三，悟道成圣。如果把历史和现实联系在一起，我们会发现一个有趣的现象：历史上的圣人，都是放弃了自己的主观道理，而能与天地万物的规律相沟通的人；而从古至今，似乎永远不会消失的俗人却有一个共同的特点，他们都认为自己的道理才是正确的，对眼前的客观事实和规律，往往都是熟视无睹的，甚至当客观规律以事实的方式不断给人启示时，许多人依然是执迷不悟的。不信你可以亲自试试。回想一下过去你所遭受的挫折，你认为是自己主观的原因呢，还是外部客观的原因？很多人会认为是外部的原因，自己是无辜的，即使受挫了，自己仍然是正确的。在这种自辩逻辑之下，错误的主观思维就没有办法与客观规律接通，于是下一次再换一件事情，继续复制主观的错误。人类的这一典型现象，可谓是死亡自辩。可人的所有努力又都是求生的，由此就构成了生命或者人生当中一种最大的悖论：主观上求生，主观和客观上又按照自认为正确的错误走向死亡。看看我们所熟知的，或者我们自己的一些人生悲剧，不都是因为这样一个心理过程吗？圣人给我们的重大启示就在于：尊重你眼前的客观规律，你会得到奖赏；善待你所面对的人——这样一种特殊的客观对象，你就能获得和谐的人生；能够懂得你所厌恶的人和事的特殊规律，也就是对你生命的特殊价值，你就能收获人生中的特殊礼物。

第四，圣道利他。作为普通人，你能够善待每一个相遇的人，或者将利他作为人生的唯一信念，在生活中处处践行，你就能够收获不凡的人生。作为领导，唯一的工作就是做利于自己的部下和同事的事，你就能得到拥戴。作为朋友，唯一够朋友的事就是做利于朋友的事。作为亲人，无怨无悔地为亲人服务，没有任何怨言和索取，你就能够营造一个和谐的大家庭。如果你做的所有事，能够利于天地间一切的人和物，你就是天地间的圣人。想过那种没有冲突、没有对立、没有敌人、没有困难、没有纠结的圣人的生活吗？也许你心中也有对美好的追求，但恐怕很难达到这样圣人般的美好追求。说得透彻一点，我们的美好追求之所以难以实现，是因为我们缺乏这种纯粹的利他之心，在自己追求美好的道路上设置了诸多障碍。你愿意试试这种无条件的、无处不在的、没有任何私心的利他吗？提醒一下，你要小心，这么做的结果，其美好的程度可能完全超乎你的想象。

说到这里，我们再回到前面人们所提的问题上：在上为王，还是在下为王？在上的能够处下，就是圣王；在下的能够利众，就是真王；无官却能利众，严于律己，宽以待人，甚至舍己为人，就是人间的无冕之王。在上不处下，就会被拉下台；在下的若只利己，就会过早地进入地下，这是天道的力量。

老子在本章的思想可以概括为以下三句话。

第一，效仿和学习江海的处下善下，就能成为百谷之王。这是老子的王者之道。想往上发展的人，要把基层工作与大局统一起来。要想当领导，就要学习江海的胸怀，能够处下，能够善下，能够包容。在位置上的领导，恰恰要下沉，要深入基层。有成就的领导更要注意自己的包容性和胸怀，不要养成官僚主义，不要被小人包围，不要被具体事务缠身而失去了博大的情怀。

第二，人与人之间的客观规律是身处高位的人必须谦和对待低位的人，必须做到"先天下之忧而忧，后天下之乐而乐"。如此，才会赢得人心和人民的拥戴。官位，是人民因信任而赋予的；权力，是服务于人民的责任。任何高高在上的耍官僚习气的做派，都是对位置与信任的背叛。位置与权力是服务于人民的，不是自己谋私利的工具。

第三，提高自己，做好工作，善待众人，不争名夺利，保持恬淡生活的本色，不为任何外部力量所诱惑，就是天下无人能比的最高境界。

总之，要想发展必须知道规律，身处高位就要懂得人心与为官之道。

【悟道箴言】

学习江海吧，放低自己，众心归依。

学习圣人吧，唯有利他，成就无争。

第六十七章　圣人"三宝"

世上的人有谁不喜欢宝贝呢？历史上的圣人以及他们的思想，本身就是一个国家、民族乃至世界的宝贝。普通人一辈子若是能够领悟圣人的思想，肯定是三生有幸的。那么圣人还有自己的宝贝吗？如果有，这宝贝中的宝贝实在是太诱人了。让我们看看老子还有什么宝贝吧！

【经文】

天下皆谓我："'道'大，似不肖。"夫唯大，故似不肖。若肖，久矣其细也夫！

我有三宝，持而保之。一曰慈，二曰俭，三曰不敢为天下先。

慈故能勇；俭故能广；不敢为天下先，故能成器长。

今舍慈且勇；舍俭且广；舍后且先；死矣！

夫慈，以战则胜，以守则固。天将救之，以慈卫之。

【释意】

天下人说我讲的道很宏大，不像任何具体事物的样子。正因为它伟大，所以才不像任何具体的事物。如果它像任何一个具体的事物，那么，道就显得很渺小了。

我有三件法宝，要执守而且保全它们：第一件是慈爱，第二件是俭啬，第三件是不敢居于天下人的前面。

有了慈爱，所以能勇武；有了俭啬，所以能大方；有了不敢居于天下人之先，所以能成为万物的首长。

现在丢弃了慈爱而追求勇武，丢弃了俭啬而追求大方，舍弃退让而求争先，结果是走向死亡。

慈爱，用来征战就能胜利，用来守卫就能巩固。天要援助谁，就用慈爱来保护他。

【核心要义】

圣人"三宝"。

圣人"三宝"

世人已经习惯了自己看待这个世界的方式，这个方式就是肉眼的和具象的方式。但因为肉眼视力的局限性，我们根本没法看到大道这样极广大又极精微的存在，这也是人们悟道之难点所在。

既然大道是肉眼所不能及的，那就用我们心灵的力量去接触吧。因此，老子给出了心灵的"三宝"：我们总想通过凶狠来展示自己的力量，可老子告诉我们要用慈爱；我们总想用奢华来证明自己的高贵，可老子告诉我们要用节俭来管制自己的欲望，从而超越外在的物质，而使自己成为心灵的主人；我们总想争个天下先，以证明自己的优越，可老子告诉我们，不用在世人面前证明自己，心中有大道，眼中有众生，已经是天下至高至大的人生境界。相反，看看世人那种凶狠、奢华和不断要压过众人的做法，正是自找倒霉的节奏。

敬畏大道，慈爱众生，就什么都能做成，这才是无形中的神奇，也是大道赋予生命的神奇力量。

老子这一章中的思想，尤其是关于"三宝"的思想，知道的人不少，但真正深究的人又不多。这也是体现老子智慧独到之处的一章，独到在何处呢？主要表现在以下五个方面。

第一，跳出肉眼，超越局限。老子告诉我们，大道是超越肉眼视野的，其大无外，其小无内。大道不像任何我们所熟悉的东西或者物件，但又无处不在。例如《金刚经》展示的佛祖的智慧，就是要让我们超越肉眼所见的一切表象：凡所有相，皆是虚妄，若见相非相，即见如来。

第二，敬畏大道，慈爱众生。老子提出了他信守的第一个原则：慈爱。不管对人，还是天地间的其他生命形态或者物件，都要懂得珍惜、珍爱。这样才能避免主观与客观对立，才能避免背离大道的严重后果。

第三，勿为物奴，节俭心主。人是地球上的高级生命形态，对上要皈依大道，这是明智；对下要慈爱，这是祥和的基础。对外不要损害、不要对立，对内要淡定、要能做心灵的主人，不要因为追求外物或名利，而把自己降格为外物的奴隶。

第四，不与俗争，人生无忧。在傻子面前证明自己聪明，你觉得有意思吗？在笨人面前证明自己能干，你觉得有意义吗？在比你弱势的人面前证明自己强势，你不觉得自己滑稽可笑吗？争来争去，争到手时会自大和狂傲，争不到手时会纠结和郁闷；争斗中你来我往，友情被撕破，人性被看穿，杀敌一千、自损八百，最终这一切又都会化为乌有。这样的人生模式不是很滑稽可笑吗？

第五，慈俭不争，大道奖赏。老子分析了人生中的诸多错误，也为我们指出了一条明路：越是慈爱，心中越是有力量；越是无所畏惧，越是强大而无须再去证明；越是节俭，越是能够掌控自心；越是能够诚心利他，越是能够与万事万物和谐一心；越是不争人先，越是退居人后服务众人，越是容易被人推上神坛，从而登上人生至高的境界。看看历史上，一生英雄盖世的项羽，最后自刎江边；而能够吸纳英雄、善用英雄、造就英雄的刘邦，最终匡定了天下。

学习了老子在这一章中的妙论，也许我们能够获得很多启发，主要包括以下几个方面。

第一，活在肉眼的世界里让人成为俗人。为了生存而做的各种努力，是无可厚非的。满足了基本的生存，而不能让生命升级，才是人生真正的悲哀。一旦到了这样的地步，后续的人生恐怕就只有悲剧了：不断追求奢华，心灵失去平衡，总是不满足、不满意，对于已经拥有的生活条件，也失去了欣赏的心情。现实中，不少已经富裕起来的人们，不正是处在这样的一种生命状态中吗？那些已经过上奢华生活的人，却唯独不能让自己的心灵转型，让自己的生命升级，于是一味地炫富，吸引了无数的"粉丝"围着自己转，竟然还引以为荣。这样的人生，未来还可能有更好的局面吗？物质奢华到极致，加上心灵的扭曲，未来一定会很悲惨。若想摆脱这样的结局，唯有修道，升级自己生命的模式，这样的人生才可以享受高级的生命质量。

第二，靠肌肉力量活着的人，干的都是力气活，使用的是动物界的争斗模式。人类是高级动物，当然就要使用更高级的模式。你看，随着知识和智慧的增加，我们会制造高级的工具，做起事来效率又高又省力气。在人群中，能够善待众人的人，能够帮助众人提升的人，能够体谅众人苦处的人，能够立志为众人服务的人，就能够赢得众人的拥戴，就能够做领袖。因此，比比谁对别人更加慈爱，才是人类这种高级动物的智慧模式。那些争雄斗狠的人，最终肯定是得不偿失的；那些假装慈悲，却利用别人为自己的人，最终会被众人识破，也就无法掌控局面；只有慈爱到底的人，奉献自我，舍己为人，大公无私，才能赢得众人，才能成就伟业。这些不是空洞的道理，而是历史上被伟大的人们证明了的真理。

第三，放纵自己的物质和生理欲望，必然迷失自己的灵魂。过去要说谁是"吃货"，人家肯定会不高兴，心里会想："你把我当成什么了？"现在则不同，你说哪个人是"吃货"，已经没有多少贬义了，相反人家会觉得自己像是个美食家，或者是懂得生活品位的人。当然，欣赏美食不算什么过错，只是，人不仅仅是靠吃饭活着的动物。正所谓，民以食为天，魂以道为本。若是只知道吃食物，就只能算是活着。唯有找到精神的食粮，让自己的灵魂变得强大，才是人这种高级动物的本质。否则，好吃养肥了自己的肉体，灵魂的空虚却让自己受尽精神的折磨，因为精神的扭曲，会让人在生活中把很多琐事变成痛苦的素材。我们每个人都可以审视一下自己生命时间的安排，看看自己的生理活动和精神活动各占了多大的比例？看看我们除了吃食物，还给自己的灵魂吃了什么。很多痛苦的人，不是物质上贫困，根源是精神的贫困，这一点值得我们每一个人反思。

第四，人们对自己的很多习惯已经慢慢丧失了审视的能力。面对任何人和任何事都在竞争的人，肯定是没有自己宏大人生目标的人，所以才会什么都与别人争。我们理直气壮地去争，争到了优势，争到了面子，争到了小利，却失去了和睦、失去了信赖、失去了人格，算算账就知道，这样的争，肯定是亏本的。但很多人陷入这样一种人生的泥潭而不能自拔，甚至这样越陷越深的局面，已经构成了很多人的生活，想想够可悲的吧？

作为圣人的老子，也是红尘中俗人生活的旁观者与审视者，也是人群中伟人和圣人的智慧总结者，他用自己的智慧给我们指出了一条明路：与亲人不必争小事之理，让亲人觉得快乐，就是家庭中的大道；与朋友交往，说说笑笑，你说他笑，他说你笑，彼此会心一笑，才是朋友的相处之道；对待所有人，拿出真心实意、实际行动、真实利益对待大家，就能赢得众人的拥戴，就能集合众人的力量，这就是做伟人的必由之路。古人有"尽人事、听天命"的训诫，说的是诚心做事，不要事事算计，也不要做点事情就索要回报，反而能够把关系处得长久。我们也可以换个角度，将老子上述的思想转化成"小争"和"大争"的概念，现实中我们熟悉的争，都是小争，都是在争可有可无的东西，争到了也没有多大意义。至于对生命具有决定性的、极其重大的利益，世上确实没有几个人去争的，主要看谁觉悟高、觉悟得彻底，有人争吗？看谁服务的人多，看谁更受人们拥戴，看谁救的人多，这事儿有人争吗？所以我们可以得出一个显而易见的结论：小人争小，争小成为小人；圣人争大，真大无人争，最终可达不可争。

话说到这里，我们能够理解老子"三宝"的厉害了吧？"慈""俭""不争"，这几个词大家并不陌生，但也未必真的喜欢，但通过老子的解读，也许我们对这几个词背后的独特力量又有了新的认识。

总结一下，老子在本章的思想可以用以下三个问题来概括。

第一，大道很宏大，也很细微，但跟我们肉眼熟悉的事物形象不同，这就要求我们换个套路理解道。如果总是拿我们熟悉的事物形象去寻找大道，肯定不成。打个比方，宇宙很大，我们看不到边，可我们并不怀疑宇宙的存在，不是吗？细菌、病毒需要用显微镜才能看到，尽管很多人没有看到过显微镜下的生物世界，但我们并不怀疑细菌、病毒的存在，不是吗？如此，我们把肉眼事业扩展到大至无边、小至不可见的两极，我们就超越了肉眼视野。当然，我们的思想感情也都是看不见而只能感受的。透过现象看本质，透过点看面，见到果就去寻找原因，这才是我们大脑真正的功能。否则，听风是雨，就事论事，并不是真正属于人类大脑的高水平认识活动。

第二，老子有三个宝贝：慈、俭、不争。慈爱一切，谁会成为你的敌人呢？节俭律己，你就不会成为自己的敌人！不争不可争，谁还有资格成为你的敌人或者对手呢？若是对人狠毒不善，那就一定是在培养敌人和对手，日久会被敌人包围，结局还用说吗？若是放纵自己而不自律，若是只追求物质享受而让精神空虚和扭曲，还具备人的本质吗？若是只争那些小事的道理，精力被无足轻重的小名小利占去了，不学习、不修行、不进步，空有抱负，没有能力，最后也就荒废了自己！

第三，能够做到"三宝"的要求，就会拥有"勇而无畏、俭而广大、不敢却能成器长"这样三个正面的结果。若是做不到呢？老子直接做了判定：死矣！"三宝"你恪守到位了吗？如果到位了，就能生出美德和巨大的能量；如果没有到位，那当然就是走向死路！你现在正在往哪里走呢？

【悟道箴言】

大道无形，有形非道。

圣人"三宝"，智慧奇妙。

掌握"三宝"，人生至要。

第六十八章　常胜法则

世上的人们都崇拜英雄，尤其是那些常胜的英雄。但凡历史上的那些常胜将军，无不受到人们的崇拜，甚至会被人们神化。是啊，世上的人有谁不追求胜利而追求失败呢？胜利了享尽荣耀，而失败了将备受屈辱。

数一数历史上的英雄，可能没有几个常胜将军，即使再威武盖世、义薄云天、气壮山河、统率千军万马，但从不失败的人，恐怕很难找得出来。

老子是圣人，他的智慧横贯历史，覆盖全人类。若是用老子的智慧来思考上述问题，是否能够找到常胜的秘诀呢？

【经文】

善为士者，不武；善战者，不怒；善胜敌者，不与；善用人者，为之下。是谓不争之德，是谓用人，是谓配天，古之极也。

【释意】

以道的智慧带兵打仗的将帅，不逞其勇武；以道的智慧打仗的人，不轻易激怒；以道的智慧能战胜敌人的人，不与敌人正面冲突；以道的智慧用人的人，对人定会表示谦下。这叫作不与人争的品德，这叫作运用别人的能力，这叫作符合自然大道的道理，是古代最高的法则。

【核心要义】

常胜法则。

常胜法则

在这一章中，老子提出了"四个善"：善为、善战、善胜、善用。后面接着的是反转的效果。我们普通人的思维都是直线思维，而老子的思维是反转式的思维。

在本章中，老子所使用的语言也是反转式的：善为士者，不武；善战者，不怒；善胜敌者，不与；善用人者，为之下。虽然最后一个"善用人者"在表述中没有用"不"，但其意思也是反着的。因为不少人在用人的时候是高高在上的，要表达自己的权威感和对别人的控制感，老子却说要谦卑处下。

圣人为什么喜欢用这种反转的表述方式呢？这反转的背后到底藏着什么秘密呢？我们也很渴望老子所描述的那种平平静静就能战胜一切的力量。原来，关键就在"善"这个字上。一般人看到"善"这个字，可能想到的是善良、善于，善良是一种美德，善于是一种智慧。可是，什么样的美德和智慧才能战胜一切呢？原来，老子在此处所讲的善，与我们平时理解的善不是一回事。老子所说的善，实际上说的是悟道者如水一般的上善，也就是一切按照规律去行事，而不是按照自以为是的想法去行事。至此，我们又一次看到了文字背后老子的智慧——一切唯道，去除那些"不"字后面所带着的个人妄想，反俗念而行之。这就是老子思想的智慧逻辑和精髓所在。

按照老子所说的道理，恐怕我们现实中的很多人都想错了、都做错了！为什么这么多人都错了呢？老子教给了我们一套秘法。人生如同一场战争，每个人都是战士。老子似乎又在教我们一套人生的战法。

第一，善为士者，不武。从历史上看，那些穷兵黩武的国家最终都走向了没落。这是不是在告诉我们，穷兵黩武者在强大自己的外部力量时，自己的心智已经失控了呢？一方面，穷兵黩武会耗尽国力；另一方面，因为自我失控、飞扬跋扈、盛气凌人，也使得自我失去智慧，一次次做出错误的决策，最终导致自我毁灭。善战者不武，就是在用合于道的方式发展自己、善待他人，因此而得到健康平安的发展。

第二，善战者，不怒。愤怒就是自我失控，就是用别人的错误引爆自己。我们很多人都熟悉这方面的警句："冲动是魔鬼""静能生慧"。当然，在战争中，还有依照这一原理演绎出来的专门的谋略，就是激怒敌人，从而降低对方的智力，促使对方犯错。有道的人能够"不怒"，也许就是知道这些规律吧。

第三，善胜敌者，不与。好战的人，总是要寻找对方的把柄或者一个理由，若是你不给对方那样的理由或者把柄，甚至能够在对方已经抓住你的一个把柄时，还能够及时地拆除，将对方发动战争或者进攻的内在动力破解，你也就能够在谈笑间化干戈为玉帛了。正如《孙子兵法》中所说："不战而屈人之兵，善之善者也。"这个善就是有道。

第四，善用人者，为之下。守柔处下的道理，大家已经很清楚了，如江海能为百谷王一样。唯有礼贤下士，唯有赏识对方，才能够聚集天下英才，才能够成就大业。

第五，是谓不争之德，是谓用人之力，是谓配天，古之极。道家讲不争，这是道家的特色，因为老子看到了人的主观的有限、狭隘、偏差，老子看到了大道的宏大和主宰一切的决定性力量，也悟到了人合于大道才是生命极致的秘密。

在人生的这场战斗中，老子无疑是最老到的战神。在本章中，老子所谈的上述思想，让我们明白了合于道者的独特功力。

第一，合道者掌握着最厉害的人生武器。那是什么呢？看看那些外求的人，貌似强大，却又因为自身的虚弱，导致了一种畸形的人生运动模式：外部越是强大，内部越是空虚。随着外部的强大，自毁的程序被启动，最终，外部的强大非但没有帮助自己成就伟业，反而成了历史的笑柄。强大的帝国也好，雄才的帝王也罢，如今财大气粗的人也在此列，一味外求，导致外部没强大，内部也很焦虑，也许这就是世间最可怜的人了。当然，可怜之人必有可恨之处，那就是自我的欲望膨胀、实力又不支，自我欲望膨胀挤占了智慧的空间，智慧的虚弱又导致实力不增反减。合道的人为什么能成万事呢？因为合道者掌握着大道这样一个人生的超级武器！

第二，乱发脾气的，自己就是敌人的帮手。自己不乱，待敌自乱。世上有个规律，脾气大的人，或许有点能耐，但结果也很怪：既能成事，也能败事。成在自己的能耐，败在自己的脾气。而具有大智慧的人，首先就能管制自己的脾气。那是不是没有脾气的人就能成大事呢？当然不是。那要看脾气是不是在掌控之中，要看脾气是否有助于成事。能够根据形势的需要，将极高的理性和脾气做一个巧妙组合的人，就能成就大事。而失去理性，也无助于成事的乱发脾气，才是没有自控力和缺乏智慧的表现。

第三，善胜敌者不与，也就是"先为不可胜"。老子的这一思想与《孙子兵法》中的思想完全契合，说的是不要给对手和敌人以可乘之机！守住底线，永远是不败的铁律。古往今来，追求成功的人比比皆是，但最终倒下的失败者，也并不罕见。概括起来，无外乎内外两种原因：一是自己的内在出了问题，二是给对手留下了把柄或者给外界留下了罪证。对于处在这种状态的人来说，失败只是时间问题。

第四，高高在上和得意扬扬的人，最终都将倒下。道家的守柔处下的道理，实际上是世间悟道的觉者们按照天道的法则为自己所确定的人间法则。如此这般，才能使自己的心性处于平衡状态，才不至于到处树敌，才能聚集天下英才而成大事。若是做不到这一点，高高在上者最终会倒下，低低在下者也难有翻身的机会。想想看，地位上已经高高在上，已经让人有所畏惧，又何必盛气凌人？而没有高位或者大成就者，又有什么资格傲慢呢？由此可见，谦卑处下，对于所有的人来说，都是保持自己心性正常并赢得人心和个人进步的法则。

第五，厚德载物，内圣外王。这是中国文化核心的法则，说白了，就是你的内在决定了你的外在，你的外在就是你内在的反映。有什么样的心、什么样的品德、什么样的智慧、什么样的心量，就有什么样的朋友、什么样的天地和什么样的事业。而悟道的人，生命与大道同在、无边无际、无形无状、天人合一、与万物万人同体，这在天地和人间还会有什么障碍吗？还会有什么纠结吗？如果你的人生遇到了障碍和纠结，那就一定是你的内心出了问题。内心如同照片的底版，生活和事业也就是自己内心的写照。要想改变人生的局面，就要从自己的内心开始，这就是内求，也是修行。

总结一下，老子在这一章中的思想，有人解读为是老子专门讲用兵的战略战术的。实际上，老子是在借用兵来谈人生，进而借人生来谈大道。若是将这样的思想理解为战略战术，而没有回到老子思想背后的大道，可能就会误解或者曲解老子真实的思想，因为老子思想背后的大道，不仅存在于用兵当中，还存在于生活的所有方面。核心观点就是一句话：合道者能成万事！

人生就是一场战斗，人生处处是战场，每个人的内心就是第一战场。

【悟道箴言】

最大的敌人是自己内在的心贼。

内在的强弱决定着外在的结局。

悟道就是将大道作为心灵法则。

得道之人就是与大道同在同体。

第六十九章　常胜战法

懂得道理和会运用道理是两回事，想法正确和能做出正确的结果也是两回事。因此，人们总说，真正智慧的人一定是做正确的事并把事做正确的人。

上一章中老子为我们讲授了常胜的法则，在本章中则要为我们讲授常胜的战法。也许有人会问，老子为什么总是在讲战争呢？一方面，战争会给双方带来巨大的改变，甚至是决定命运的改变。胜者为王，败者为寇，胜败后的结果是天壤之别。另一方面，战争是检验一个道理是否是真理的最直接、最残酷的方式。在平常的生活中，很多人之所以会长期坚持那些似是而非的道理，往往就是因为日常生活中的琐事不像战争那样直接而残酷地给人们肯定或者否定。因此才会让那些小错一点点地积累，最终形成了一种特殊的生命模式——在人们难以察觉时，用一种悄无声息的、缓慢的方式一点点地消耗人们的生命。

【经文】

用兵有言："吾不敢为主，而为客；不敢进寸，而退尺。"是谓行无行；攘无臂；扔无敌；执无兵。

祸莫大于轻敌，轻敌几丧吾宝。

故抗兵相若，哀者胜矣。

【释意】

用兵的人曾经这样说："我不敢主动进犯，而采取守势；不敢前进一寸，而宁可后退一尺。"

这就叫作虽然有阵势，却像没有阵势可摆一样；虽然要奋臂，却像没有臂膀可举一样；虽然面临敌人，却像没有敌人可打一样；虽然有兵器，却像没有兵器可以执握一样。

祸患再没有比轻敌更大的了，轻敌几乎丧失了我的"三宝"。

所以，两军实力相当的时候，悲痛的一方往往获得胜利。

【核心要义】

常胜战法。

常胜战法

一说起用兵，在很多人的印象中，应该是那种气势磅礴的样子。可老子所说的用兵，却是谨慎的，甚至是有些谨小慎微的，完全看不出想象中的气势。这到底是为什么呢？总的来说，老子是反战的。因为战争会给人类带来巨大的灾难。因此，老子反对主动进犯，而要采取高明的守势。

也许有人会觉得老子太过于保守。当你继续往下看，看到老子所说的这种布局时，也许就会改变看法了。有阵势好像看不出阵势，即使面对敌人却好像又没有敌人，有兵器却又看不出有兵器。你看到这种阵势，是不是觉得遇到了高手呢？这就是说，既做了充分的准备，但不让对方了解虚实，让对方难以判断、难以决策。这样做，既可以产生威慑作用，从而达到避免战争的目的，又可以随时掌握主动权，还可以让对方产生错觉。你说，老子这样的布局是不是已经先胜了呢？这就是兵法中的铁律：先为不可胜，以待敌之可胜。

看清了老子的战略布局，你就不会仅从文字上认为老子害怕战争了吧。老子所说的谨小慎微，你还认为是保守吗？如此说来，老子确实是战略的高手啊。好像兵家的高手也都是道家的高手，实际上，兵家和道家就是一家。因此我们也就理解了，道家智慧就是常胜的法则。或者说，人生或者战争中的常胜法则，就是道家智慧。

老子在这一章中所讲的排兵布阵的方法实在是太美妙了，主要包括以下几点。

第一，不好战，不惧战。好战者必自毁，惧战者必被灭。这是老子所说的关于战争的辩证法。运用在我们的生活中，就是不惹事，也不怕事。

第二，信心来自布局。做最坏的打算，争取最好的结果。如果没有充分的、巧妙的、高超的战略布局，对于来自外部的威胁，就无法谈信心——谈判桌上最重要的筹码永远都是实力。

第三，布局之妙在于无形。明明是有准备的，却又让对手看不清你的布局。毫无疑问，能够让对手感到疑虑和犹豫不决的布局，就是最妙的布局。这种战略上的守势和战术上的隐藏相配合，就是战争的绝妙心法。

第四，胜利不能寄希望于对手的慈悲。对于并非由自己一方决定的战争，绝不能掉以轻心，决不可轻敌。既然成为对手，就不可能慈悲。在对手之间，较量的是实力和智慧。

老子关于战争的思想，可以给我们这些人生战场上的战士一些重要的启迪。

第一，不惹事，不怕事。喜欢惹是生非的人，会被各种麻烦纠缠其中。过于怕事的人，又容易遭恶人欺侮。因此，人生的妙局在于，要具有不惹事的开明，也要具有不怕事的实力。第二，做好两手准备。不少人一心追求成功，却没有为失败做好准备，这样的思维模式近乎赌徒。照此下去，取得一点成功就会得意扬扬，甚至飞扬跋扈，接着就会启动失败的程序。经历了几十年的人生，很多人都会有这样的教训：不管事先想得有多么好，进行的过程中总会有意想不到的事，而应对这种意外的能力，往往成为决定成败的关键。正如人们所说的那样，追求成功，但要准备失败，输不起的人是不配享受成功的。在军事上，既要设计好进攻的方案和路线，也要准备好撤退的方案和路线。不管是进攻还是防守，都要做好战略预备。人生若是没有战略的储备，往往就会功亏一篑。

第三，实力藏于无形之中。没有道行和真正实力的人，往往总是在表现自己，甚至还在夸大自己；而既有修行又有真正实力的人，却往往是低调的。这样的低调也往往会引起很多俗人的错觉，但高手宁愿忍受别人的错觉，也不愿意激发别人的警觉。忍受别人的错觉需要自己的心力，不激发别人的警觉会降低人生的成本。这种不易察觉的积极布局和扎实行动，配合上自己的低调和谦卑，就是人生制胜的绝妙心法。

第四，战略上藐视，战术上重视。战略上藐视敌人，让自己有必胜的信心，并给敌人以错觉；战术上重视敌人，准备好、隐藏好应对敌人的实力。这也是战争取胜的不二法门。实际上，战略上是战胜自己，战术上是战胜敌人。在人生当中，若是没有真正的战略，任何战术都没有真正的战略价值。在人生的理想和使命上弱化自己，本身就是在压制自己的生命能量；在人生的理想和使命上，一味强化自己，却又没有扎实可行的行动，最后就是糊弄自己。若是既没有崇高的人生理想，也没有扎实的人生行动，人生和未来就会变得一片茫然。由此可见，理想的高度和行动的扎实是不可或缺的有机整体。

【悟道箴言】

不好战是智慧，不惧战是实力。
做最好的努力，做最坏的打算。
战略上要藐视，战术上要重视。
成功时莫张狂，失败时莫绝望。
成败伴随人生，考验人心功夫。

第七十章　六字真言

老子不厌其烦地把世间的秘密告诉我们。可世间的人们顽固得很，竟然没有多少人真愿意听、真愿意践行老子思想。也许，这就是人生中"吃苦在眼前"悲剧发生的重要原因吧。

关键是，人们为什么要这么做呢？世间的人，都期望自己有功夫，但又没多少人肯下功夫！世上的人，有点能耐就到处张扬，可真正有点能耐的人却很低调。这到底是为什么呢？

老子给人们又一次明示了"六字真言"，还告诉我们，只要掌握了大道的秘密，根本就不需要再用华丽的外表装扮自己。

【经文】

吾言甚易知，甚易行。天下莫能知，莫能行。

言有宗，事有君。夫唯无知，是以不我知。

知我者希，则我者贵。是以圣人被褐怀玉。

【释意】

我的话很容易理解，也很容易施行。但是天下竟没有谁能理解，没有谁能实行。

言论有主旨，行事有根据。正由于人们不理解这个道理，因此才不理解我。

能理解我的人很少，那么能取法于我的人就更难得了。因此，有道的圣人总是穿着粗布衣服，怀里揣着美玉。

【核心要义】

六字真言。

六字真言

老子说：我说的道理很容易理解，也很容易执行。可老子又感叹：世间竟然没有多少人能理解，也没有多少人去实行。人们不学习圣人的思想或者学习了也不按照这些思想去做，这到底是怎么回事呢？原因可能是以下三点。

第一，没有学习修道的人，绝大部分人是按照自己主观的意念在行动。

第二，学习《道德经》的人，一开始是使用自己过去的程序理解《道德经》，用自己原来的思维评价老子。

第三，有些人似乎懂了《道德经》的文字含义，但依然没有输入实修的程序。在现实中表现得很有优越感，个人形象或许很有范儿，但依然是很傲慢地行事。

你看，不学习《道德经》的人无可厚非，但学习了《道德经》的人呢？大部分人是一面读《道德经》，一面却违背着老子的思想。可是，人们都是追求智慧的呀，怎么会拒绝智慧呢？人们都是追求幸福、成功和快乐的呀，怎么又会纠缠于痛苦中不能自拔呢？也许人真的就是种怪物，一直在自己的怪圈儿里转来转去。记得有位诗人曾经嘲讽过人生：人们穿着华丽的衣服，里面却装满了稻草。

老子本章的思想，教给了我们哪些智慧呢？

第一，随圣悟道。圣人是悟道的人，因为圣人"言有宗，事有君"，这"宗"和"君"是指什么呢？"宗"就是指大道，"君"就是以大道作为行事的根本准则。圣人说话办事，时刻不离大道，所以，跟着圣人的思想走，就是悟道的捷径。可是人们不跟着圣人走，所以圣人才有那样的感慨。

第二，根器浅薄。为何人们不听圣人言呢？原来，不修行的人只听自己的话，只为自己的私利，只坚持自己的个人看法，一味向外求。相信自己，却远离大道；追逐私利，又背离大道。老子说过，上士闻道，勤而行之；而中士和下士闻道，就不会去积极践行。因此，能够懂得圣人思想并跟随践行的就显得尤为可贵了。

第三，被褐怀玉。圣人认为什么才是世间最珍贵的呢？当然是大道了。圣人悟了道，与大道同在，已经达到了生命的最高境界，也就无须外求，无须为自己求私利，更无须通过华丽的衣装来装扮自己。而"被褐怀玉"就是对一个精神极致富足的人的描绘。

老子的这些思想，又能够给我们哪些启迪呢？

第一，悟道最贵，圣师指引。我们很多人，既想获得世间无上的智慧，但又不听圣人的教导。离开了圣师的指引，也就无法找到悟道的捷径。看看现实中的很多人，宁愿在圣像面前跪拜，也不愿按圣人的教导去行动。要知道圣人是我们修行悟道的导师，不是我们祈求保佑的神灵。

第二，背离圣人思想的人又在做什么呢？背离圣人的思想，违背大道规律，忙碌着为自己的私利奋斗，到处树敌，遇到过不去的坎，又把圣人当成神灵来求助。现实中的人就是这么滑稽可笑。我们每一个人都可以问问自己：我们的思想和智慧能超越圣人吗？为何既尊重圣人又不按照圣人的思想去做呢？自己的生活一再证明，当我们的智慧不够用时，处处都会遭遇挫折。就是取得了一些成功，最终也会发现失去得更多。这不就是典型的得不偿失吗？如果你算清楚了这笔账，以后的人生你将怎么做呢？

第三，人的灵魂可以被稻草填饱吗？空虚的灵魂可以被华丽的衣着遮掩吗？悟道的圣人，他们可以被褐怀玉；没有悟道的人，却是金玉其外、败絮其内。再华丽的衣着也无法遮掩灵魂的空虚和内心的痛苦。那些穿着华丽外衣却非常痛苦的人，知道自己的问题出在哪里了吗？

总结一下，老子在本章中的思想可以概括为一句话。老子肯定知道世间的人们觉得他的学说有点难懂，老子强调说：我的话很好懂，只是人们不回头，一意孤行，因此回不到大道上。老子接着告诉人们他的六字秘密："言有宗，事有君"，一切言行都出自客观大道，做事都按照这样一个法则来进行，你看多简单啊。老子一直在说这样的道理，这样大道的法则，也就如同是圣人怀里揣着的宝贝，现在，老子又再次把这个宝贝从怀里掏出来给大家看，不知朋友们看明白没有。

【悟道箴言】

圣人揭秘大道，大道至简。

俗人背离大道，为我所困。

圣人被褐怀玉，精神富足。

俗人花枝招展，灵魂空虚。

第七十一章　人类顽疾

虽然现在的医疗技术可以治疗人的很多疾病，但依然有些顽疾难以被攻克。若问这是什么顽疾？你可能会想到癌症，或者会想到一些不知名的疾病。但老子在两千年前所发现的人类这种顽疾，一直持续到现在，依然很难治。你能猜到是什么病吗？老子有药方吗？

【经文】
知不知，尚矣；不知知，病也。圣人不病，以其病病。夫唯病病，是以不病。

【释意】
知道自己还有所不知，这是很高明的；不知道却自以为知道，这就是心灵患病的状态。有道的圣人没有这种心灵疾病，因为圣人敢于面对这种特殊的疾病。正因为圣人敢于面对自己的心灵疾病，所以，他把疾病治好了，成了心灵健康的人。

【核心要义】
人类顽疾。

人类顽疾

也许，我们在本章开头所问的人类顽疾，大多数人会想到身体的疾病或者那些不知名的疾病，而老子说的却是人类的灵魂病。古往今来，老子所说的灵魂病具有相当的普遍性。这个灵魂病最典型的症状就是：不懂装懂，不知装知，自以为是，自我欺骗。

孔子在《论语》中教育自己的弟子子路时说过这样的话："知之为知之，不知为不知，是知也。"意思是说：知道就是知道，不知道就是不知道，这样才是真正的智慧。

关键是人们为什么会有这种疾病呢？有人说这是虚伪，是不诚实。可是，人们为什么要虚伪和不诚实呢？难道不怕这种虚伪会被别人揭穿吗？

纵观人类历史，在上述主题上有两种模式：一种是俗人的模式，就是不懂装懂，自我欺骗，自我粉饰；另一种是修行者的模式，就是知道自己不懂，敢于承认不懂，勇于学习，能把不懂变成懂，然后再继续找自己不懂的，继续学习提高，如此循环往复。

现在的问题是，为什么俗人们不敢承认自己不懂呢？为什么要努力粉饰自己呢？原来是因为人们自卑而愚昧，没有找到强大自己的正确道路。正是因为这一点，导致了三个低级错误：一是以为自己懂，实际上是只懂得表面和浅薄的东西，停留在这个层面，也就不会再去升级智慧；二是知道了不懂，也不敢承认，害怕被人瞧不起，于是就如同一个生病的人，一直不愿意治疗，于是病情就会越来越重；三是已经感受到了病痛，但依然在努力粉饰自己，于是形成了一个错上加错的恶性循环。

老子在这一章中告诉了我们以下三个重要的、极具普遍性价值的道理。

第一，人生中的两大任务：一是认识客观事物，二是认识自己。认识客观事物形成了大家熟悉的科学，认识自己形成了人生哲学。古希腊德尔菲神庙上有一句箴言就是：认识你自己。若是在认识的深度上来区分，也有两个层次：一是感性认识，二是理性认识。在人生的实践中，认识自己的主观和认识客观事物或者其他人，形成了相互交叉、连绵不断的一个连续过程。能够认清自己的多少和深度，决定着对外界事物或者对象认识的深度。修行就是借助客观来反观主观，认识自己的主观，甚至是将自己和自己的主观当成客观对象来观察研究时，智慧就会突飞猛进。

第二，人生的纠结，核心就是"假我与真我"的两极呼唤与纠缠。我们既想提高自己，想着不断地让自己变得更加美好和智慧，又很难舍掉当前的状态，也就是过去积累下的甚至也被证明过的那些低级程序。人要在社会中生存，即使一时没有高级的心灵程序，低级的也要用！否则用什么呢？低级的程序肯定会制造一些人生的尴尬，怎么办呢？于是，在没有高级程序可用时，很多人选择了为自己装饰或者伪装。这样就包装出了一个"假我"。用这个"假我"再去认识客观世界或者自己时，就又造出更多的假。这些虚假积累久了，就会变成一层层的硬壳，把自己包围得越来越坚实，让真我身陷重围。明白了这些，也就知道了过去的我们如何滑稽可笑。问题是，我们还能像蝴蝶的蛹那样破茧而出吗？老子告诉我们：放弃愚蠢的自我欺骗，勇敢地蔑视自己的无知，无畏地追求真理和生命的极致美好状态，如此既能治病，又能重新激活趋利避害的本能。

第三，老子也告诉了我们这个"灵魂病"的病根：相信自己有限的认识和经验，放弃了对真理的追求，导致生命的智慧出现了停滞状态。于是就制造了一个人生的痛苦程序：既不满意于现状，很想追求美好或者更好，但同时又不舍得放弃自我的低级程序，形成了用低级程序追求高级目标的一个悖论。老子也用自己的修行，给我们提供了一种人生的模式：承认无知，毫不留情地抛弃低级的自害损人的程序，不断精进去减少无知并不断地发现和抛弃无知。若是按照圣人的方法做到了，一方面减少了自己的无知，增加了自己的智慧；另一方面，也让众人看到了自己承认无知的真诚与勇敢。你看，彰显美德和增加智慧这两个重要问题同时得到了解决。

老子在本章中的思想智慧可以给我们提供以下三点启迪。

第一，优点变缺点的戏法。人生的一切就是一场自我的修行，而修行的核心就是认识自己。那些能够认识自我长处或者优点局限性的人，就不会因自己的优点产生盲目的自大，就不会因此走向反面。相反，把自己的长处和优点绝对化的人，看起来虽然十分自信，实际上已是十分自负。这样就会导致自己的优点走向反面：因为盲目自大，也就是自负，使得自己所做的事情超出了自己优点可以承受的范围。于是，优点就会变成缺点。同时，个人的自大和自负又会让人生厌，又会让众人之心产生排斥感。最终自己变得很孤立，很多人可能就会等着看笑话。一个把自己的优点变成这种局面的人，难道不可笑吗？最终遭遇险境又有什么不可思议的呢？

第二，缺点变优点的戏法。毫无疑问，我们每个人都不完美，都有值得改进和提升的空间。这就是我们每个人真实的自己，谁敢承认这一点，谁就增加了一项美德。谁敢于不断地改进，就能够不断地减少无知，增加智慧。在人的一生中，那些能够知错、改错的人，就是在不断地优化自己的命运。古往今来，看看那些有大成就的人们，他们都是在很低调地表现着自己的优点，又很踏实地改正着自己的缺点，同时毫不犹豫地学习别人的优点，又不可思议地用心总结别人的挫折与失败的教训。这就是一个人命运变化的最简单的公式。我们可以问问自己：我们的生命模式是在不断地增加优点，还是在不断地增加缺点呢？我们是在不断地增加朋友和朋友的信任，还是在增加敌人或者对手对我们的憎恨呢？搞清楚了这一人生道场中的力量变化，也就清楚了自己命运的走向。

第三，成圣之路。在现实中，很多人以为成为富翁或者高官就是成功，但这些都是外在的。很多人可能没有想到，在中国文化中，还有另外一种成功模式，这就是成圣。了解一下历史，我们就不难知道，不管一个人从事的是什么职业，所做的事情只是一个载体，它所承载的内涵才是本质。当你是一个从事逆俗流而动的、利于众人的伟大事业，同时又不断地检视自己的缺点并加以改正的人，最终就能成为圣人，其生命和思想的价值就会超越时空，乃至永恒。老子的思想是人类文明走向客观真理拐点上的一面旗帜，是让人类超越人性，走向道性。老子所瞄准的这一主题，是人类永恒的任务，它超越了民族和时代，所以老子是永生的。由此可见，老子在本章所指出的成圣之道，也是历史上所有有重大成就的人所共同遵循的真理法则。人类的历史就是一部展开的人生命运的教科书,你若是愿意为众生奉献自己,同时愿意做一个修行者不断提升自己的心智,你就具备了成圣的可能。

总结一下,老子在本章中的思想,概括起来就是一句话:人类有个顽疾叫"灵魂病",要想健康,就要对疾病下手,不能有病装没病,否则就可能病入膏肓。治疗"灵魂病"的妙方就是圣人的智慧。具体的步骤就是揭开疮疤,直面自己一直回避或者掩饰掩盖的问题,找到病根,同时对接圣人的智慧,置换灵魂中的低级程序,最终达到圣人智慧的高度。若能如此,此生无憾!

【悟道箴言】

最高的明智,是能够明白自己的不足。
最大的愚蠢,是无法找到自己的缺点。
最大的悲哀,是对缺点徒劳般的掩饰。
极致的智慧,是能将缺点转化成优点。
命运的秘密,是缺点优点的此消彼长。

第七十二章　真正的高贵

各位朋友，你跟什么人在一起时才舒服呢？你和那些远远高于你的人——富翁、领导、父母、名人等——在一起时是不是有点紧张？你和那些跟你差不多的人——哥们儿、闺密——在一起时是不是比较放松？

有孩子的朋友，你在孩子面前是在表现可爱，还是在表现自己的权威呢？孩子是喜欢你，还是畏惧你呢？在单位做管理者或者领导的朋友，你希望部下是喜欢你，还是害怕你呢？

拥有不凡成就和巨大人生财富的人，你心中会觉得高人一等吗？你会不会以为自己在人间就是富贵之人呢？

【经文】

民不畏威，则大威至。

无狎其所居，无厌其所生。夫唯不厌，是以不厌。

是以圣人自知不自见；自爱不自贵。故去彼取此。

【释意】

当人民不畏惧统治者的威压时，那么可怕的祸乱就要到来了。

不要逼迫人民不得安居，不要阻塞人民谋生的道路。只有不压迫人民，人民才不厌恶统治者。

因此，有道的圣人，当然有自知之明，故而不会刻意地表现自我；有道的圣人，当然懂得什么叫真正的自爱，因此不会自我显示高贵。圣人的法则就是舍弃自我表现和自视高贵的毛病，始终保持着自知之明和谦卑自爱的风度。

【核心要义】
真正的高贵。

真正的高贵

在本章中，老子给统治者提供了圣人治世的自我管理模板：圣人有自知之明，有自爱之心。圣人不会自我显示，不会自我抬高，这样就可以获得人民群众对他的拥护和支持。

老子在这一章中讲解了以下三种阶梯式的领导模式。

第一，集权模式。这种模式会把民心挤压到绝路，到了这个地步，民心就会出现激变。民心出现激变，统治者就要压迫，但越是压迫，就越是激发反抗。

第二，平和模式。这种模式就是不要打扰人民的日常生活，也不要阻碍人民寻求发展的道路。说白了就是，一要安定，二要发展。

第三，无为模式。这种模式就是那种效法圣人的自我心智管控模式，既能够有自知之明，懂得大道的规律，又能不刻意彰显自己的地位和权威感。懂得真正的自爱，不去刻意彰显自己身份的高贵。说到底，就是在明道的基础上，恪守自己内心的宁静，杜绝外部的张扬，一方面避免自己失控，另一方面也防止刺激别人，真正实现无为而治。

老子在本章中告诉了我们以下三个重要的道理。

第一，喜欢用权就会制造反面。领导者要遵守人心大道，不要背道而行。不懂得权力本质的人，以为权力就是统治和压榨下级或者人民的工具；不懂得人心的人，就会用权力的强制引起人民厌恶甚至抗拒。懂得权力本质是一种服务责任的人，就会放弃压榨和强制，会去耐心倾听人心，懂得了人心，就有了执政的基础。老子警告统治者，对待人民必须宽厚，"无狎其所居，无厌其所生"。如果只是凭借高压手段，使人民群众无法生存下去的话，那么老百姓就会掀起巨大的暴动，反抗统治者的暴政。纵观历史，社会动荡或者王朝的更替，往往都是由上层的腐败和民众的反抗这两股力量交织所推动的。治理国家如此，管理一个组织也是同样，甚至人与人之间的交往、亲子之间的关系都遵循着这样的一个规律。历史规律就在这里摆着，只是让人纳闷的是，很多人就是不长记性，不从历史中汲取教训，几千年来一直有人在重复着类似的错误。人心如弹簧，越压越有力量。

第二，警惕有的人无中生有地加罪于老子。有人认为，这一章可以看出老子对人民反压迫斗争的敌视。实际上，这是一种无中生有的杜撰，老子一直反对的是统治者的高压政策和自见、自贵的政治态度。因为人民的反抗斗争必须有一个前提，这个前提就是只有当统治者对人民实施暴政，压迫和掠夺人民的时候才会发生。在统治者与人民、上级与下级、父母与儿女、强者与弱者的关系中，固然占优势的一方应该承担主要的责任，但也不能由此把全部责任都归于上层。因为上层也是人，他们可能还达不到圣人的境界。因此，下层和弱势人群若是一丁点都不承担责任，不去配合上层，也不自律，在现实社会当中又到哪里去找圣人般的领导呢？若是社会真正出现了混乱，恐怕对大家都没有好处。

第三，老子认为，领导者的自我管理是个关键，核心要做到两点：自知不自见，自爱不自贵。因为有自知之明，不会自以为是，不会高高地凌驾于百姓之上。因为他知道，真正的力量来自民众。那种只摆摆自己能耐的领导者，就会压制下级的力量和智慧，自己也就成了进行滑稽表演的小丑。悟道的领导者懂得自爱，不会飞扬跋扈，更不会把所有的功劳都归于自己，因为他知道这么做的领导者是无耻的，是不会被人们拥护和爱戴的。

当然也有一个有趣的现象：对于所有人来说，很多时候之所以迷恋自己习惯的模式，往往是因为不知道理想的模式是什么样子的。都说要实现理想，可如果说连理想是什么样子都不知道，又如何实现理想呢?

作为领导者，要以圣人之治作为自己的理想追求。即使一时达不到，也要不懈地努力。否则，非但无功，反而有过，甚至还可能有罪。对于这一点，领导者务必要高度重视。

【悟道箴言】

人心如簧，愈压愈强。

作用于人，反作用己。

爱与压榨，皆是此道。

圣人爱人，合人无碍。

强者小心，主强背道。

第七十三章　勇者易死

人生万事，何者为大？人生大事，莫过于生死！

在人们的常识中，趋利避害、求生惧死是人生中的普遍状态。可是，现实中总有些人容易遭遇死亡。除了正常死亡者，什么样的人容易死呢？这个重要问题，不知您是否认真想过？

通常，我们是崇尚勇敢这种品质的。有人会认为勇敢不好吗？如果在勇敢和懦弱二者之间做一个选择，估计人们会选择勇敢。圣人老子却发现勇敢者易死。他到底发现了勇敢背后的什么秘密呢？他是反对勇敢吗？难道他倡导那种懦弱的人生吗？

【经文】

勇于敢则杀，勇于不敢则活。此两者，或利或害。天之所恶，孰知其故？是以圣人犹难之。

天之道，不争而善胜，不言而善应，不召而自来，繟然而善谋。天网恢恢，疏而不失。

【释意】

勇于坚强就会死，勇于柔弱就可以活。这两种勇的结果，有的得利，有的受害。

天所厌恶的，谁知道是什么缘故？有道的圣人也难以解说明白。

大道的规律是，不用争却善于取胜，不妄动就能保持主动，不用苛求而自动到来，保持坦然就能够安排妥善。大道的疆域，宽广无边，虽然看起来宽疏却不会有什么漏失，因为一切全在大道中。

【核心要义】

勇者易死。

勇者易死

对于"勇敢"一词，我们都很熟悉，并且大都持正面的理解。不少人在学习《道德经》的过程中，对老子将"勇敢"一词拆开来进行解读，感到比较费解。之所以感到费解，是因为人们已经习惯于将"勇敢"和"懦弱"作为两个相对立的词语，懦弱是负面的，而勇敢是正面的。实际上，老子是借人们所熟悉的"勇敢"这个词，阐明他一贯的一个核心思想，也就是主观的态度和客观的规律之间的关系问题。如果把"勇敢"这个词拆分成两个词，也许会便于大家理解。"勇"是指勇气，说的是对问题或者困难的一种基本态度。想象一下，面对问题或者困难时，害怕、畏惧或者畏缩，对于解决问题有帮助吗？当然没有。所以，面对问题和困难要有一种无畏的勇气。"敢"往往意味着敢于，比如敢作敢为，强调的是行动。如果我们面对问题和困难时，有了无所畏惧的勇气，但对问题又缺乏足够的认识，却又贸然行动，结果可想而知。反之，我们既有无所畏惧的勇气，不会因为恐惧而让自己乱了方寸，又有对事物审慎的认识，加上科学的行动方案，这样做的结果就可能接近圆满。

老子在这里提出了一种奇妙的组合：勇于敢则杀，勇于不敢则活。为什么这样一种组合很多人不容易理解呢？就是因为"勇"与"敢"之间，还藏着一个事物的规律。若是因为勇气而跨越了规律，就必然导致贸然的行动，结果就会失败。

老子使用了自问自答的方式解释了这一奇妙的组合：天地大道自动运行着，只要没有主观的干扰，就会按照规律自动形成必然的结果。即使人为主观出现干预，最终也拗不过大道的力量，而受损失的只能是人类自己。世间所有的事情都是这样的，因为大道无处不在，如同天网一样覆盖了一切。由此可见，这一章也是在借用"勇敢"一词，进一步阐释主观和客观大道之间的关系。

"勇敢"一词所代表的品质，与我们每个人都紧密相连。搞清楚老子关于勇敢的思想，会对我们的人生产生重大影响。老子关于勇敢的思考主要表现在以下四个方面。

第一，人们敬佩勇敢，但要小心勇敢可能变成蛮干。不管是在历史上还是在现实中，人们对于勇敢的人总是非常敬佩。仔细想想，我们这种情感实际上是针对战斗英雄、见义勇为等一些正面的事件而产生的。同时，我们也会对那些貌似勇敢的"冲动"和"鲁莽"所产生的不良后果感到惋惜。如果把这两种不同的"勇敢"放在一起进行比较，就不难发现这两种勇敢的性质和结果是完全不同的。面对敌人和需要勇气时，两强相遇勇者胜，不敢就是懦弱，就会被消灭。可必须搞清楚的是，这时的勇敢不是没有谋划的冲动。否则，在没有冷静和谋划的前提下使用了勇敢，就会成为冲动、鲁莽，就会陷入敌人的圈套，也会被消灭。所以，拥有无所畏惧的精神是前提和基础，根据情况做出准确判断，才是明智之举。老子为什么强调"不敢"呢？为何没有专门谈"勇者胜"的道理呢？因为现实中最为常见的，也是人们最容易犯的错误，就是拥有的勇气很容易演变成冲动和鲁莽。老子的思想实际上是针对人们普遍性的错误所开出的"药方"。

历史上有两个名人就犯了这样的错误，一是孔子的弟子子路，二是三国时的刘备。子路的勇敢仗义是颇受孔子赏识的，但又是很让孔子担忧的，结果，因为子路不听孔子规劝而最终死于非命。刘备一生很谨慎，但在自己的两个兄弟死后，尤其是关羽被东吴将领杀死之后，非常气恼，愤而发兵讨伐东吴，想为兄弟报仇，可最终遭遇了夷陵之败。人的情绪被激怒时，能不贸然行动吗？

勇敢的心，加上冷静的谋划，方是不败的秘诀。

第二，"勇"与"敢"分开时的妙用。老子在这一章给我们讲授了"勇"与"敢"的两种不同组合及其不同的结果。初看起来，这样的组合模式似乎背后隐藏着一种玄机。在日常生活中，人的反应方式主要有两种：一种是条件反射式的反应方式，这是不经过大脑的，是在脊髓层面完成的，如别人在你的背后用手指捅一下你的后腰，你会自然就做出一个反应；另外一种是接收到某种信息后要经过大脑的分析后才会采取行动。这后一种模式可以叫作大脑高级反应模式，前一种叫作脊髓低级反应模式。遇到外部事件，没有经过冷静分析就直接快速反应的，可能连情况都没有搞清楚，这就是脊髓低级反应模式。有人说，这也是经过大脑的啊。是的，虽然经过了大脑，但接收的信息不充分，自我分析模式有局限，所以产生的结果就如同没有经过大脑一样。若是对自己主观的局限有足够的认识，而能静下心来了解更多信息，多听听不同的意见，能够把事件或者对手的情况掌握得再充分一些，就可以少犯主观性的错误。由此可见，老子的"勇于敢"和"勇于不敢"的妙处就在于："勇于敢"模式导致"从勇到敢"的时间较短，中间缺少了对客观事物真相与规律的掌握，因而会违背规律，最终导致死的结局；而"勇于不敢"，就是给自己掌握客观事物真相与规律预留了时间，因此才可能合于道，才可能存活或者胜利。这就是遇事时的"快慢哲学"：快就是慢，慢就是快。你能够遇事给自己预留出决策与行动前掌握真相的时间吗？

第三，即使是人间的圣人，对勇敢的两种模式也不可疏忽。看来，老子对"勇于敢"这种导致败局的思维与行动方式所产生的恶果极其重视，提醒我们任何人都不能疏忽大意。老子在这里说的圣人，也许代表着人间最有智慧的人，即使是这样有智慧的人也要格外小心，因为如果认为自己很有智慧就去违背大道，也必然会犯错误。紧接着老子就把所有人都应该遵循的大道规律呈现了出来："天之道，不争而善胜，不言而善应，不召而自来，繟然而善谋。"这就是天道的规律，只要让主观处于"虚极静笃"的状态，完全顺从客观大道的规律，一切就会自然而然。连圣人对此都要小心翼翼，对于我们这些普通人来说，你能意识到老子这种提醒对于我们的重大意义吗？

第四，都说"人算不如天算"，很多人也知道"天网恢恢，疏而不漏"的道理，可现实中又有几人不算计呢？总是算计的人，又有几个能够不被人看穿和识破呢？人们憎恨被算计，自己也知道"人算不如天算"的道理，怎么还会这个样子呢？原来，我们很多人不明白做人做事的一个基本法则：人在自己做事时，必须时刻警惕自己的主观性、局限性和对信息掌握的不充分性，万万不可用自己的有限经验和主观想象去处理问题。

总结一下，老子在本章中的思想，可以用一句话来概括：遇事要无畏，思考要周全。对自己的主观有限性要时刻警惕，对客观的规律和具体的情况要保持敬畏。

【悟道箴言】

勇而无惧，行而有道，万事天成。

勇而鲁莽，行背大道，一切泡影。

大道主宰，人算枉然，顺道自成。

第七十四章　替天行道

人可以替天行道吗？从古至今，不管是官方的制度，还是人们对江湖一些规则的崇尚，"替天行道"一直是个让人听起来热血沸腾、很有正义感的词语。

可是，人类也陷入了一个怪圈：那些惩治邪恶力度很大的朝代，往往也并非就是人们所期望的和平年代。即使人们抱着除恶务尽的想法，但总是无法从根本上将恶灭绝，这到底是怎么回事呢？我们还要继续这种模式吗？

【经文】

民不畏死，奈何以死惧之？若使民常畏死，而为奇者，吾将得而杀之，孰敢？

常有司杀者杀。夫代司杀者杀，是谓代大匠斫。夫代大匠斫者，希有不伤其手矣。

【释意】

人民不畏惧死亡，为什么用死来吓唬他们呢？假如人民真的畏惧死亡的话，对于为非作歹的人，我们就把他抓来杀掉，谁还敢为非作歹？

专管杀人的人去执行杀人的任务，代替专管杀人的人去杀人，就如同代替高明的木匠去砍木头。那代替高明的木匠砍木头的人，恐怕不砍伤自己手的都很少。

【核心要义】

替天行道。

替天行道

在本章中，老子提出了人类历史上一个非常尖锐的问题，除恶难尽。

老子是哲学家，也是红尘乱世冷静的旁观者，他看到了人类很多无效的行为，正是因为违背了大道的规律。对于统治者和人民来说，残暴的统治往往就是人民不畏惧死亡的原因，残酷的压迫也是人民反抗的原因。若是不解决原因，却想越过原因而只对结果下手，就无法真正解决问题。

老子的这一认知智慧，不仅仅适用于国家的统治者，也适用于我们每一个人。我们基本上都是对着结果想办法，却往往忽略了产生这个结果的原因。这也是个本末的关系，原因是本，结果是末，违背了因果规律，就是本末倒置，也就无法有效地解决问题。

在现实当中，领导或者上级若是不改变自己的错误，部下又怎么能改变和进步呢？父母若是不改变自己错误的做法，孩子的错误又怎么会改正呢？人体感染了细菌而发烧，若只是吃退烧药而不消炎，这病能治好吗？由此可见，因果规律就是天地万事万物和人与人之间一切问题的根本大道，违背了大道去行动，就只能是徒劳。

在人类几千年的文明发展史中，法制可谓是维系社会秩序的一大文明成果。可是，法制也让人们感到困惑：怎么这法治就是没有办法彻底地让人们不犯罪呢？学了老子的《道德经》，我们就知道了，法制是人类主观的产物，但在这之外，还有一个能量巨大的客观规律，就是道。法制能够和道结合起来吗？老子告诉了我们以下几个重要的道理。

第一，在本章，老子是在给领导者讲领导哲学：权力就是责任，掌权就是服务，若是靠强势压制民众，就是领导者缺乏智慧。老子的这些思想，对于治国、治企和安家都是适用的。国家的领导人，要以服务民众为自己的宗旨；治理企业也是如此，不仅要给优秀的人施展的机会，更要给落后的人成长的机会；

安家也是如此，父母对儿女不能一味地充当强势的家长，而应该做儿女的朋友，彼此尊重才能够有和谐的家庭。

第二，从效果上来反思前端行为的正误。如果有人以为用杀人的方式就可以维持社会的秩序和世间的太平，那为何杀了那么多人还是有很多问题呢？统治者若是对此不进行反思，只会在错误的道路上越行越远。

从国家治理来说，如果使用了很多手段仍然无法让民众心服，如果采取了很多专政的手段依然无法遏制邪恶的增长，统治者就要检视自己所使用的方法，如果一直在低效或者错误的方法上不断加强，就无法达成理想的效果。统治者若是能够自我反省，就是一个国家的福气。由此可见，任何职位的领导人，都要有自知之明，都要有匡正自己的能力。治理企业也是如此，如果没有人敢提反对意见，就是比较危险的时候。企业领导者应该有这样的一种自知：企业的所有问题，源头都在自己。对此，企业的领导者应该保持清醒的认识。否则，那种总是自以为是，或者排斥不同意见的领导者，无法引领一个企业长期健康地发展。对于治家来说，做父母的不要总是摆出一副家长的样子，更不要有封建的家长做法，遇到孩子的问题不能一味地去指责孩子，而应该反躬自省。总之，领导者要有三份自知：第一个自知，就是自己不一定是正确的，不要顺着自己一个念头把事情做绝；第二个自知，就是部下有错一定是自己的责任，总把过错的责任推给部下的领导者是无耻的；第三个自知，就是不要以为承认错误会降低自己的威信，不要以为遮掩自己的错误会维护自己的威信，因为事实恰恰相反。做领导和家长的人们，能明白这个道理并去改正自己的，就是大智慧。由此可见，动机和效果的统一性，就是检视一个人智慧的标尺。

第三，只是知道自己主观上想做正确的，却没有找到正确的合于道的方法，就极可能会犯严重错误。自己想做什么，这是主观上的愿望，但还有客观规律呢。而且，客观规律的力量要远远大于人的主观上的力量。因此，若是只知道自己想做什么，而不知道规律能做什么，就会犯天大的错误！人要有两种基本的理性：一是做正确的事，也就是合于正道的事；二是把事做正确，考虑其中各种因素、时机、外部反应等。

　　有权势者，不要产生可以主宰一切的幻觉，这一点也是所有组织的当权者最容易犯的错误！当一个人掌握了决定权时，主观上渐渐就会产生一种幻觉：大家都听我的，我可以主宰一切，我所思所想都是正确的。掌握绝对的权力，其实是人生最危险的时刻。因此，掌握绝对权力的人，应该有这样四个清醒意识：第一，不要试图掌握绝对权力，要给权力套上制度和制约的笼头，否则绝对的权力就会让人性变成兽性；第二，要强烈地意识到，只有听取和集中大家有益的意见，尤其是不同的意见，才可能平衡自己的理性；第三，遇到比较极端的情况，或者比较刺激自己情绪的人和事，更要小心自己的失控；第四，要坚信权力胜不过大道，强权无法收服人心。不管是作为组织的领导者还是家里的家长，或者面对幼者时的长者，或者有某些成就的人，能够保持自己这份清醒才是高明。如果因为权势、成就、地位等改变了自己生命的状态，自己就不再是自己的主人了，因为已经被外部力量奴役了。

　　第四，人的主观若想代替客观去做什么，就必然会自伤。一个熟练的木匠，砍木头时很少会伤到自己。但一个不熟练的人，很可能就会伤到自己。老子用木匠砍木头来比喻，这是想告诉人们，若是不知道大道能做什么，若是不懂得客观规律远远胜于人的主观意志，还想着要去替天行道，就很可能违背大道的规律。

　　我们都知道，人再大也大不过天，这里所说的天就是客观大道、客观规律。客观大道、客观规律，就是世间最强大的力量，这种力量超越了每一个生命的力量，连生命的生死都被大道这种力量决定。所以，自以为是或者不自量力的人，都是夸大了个人力量的人，都是生活在虚幻之中的人；而善用规律的人，让生命一切合于大道的人，才真正是人间的强者。善于调动部下积极性的人是好的领导，善于赢得民心的人自然是王者，善用万事万物和万人规律的人，就是人间的圣者。如果一个人很努力地做事，但又做得很累，一定是在使用个人有限的力量，而没有用到大道和规律的力量。若是再加把劲努力去做，就可能会伤到别人，结果也会伤到自己。那些没有悟道而想替天行道的人，往往都是徒劳的。《水浒传》里英雄们的气势是那般壮烈，但因为使用的是江湖的规则，最后败得又是那样惨烈。由此可见，离开了道，人生就无道可走。只用自己的力量注定就是俗人，能用道的力量肯定就是觉者。

总结一下，老子在本章中的思想可以用以下两句话来概括。

第一，不要以为一直做的就一定是正确的，要从结果的情况来反思前期的设计和思路。只针对结果采取措施，而忘记了产生结果的原因，就是没有智慧的表现。

第二，即使做的事情是有正义感的也要小心，因为这种正义感也只是人类主观的产物。别忘了这种正义感，只要跟大道的规律相冲突，就一定需要修正和优化。

【悟道箴言】

天道酬勤，是规劝懒惰的人。

天道酬善，是规劝作恶的人。

天道公正，善恶结局是定数。

背道妄为，自以为是伤自己。

第七十五章　刑不上大夫

从古至今，国内国外，政府与民众、上级与下级的关系，都是社会治理中永恒的核心关系，也是人类关系中重要的关系。同时，这也是人类关系中处理起来难度最高的关系，是人类事务中受关注度最高的一个主题。

《礼记》中的一句话引起了很多人持续很久的争议，这句话就是"刑不上大夫"。这句话乍看上去好像刑法只是针对普通人的，后来才真正搞懂了，原来这句话的意思是：古时法律规定的八种人犯罪，一般司法机关无权审判，必须奏请皇帝裁决，由皇帝根据其身份及具体情况减免刑罚；定罪后，不使用残害肢体的刑法，而是首先选择劝其自裁。

看来，不是官员可以被免除刑罚，而是因为大夫的文化素养，劝其知罪并自裁。那么在国家治理中，一旦有问题，官员应该承担责任吗？老子对此是如何看的呢？

【经文】

民之饥，以其上食税之多，是以饥。

民之难治，以其上之有为，是以难治。

民之轻死，以其上求生之厚，是以轻死。

夫唯无以生为者，是贤于贵生。

【释意】

人民之所以遭受饥荒，就是由于统治者吞吃赋税太多，所以人民才陷于饥饿。人民之所以难统治，是由于统治者政令繁苛，喜欢肆意妄为，所以人民就难统治。人民之所以轻生冒死，是由于统治者为了奉养自己，把民脂民膏都搜刮净了，所以人民觉得死了也不算什么。

只有不去追求生活享受的人，才比过分看重自己生命的人高明。

【核心要义】
刑不上大夫。

刑不上大夫

人间再复杂的事情，在老子这里也是简单的。看起来再纷乱的事情，老子用大道分析起来，也是十分简明的。对于人类来说，从古至今，最难处理的莫过于政府与民众的关系问题。对于这一复杂的问题，老子抓住了其中的三个核心：一是民众的生活与政府的税赋之间的关系，二是社会秩序与政府的治理模式之间的关系，三是社会混乱与上层的自我管理之间的关系。毫无疑问，老子抓住了社会治理中的三个要害，也是组织治理中的三个关键问题。

民众的生活与政府赋税的关系，本质上是鱼池与养鱼的关系。毫无疑问，财富的创造者是民众，这就是鱼池。国家的发展要依靠赋税，这就如同鱼池中养的鱼。如何科学地处理这对关系，历来是考验国家治理者智慧的难题。当民众的生活出现困难时，最直接的原因就是政府的赋税比较重。关于社会秩序与政府治理的问题，老子认为，政府治理若是违背了大道和人心规律，就会导致民众难以治理。这就给政府治理者提出了一个前提，若要治理好社会民众，自己就要首先成为悟道者。老子也看到了历史上社会极其混乱，甚至动荡的局面，老子找到了这一问题的核心原因，这就是上层不作为，过着骄奢淫逸的生活，不关心民众的疾苦，所以导致民众绝望。

看起来老子是在论述政府治理的问题，实际上也是借助这样一个十分典型的话题，来阐述大道的规律。老子的哲学，核心的方法论就是"阴阳和合"，也就是任何事物两极之间的贯通。若是两极之间产生了割裂和对立，或者没有建立起流畅的良性关系，就会产生问题。这是老子认识世间一切问题的总的方法论。把握住老子的这个核心方法论，就能用大道的思维分析世间一切事物和问题。

老子思想的妙处就在于，它不仅仅是就事论事，而是以事论道，以道论事，这样就能始终抓住事物的本质规律，避免认识事物和处理问题之间的偏差。

老子关于国家治理的思想给我们普通人也能有很多启迪。

第一，优先责任的判断。在普通人所面对的各种社会关系中，如亲子关系、长幼关系、上下级关系等，占有优势的一方，负有主导性的责任。因此，当亲子关系出现问题时，父母应该主动反省自己；在长幼关系出现问题时，年长的一方应该主动反思自己；在上下级关系出现问题时，上级应该主动反思自己。若是占有优势的一方总是在指责弱势的一方，似乎自己总是正确的，错误总是别人的，这无助于解决问题。若是主导的一方对自己的责任定位产生误判，就会使问题陷入恶性循环。如果你处在优势一方，作为领导，你会向部下道歉吗？作为父母，你会向儿女道歉吗？作为长者，你会向年幼的人道歉吗？道歉时，你会觉得这样做有损你的威信吗？

第二，鱼池与养鱼的思想。世界上很多看起来不相关的事物，可能会有一种奇妙的关系。人要吃鱼，就要养鱼。若是养鱼赶不上吃鱼的速度，最后就没鱼可吃。国家发展与民众发展是如此，企业发展与员工发展也是如此，甚至在家庭中，父母的进步只有领先于孩子的进步，才能真正引领孩子，都是一个道理。如果在这种关系中具有主导优势的一方乱了方寸，就可能竭泽而渔，就可能杀鸡取卵。在国家治理中，古有藏富于民的战略；在企业治理中，员工的发展与成长又是企业成长与发展的核心动力。对二者关系的巧妙处理，是很考验领导者智慧的。如果领导者自己贪利太多，就会构成对民众利益的盘剥，最终就会失去民心。

第三，领导者的管理思路决定着组织的效率。关于治理或者管理，核心就是服务组织成员的成长，一方面是技艺与能力的成长，二是人格、道德与智慧的升级。在这个过程中，主导方要避免犯两个方面的错误：一是管理干预太多，但机制与标准又不清晰，人为化、随意化就会导致成员无所适从，唯有集体契约、成员自治和服务与引导，才是解脱管理的妙法；二是不能一味地强化经济利益的诱惑，否则，就会激发出人的贪欲，一方面导致欲望永远无法满足，另一方面也会导致唯利是图的倾向，最后将组织的规矩与制度破坏掉或者让其形同虚设。试问你的组织部下能够自治吗？你需要经常性地指导部下的工作吗？你的组织有考核人的品德与学习进步的指标体系吗？你的薪酬能够让多少人感到满意呢？

第四，领导与管理的盲区：只治人不治己。现实组织中，领导和上级一般都忙着在管理自己的部下，但对自身的管理往往都是弱项。也许有相关的制度，但往往缺乏有效的监督，最终导致了管理的一种最为典型的问题：对管理者的管理往往是最薄弱的，而管理者又往往是管理链条上先发的环节，一旦这些环节出现问题，整个管理局面就变得混乱不堪。从中国文化的角度看，智慧的管理者应该具有两份独特的理性：第一份理性是接受真理和人心的管理，也就是"被管理"，只想管理别人，而没有"被管理"理性的管理者，往往都是不成熟的管理者；第二份理性就是自我管理，一个管理不好自己的领导人，就会将个人的错误或者弱点，变成组织中的灾难性问题。从现实中我们也可以看到，一个领导人决策的失误，会导致组织陷入困境。一个腐败的领导，也会造成腐败的局面。真正为自己和组织负责的领导人或管理者，应该认真地问问自己：组织中的领导人被谁领导？组织中的管理者又被谁管理？这个管理的盲区如何解决？相应的制度真的有效吗？若是这个问题不解决，即使眼前没有严重问题，也会在未来发生灾难性问题。对此有深刻认识的领导人或管理者，才是一个心智成熟的人。

第五，组织领导人的腐化变质，就是组织混乱和衰败的兆头。组织领导人自我管理失败的一个典型特征，就是开始追求生活奢华，接受部下的恭维与吹捧，被一群别有用心的小人包围，而远离那些正直的人。这样的局面与势头，就是领导者和组织开始出现衰败的特征。领导人和管理者，本来是服务于组织和群众发展的，一旦离开了这样一个目标，而利用组织资源开始服务自己的利益，就与组织和众人的人心大道相背离。作为领导人或管理者，你现在的心态和目标指向是什么呢？你已经开始自私自利了吗？你还记得自己对组织和众人的使命吗？这些可是决定一个人是否能成为领导人或者管理者的核心资格啊！

老子是个忧国忧民的圣人，深知领导人在国家或组织中的重要作用，更懂得不修行的人性是那样容易腐化变质，也是最早提出领导人首先要悟道，要接受规律的制约和大道的引领，其"高以下为基，贵以贱为本"的思想，也是从古至今在领导科学方面最具智慧的思想。

总结一下，老子在本章中的思想可以用以下这样两句话来概括。

第一，任何生命与其他生命的有机组合，才是一个完整的生命。上级和下级如此，夫妻之间如此，父母和儿女也如此，朋友之间更是如此。只要失去了另外一极，自己的这一极就成了极端，也就是孤零零的一个存在。

第二，智慧比的是谁能够管好自己这一极，从而与另外的一极做到最好的对接。这就是人间大道，这就是悟道者的风范与智慧。

【悟道箴言】

官民本是一体，上下同欲者胜。

上下若是失衡，必将局面倾覆。

领导若是自私，就是灾难源头。

当权若是腐化，自是命贱福尽。

人人都是残缺，唯有合众完整。

第七十六章　柔生刚死

在我们的生活中，如果你要问一个人：有两个人生目标可供选择，但只能二选一，你是追求强大呢，还是追求长生？估计这会让很多人感到难以回答，因为最想选的不是其中一个，而是两个都选。可是，老天爷会让人们如愿吗？

【经文】
人之生也柔弱，其死也坚强。
草木之生也柔脆，其死也枯槁。
故坚强者死之徒，柔弱者生之徒。
是以兵强则灭，木强则折。
强大处下，柔弱处上。

【释意】
人活着的时候身体是柔软的，死了以后身体就变得僵硬了。草木生长时是柔软脆弱的，死了以后就变得干硬枯槁了。

所以，坚强的东西属于死亡的一类，柔弱的东西属于生长的一类。因此，用兵逞强就会遭到灭亡，树木强大了就会遭到砍伐。

凡是强大的总是处于下位，凡是柔弱的反而居于上位。

【核心要义】

柔生刚死。

柔生刚死

从观点来看,老子真是个怪人;从揭示的真理来看,老子真是个奇人。在这一章中,老子罗列了人们很熟悉的一个现象,也揭示了这个现象背后所隐藏的、一般人很难理解的特殊规律。"强者死,柔者生",对人生的生死与柔弱和坚强之间的奇妙关系,我们很多人是很少有这样的洞察力的,可这样的规律却被老子发现和揭示出来了。

自然界从生到死的现象,我们很多人已经见过很多遍了。人的生命也一样,从弱小到强壮,再从强壮到衰老,直至最后死亡。人的生命这种由弱到强,由强到亡,我们很多人也见到了。可这就是自然规律呀,有谁能够从这样一个自然现象中抽取出哲学的智慧吗?老子做到了。

现实中的人们都追求自我的强大,会有人关心强大之后容易走向死亡的现象吗?也许人间最悲惨的事情是,在走向强大的过程中,倒在半路上。这些年里,一些社会精英的"过劳死"和更多人的亚健康,也许就是老子所揭示的这一现象的例证。

在老子的思想那里,任何事物似乎都有一种相反的力量与其相伴随,能够看到并把控这种相反力量的人,就是世间高人了;若是非要等到这种反面的力量出现并造成了恶果才觉醒的,算是后知后觉,也算得上是明白人;若是被反面的力量击败后,依然不能领悟这种规律,依然顽冥不化;或者在遇到自己不能掌控的事情时,往往将其视为一种神秘莫测的力量,去求助神灵,那就是彻底的糊涂人了。

通过这一章的思想,老子教给了我们什么样的智慧呢?

第一,人与万物的生死之道。"人之生也柔弱,其死也坚强。草木之生也柔脆，其死也枯槁。"从人的生命现象来看，人活着的时候，身体是柔弱的，而死了以后，身体就变得僵硬了；从植物的生命现象来看，草木活着的时候，其躯体也是柔弱的，而死了以后，躯体就变得枯槁了。老子是想通过这样一个自然现象告诉人们，自我强大会加速自己的衰亡，自我柔弱反而利于长生。

第二，物极必反，盛极而衰。看起来，这是一个人的意志很难改变的自然规律，但老子从这一自然现象背后，挖掘出了一个重要的哲理：在人的主观意志驱动下，人们追求强大和霸权，但人们不知道的是，一旦真正变得强大，一旦拥有了真正的霸权，人性就会变质，就会因为客观上的强大而让主观自大，因为客观上的霸权而让主观变得霸道。人性一旦出现这样的表现，主观意识就开始出现严重错误，对很多事情就会出现误判，就会激发或者培养反对力量的成长，就会渐渐将自己置于险境，直至最终出现重大危机。

第三，坚强者死，柔弱者生。老子在这里所说的坚强，不是我们平时所说的那种敢于面对困难的坚强，而是说自我的膨胀和对自我的固执。老子在这里所说的柔弱，也不是我们生活中所说的那种懦弱，而是对自我变质的管控，是对违背自然规律的行为的管制。换句话说就是，老子所说的坚强是人们在用膨胀的自我意识背离客观规律或者大道，当然就会走向死亡。老子所说的柔弱，也是弱化我们的自我意识，提醒人们要遵循客观规律和大道，这种顺应规律的做法当然会生存下去。这就是老子所说的"故坚强者死之徒，柔弱者生之徒。是以兵强则灭，木强则折"。

第四，强势时逞强就是自我毁灭。老子说"是以兵强则灭，木强则折"，这是说兵力太强大了，反而容易走向失败，树木太坚强了，反而容易被折断。这对一般人来说是难以接受的，特别是很多领导人，他们一心想用强大兵力去征服和统治世界。虽然在实际生活中弱肉强食现象比比皆是，俗话说"大鱼吃小鱼，小鱼吃虾米"，这是不错的；但在人类文明的高层面上，这样的傲慢很容易把别人看成是自己的敌人，而不是相互依存的对象，这就背离了生命的本质，所以这是一条死路。因为兵强，便会恃强凌弱、穷兵黩武，这就必然遭到抵抗和反对，激起他国人民的仇恨，到头来搬起石头砸自己的脚，最终伤害的是自己。看起来强大的大树反而容易被狂风吹倒，柔弱的小草随风来回地摇摆，可不会折断，这就是强死柔生的道家智慧。

第五，强大处下，柔弱处上。对于老子的这句话，可有不同的理解角度。第一种解释是，明白了"坚强者死，柔弱者生"这一人生原理的人，虽然在客观上强大了，但在主观上知道"处下"，这就是合于大道的平衡。虽然在主观上采取了柔弱态势，但在客观上却可以让自己变得强大和居于上位。第二种解释是，强大的人知道"处下"是一种觉悟，柔弱的人最终能够"处上"是一种规律。

老子的思想，乍听起来像一种奇谈怪论，可静下心来仔细想想，又确实就是这么回事。都说老子的思想玄妙，但老子的思想又是这样的朴实和真实。从老子的思想中，我们可以获得很多人生与生活的启迪。

第一，主观强度与客观高度的匹配是人生命运的密码。在老子所处时代的强者君王们，过着奢华的生活，掌握着权力与武力，搜刮民脂民膏。看起来他们很强大，却不知强大之后主观意识就会出现问题。现实中的人们，总在追求客观上的强大，却没有同步提升主观上的高度，最终产生了主观与客观的失衡，这就是人间悲剧"盛极而衰"的基本原理。明白了这一点，我们就会有三个最根本的人生策略：第一，若想让自己在客观上变得强大，首先就要在主观上让自己不断提高，主观提高是客观强大的因，客观强大是主观境界的果；第二，如果事先不知道主客观的这一规律，自己已经变得强大了，趁着还没有出大事，赶紧从主观上提升自己；第三，如果自己的人生中已经出了一些问题，就要内省自己，不要急着想从外部扳回一局，说到此你就知道了为什么赌徒会输得倾家荡产；更不要对相关的人进行报复，否则就会错上加错。

第二，走出"物极必反，盛极而衰"的死循环。人的一生，没有追求，必然碌碌无为。若追求极致，又很容易走向衰亡。看起来这是一个无法破解的死循环，可人也不能二选一啊：要么碌碌无为，要么由盛而衰？这两个结局都不好啊。那又怎么办呢，老子在《道德经》中已经给出了答案，就是遵道而行，有所成就时注意不要骄傲，处在高位时更要谦卑，享尽荣耀时要思考危机。也就是说，客观上要有追求，但要遵循客观规律；同时，又能防止因为客观上的追求或者客观上的成就而扭曲了自己的主观状态，从而避免偏离规律大道。这就是一种非常厉害的功夫，主观上既要有追求，又要防止主观捣乱，这需要非常谨慎细微的区分和把控。只顾了主观追求，而忘记了对主观的管控，主观就可能失控。主观上的追求与把控也是我们内心世界的阴阳，阴阳和合才是大道。

第三，坚强与柔弱的善用者才能是胜者。老子在这里所说的坚强，不是我们平时所说的那种敢于面对困难，而是说的自我膨胀和对自我的固执。老子在这里所说的柔弱，不是我们生活中所说的那种懦弱，而是对自我变质的管控，是对那种违背自然规律的行为的管制。换句话说，老子所说的坚强是人们在用膨胀的自我意识，背离客观规律或者大道，当然就会走向死亡；老子所说的柔弱，也是弱化我们自我的主观意识，提醒人们要遵循客观规律和大道，这种顺应规律的做法当然就会生存下去。这就是老子所说的"故坚强者死之徒，柔弱者生之徒。是以兵强则灭，木强则折"。

第四，不修行的人，强大后就会转向衰弱。纵观人类历史，强势的、穷兵黩武的、试图征服世界的帝国一个个灭亡了。当一个国家的文明和实力之间不匹配时，这个国家就会给人类带来很多灾难，最终也会导致自己的毁灭。对于一个组织或者个人来说，也是同样的道理。因为有了实力，盛气凌人，自以为是，疯狂扩张，最终耗尽自己的资源，因一个节点上的变化而导致全盘皆输。在现今的企业界，有很多这样的例子。因此，速度快时，知道踩刹车，这是觉悟；机会多时，敢于做取舍，这是明智。总之，不可以把弓拉得太满，否则就会崩断。

第五，悟道就是主动平衡自己的主观与客观。若你已是强者，或者处于强势的地位，就要主动处下，这就是觉悟。主动处下的人，在别人看来是柔弱，但正是这种主动柔化、弱化自己主观的做法，却可以让人健康地向上发展。若是不懂得这一规律，已经是强者了却横行霸道，任凭自己的主观膨胀，就会在客观上把自己的强势地位转化成弱势，这就是自毁。若是在客观上自己处于弱势地位，就应该立大志，向强者学习，做好做精自己眼下能做的事情，在客观上就能够向上发展。只是不要忘了，如果在客观上自己的优势越来越多，那么千万别忘记了自己的过去，要始终坚守谦卑、好学、不自满、不霸道、不自我膨胀。能够把控好自己的人，才能维持主观与客观的平衡，才是真正的有福之人！

　　总结一下，老子在本章中的思想可以用一句话概括：物极必反，盛极而衰。人们都追求强大，可又会遇上"物极必反"的大道法则。不追求强大，岂不是自我颓废了吗？看看那些强大而平安的人就知道了，强大了主动处下，这就是自我主动平衡，就是智慧与觉悟。否则，强大了也就开始走下坡路了。主观上柔弱，促进客观上强大；客观上强大了，主观上柔弱，就能保障人生的平安！主观上老实一点，命运上就平安一点！

【悟道箴言】

因优势而张狂，就是作死的节奏。

处优势而谦卑，就是觉悟的明智。

第七十七章　天道与人道

说起天道，人们总觉得它是那么神秘莫测；说起人道，也就是现实社会中的世俗规则，人们倒是很熟悉。有四个词语跟这个话题紧密相关：第一个是"锦上添花"，第二个是"雪中送炭"，第三个是"落井下石"，第四个是"无私奉献"。现实中是一种什么样的景象呢？大部分人可能会做锦上添花的事情，一小部分人可能会做雪中送炭的事情，个别的小人就会去做落井下石的事情，而能做到无私奉献的人可能就是非常少见的了。

不一样的人不一样的命运。要想改变自己的命运，我们当然就要从改变自己的内心模式开始。

【经文】

天之道，其犹张弓与？高者抑之，下者举之；有余者损之，不足者补之。

天之道，损有余而补不足。人之道，则不然，损不足以奉有余。

孰能有余以奉天下，唯有道者。

是以圣人为而不恃，功成而不处，其不欲见贤。

【释意】

大道的规律，不是很像搭弓射箭吗？弓拉高了就把它压低一些，低了就把它举高一些；拉得过满了就把它放松一些，拉得不足了就把它补充一些。

大道的规律，是减少有余的，补充不足的；可是人间的法则却不是这样的，俗人之心是要减少不足的来奉献给有余的人。

那么，谁能够减少有余的以补充天下人的不足呢？只有有道的人才可以做到。

因此，有道的圣人有所作为而不占有，有所成就而不居功，他不愿意显示自己的贤能。

【核心要义】

三种人生模式。

天道与人道。

三种人生模式

老子提出了以下三种人生模式。

第一，均衡模式。均衡模式是天道的模式，难怪人们在现实中总是有一种感觉，好像有一种力量在执掌着人间的平衡，这就是天道的力量吧！

第二，失衡模式。失衡模式是人间的模式，是现实中的世俗模式，也就是儒家所讲的小人的模式。它是一种加速两极分化的模式，会让好的更好、差的更差。

第三，圣人模式。圣人模式是一种超越俗人的模式，是一种领悟天道，并按照天道的规则去做事的模式。

作为圣人的老子，不愧是洞察天机和人心丑恶的大师。天机也就是天道，执掌着世间的一切平衡，那些试图违背平衡法则而刻意制造有利于自己的失衡状态的人，本身就会被天道平衡掉。因此违背天道而获取的个人的利益，也就全部成了泡沫。这是一个客观的规律，从古至今一直如此，只是人们执迷不悟，因而导致一切算计都是空忙一场。

想想看，在物质利益上，我们是不是想多了再多呢？在个人的地位上，我们是不是想高了再高呢？我们知道，治病的药剂量大了就是毒药。我们也知道，付出、施予、奉献，都是美德，这是在物质利益增长的同时来增进我们的精神力量和高度，以使我们的物质和精神两个方面保持平衡。可明明知道这样的道理，又有几个人心甘情愿地付出、施予和奉献呢？

天道与人道

从老子本章所阐述的思想中，我们可以领悟到以下四个人生中重要的规律。

天道执掌着人间的平衡。若是你太高了，就给你压一下；若是你太低了，就给你抬一下。若是你拥有得太多了，就给你剥夺一部分；若是你太少了，就给你补充一点。总之，天道的规律就是，你多出的部分就给你剥夺，你欠缺的部分就给你补充。

走人道的人必然违反天道。走人道的人就是被自私的和物质的欲望绑架了的人，自己总想获取更多更大的物质利益，从而导致自己生命中的物质和精神失衡。最终，自己所获又被天道法则平衡掉了。

走天道的人必利天下。行走天道的人都是主动平衡自己的人，这样的富人会用自己的财富帮助穷人，这样的智者会用自己的智慧帮助愚昧的人，这样的普通人会用自己的友善来帮助和鼓励人。

圣人有道，利而无私。悟道的圣人一切遵道而行，所有的行为都遵循着"利而不害，为而不争"的原则。正因为遵道而行，无我无私，所以才成为了圣人。

老子在这一章中的思想，可以给我们提供诸多的启迪。

第一，心有私念，莫忘天道。对我们大部分人来说，心中总是有自己的念头，思考与行动又总是围绕着自己的利益，这就是老子在此处提到的"人道"，也就是人主观上的道理。人走上这条路，很容易忘记天道的存在，进入到自高自大、唯利是图、痴迷不悟的状态。即使如此，天道也会以多种无言的方式来提醒人们，只是人们肉眼凡胎，无法识别各种人、事和事实对自己的提示和启示，从而一错再错。最后不得已，天道只能从结果上处理：剥夺人们多余的，补充人们欠缺的。能够领悟这一点的人，就会对天道有敬畏之心，就会按照天道的意志去主动地平衡自己的人道。

第二，两类利益，协调共进。人都是追求利益的，这本身并没有过错，圣人们也并不反对。只是要明白，必须处理好世间利益两维空间的平衡，才能进入生命的高维空间，也就是悟道、合道和精神的自由。处理好两维空间的利益平衡，是每个生命平安、健康的核心所在。例如物质利益与精神利益的平衡、个人利益与集体利益的平衡、眼前利益与未来利益的平衡，等等。

用经济学的词汇来说，若是以物质利益损害精神利益，就是亏损。若能以精神利益战胜物质利益，就能赢得人生的利润。若是以个人利益而成全集体的利益，个人利益就会富足。若是牺牲眼前的利益成全未来的利益，就是人生的大赢家。只是，很多人只盯着物质利益、眼前利益和个人利益，从而导致利益格局的失衡，这才是人生最大的危险。之所以导致这种危险，是因为人们在两维空间里制造了对立和割裂，看起来物质利益得到了满足，但精神利益严重受损，你看那些贪小便宜的人被人看穿，从而失去了别人的信任和未来的机会，就是明证。看起来在眼前的事情上占了便宜，却永久性地失去了未来的利益，这岂不是亏大了？若是损害集体利益来满足个人利益，就可能犯法，犯法的人定是人生的输家。

第三，强势和弱势，各有难题和出路。已经处于强势的人们，已经取得了成就的人们，已经身处高位的人们，是人生中的高危人群。因为他们最可能违背大道：他们的主观已经非常的强大，很容易忘记比自己强大无数倍的大道的存在；他们心中有了强大的证据和资本，所以最容易产生自我强大的幻觉。至于那些还没有取得什么成就就固执己见的人，他们就如同生活在人生的牢笼中，用自己的浅见、偏见和成见锁住了自己的手脚，这样的人必然穷命和苦命。只是他们可能不知道，正是自己的无知束缚了自己，还在抱怨别人对他不公，还在怨天尤人，不知内省和反思，因而无法打开自己生命的空间。

第四，认识天道，悟道得道。天道就是你所遇到的人和事的合理性与必然性。有人对于天道不以为然，甚至以为这是人们拿来吓唬人的。实际上，我们个人主观之外的人和事都是天道的呈现。你若是领导，你的部下就是天道的呈现，他们若是有怨气，没有积极性就是在昭示你的弱点。这是天镜，也是道镜。若能领悟这种境界，看到别人就如同看到自己，并去改正自己的不足，也就悟道上道了。若是一方面忽视这种天道的特殊启示，另一方面又去求神拜佛，就是徒劳，就是痴迷，就是在违背大道的同时又犯了另外一种错误，当然也就无法改变自己的命运。生活中遇到小人，工作中遇到对手，事业中遇到挫折，这都是天道这本无字天书给我们的启示，若能借此看到自己的弱点和错误，也就是开悟了。众人皆是老师，万物都是启迪，能明白这一点，就能够修正错误而走上正道。若是执迷不悟，憎恨对手，打压部下，排挤有不同意见的人，遇到挫折又怨天尤人，就会在错误的道路上继续前行，直至自我的毁灭。

总结一下，老子在本章中的思想可以用一句话来概括：自己主观的道理是俗人之道，我们主观之外的规则皆是天道。顺着自己的私人之道走下去，就是绝路。领悟天道，顺应天道，就能事事合道，一切就会自然而成！

【悟道箴言】
莫要自大，天道执掌着一切平衡。
主动平衡，就是悟道的觉悟智慧。
被动平衡，若领悟即能重回正轨。
若能开悟，所遇的一切都是启示。
莫要自满，小心方能驶得万年船。

第七十八章　霸道与王道

世间的人，有谁不梦想着成为王者呢？世间的王者，又有几个不霸道呢？难道王道就是霸道吗？霸道的人，最终又有几个有好的结局呢？

【经文】

天下莫柔弱于水，而攻坚强者莫之能胜，以其无以易之。

弱之胜强，柔之胜刚，天下莫不知，莫能行。

是以圣人云："受国之垢，是谓社稷主；受国不祥，是为天下王。"正言若反。

【释意】

天下再没有什么东西比水更柔弱的了，而攻坚克强却没有什么东西可以胜过水，没有什么能够代替它。

弱胜过强，柔胜过刚，天下没有人不知道，但是没有人能去真正实行。

所以有道的圣人这样说："承担全国的屈辱，才能成为国家的君主；承担全国的祸灾，才能成为天下的君王。"正面的话好像在反说一样。

【核心要义】

柔弱胜刚强。

柔弱胜刚强

在人们的常识中，弱肉强食、强者为王已经是铁定的规律。同时，我们也见识过一种完全相反的规律：看起来柔弱的水，一旦汹涌起来，竟然能够无坚不摧；看起来十分强悍的一个王朝，竟然也会瞬间灭亡。这确实让人有些费解，怎么看起来柔弱的水忽而就变得异常强大了呢？怎么一个强大的王朝说灭亡就灭亡了呢？

我们知道，当我们的常识难以解释一个事实时，这背后一定隐藏着什么玄机。难道是弱者能够战胜强者吗？当然不是！老子在本章中，就为我们演绎了天地人生的奇妙大道，以此来解释这个玄机。

第一，从丛林法则到天道法则。

人们熟悉的是丛林法则，也就是弱肉强食的规律。这一法则，在人类社会似乎也处处可见。人们往往忽略的是，不管是自然界还是人类社会，还有一个更高级的法则，这就是天道法则。在某个时间段里，自然界或者人类社会中的那些强势者往往很难持久，而那些看起来很弱势的生命却能够生生不息。猫与老鼠，猫是强大的，可猫是捉不尽老鼠的。这也就应了老子那句话："物壮则老，是谓不道，不道早已。"这也是物极必反，只是当事者可能并不知道自己正处于这样的趋势中。

第二，天道不是强弱二者之间的选择。

人们在读《道德经》的过程当中，似乎发现老子一直在强调弱势哲学。实际上，若是紧紧盯着"弱势"二字，就无法了解老子哲学的真意。老子发现了天道力量的强大和不可战胜，也看到了人类会因为一点小小的成功而无限膨胀，这种膨胀的主观和强大无边的大道是无法博弈的，因为没有任何胜算。因此，出路只有一条，就是让主观弱化，合于大道，而不是以卵击石，这样才能让人类获得真正的力量。其实，老子的弱势哲学，本质上是要弱化主观，合于强大的客观大道，从而让人类获得真正的强大。这也就是老子所说的"自胜者强"的原理。

第三，许多人在不断强化自我，实则是启动了自毁的程序。

对于没有悟道的人，不管是王者还是普通人，他们不懂自己的主观世界之外还有一个更强大的客观大道，也不知道与客观大道博弈必将失败的后果，所以一直醉心于强化自我的强大，不自量力地走在与客观大道博弈的道路上。许多人的人生失败，根本原因都在于此。只是人们不听老子的劝告，才使得老子不断发出感慨，在《道德经》第七十章中老子说"吾言甚易知，甚易行。天下莫能知，莫能行"，在本章中老子又说"天下莫不知，莫能行"。

第四，真正的强者是要承担人间灾难的，真正的王者就是来人间受委屈的。

世间有两类强者，走着不同的路线。第一类强者，只是一味地想战胜对手，却又在不断地培养对手，把支撑他们的民众推到对立面，这样的结果当然就是被众多对手包围，最后被推翻或者消灭。第二类强者，往往有一个巧妙的布局，一方面在打击顽固的对手，另一方面在争取中间摇摆的分子，同时不断地巩固人民的支持。第一类强者往往是独裁者，他们过高地估计了个人的力量，却不断地制造和强大自己的对立面，结局是不言而喻的。第二类强者往往是英明的君主或者伟大的领袖，他们在布局中捍卫自己的信念和理想，完成了政治的核心目标：对立面不断减少，支持面不断增加。而获得支持的最简单的方法，就是解决民众的疾苦，也是"受国之垢，是谓社稷主；受国不祥，是为天下王"的真意。

学了老子本章中的思想智慧，我们能获得以下四大启迪。

第一，强者的自大正是导致自我毁灭的根源。老子用水之柔弱能胜刚强的生活事例来启迪现实中的强者。老子为什么会提出这样的思想呢？在对人方面，你看现实中那些没有悟道的强者，往往趾高气扬、盛气凌人，越来越失去人心；再看那些悟道的强者，越是强大，越是对人谦和，越是礼贤下士，越是帮助弱者，这不就是上下相合的天地大道吗？在做事方面，没有悟道的人往往很主观、很顽固，认为自己都是对的，谁说不同意见，就视为异己来排斥。最终，成了孤家寡人，自身的弱点膨胀，从而毁掉来之不易的家业。再看那些悟道的成功者，做事小心谨慎，处事风格低调，甚至刻意去寻求不同的意见，特别尊重那些能够给自己提供不同意见的人，甚至有人在坚守这样的准则：听不到反对意见，就绝对不做决策。能与反面的相合，才是真正的道行啊！

第二，主观弱化正是自我强大的根本。老子发现了人间强者的哲学，就是柔中藏刚、弱中藏强，但又坚韧无比。若问天地人间最强大的力量是什么？通过学习老子的思想，我们知道，主宰一切的天地大道就是一切事物背后的客观规律。任何一个人，凭自我有限的力量，都无法做到绝对的强大，唯有与大道合一，与大道同在，才是生命强大的极致。而要达到这一点，唯一的障碍就是自己的主观能否做到"虚极静笃"。那些不断强化自己主观的人，正在背道而驰。他们之所以这样做，往往是出于内心的自卑，以为主观上强大了，就可以摆脱自卑，但选择了错误的道路，遭遇到了更大的、无法超越的对手——客观大道。看来，自卑和通过强化主观来摆脱自卑的人，一直在低维度的层面上挣扎。若能觉悟，亲近大道，自卑就会变成自强，自强而不自大，就会变成真正的强大。

第三，漠视正道人心，失去主观之外的客观力量布局，是政治失败的根本原因。在中国近代史上，国民党被称为"刮民党"，虽然曾经掌握着政权和强大的军队，但最终失败了。而中国共产党，一心为了劳苦大众，不为自己谋私利，于是合了天地正道，最终由弱变强。正是民心的皈依使得力量的天平偏向了中国共产党一方。当时因为中国共产党坚持了天地正道，民心所向，处于摇摆的中间力量最终也投向共产党，甚至国民党阵营中的很多力量也分化到了共产党的队伍中。这种力量的分化和转化，可谓是人间力量格局发生神奇变化的最经典案例，这也正是符合了老子所说的"利而不害"的人间正道。这其中有四个要点构成了一种成功的范式：一是利于大多数的民众，因为民众就是人间大道的代表；二是严格约束自己，管理好自己，这也是赢得人心信任的关键；三是感化中间派，强大正道的阵营；四是巧妙地分化敌方阵营，孤立顽固派，从而使自己的阵营成为多数派。

第四，做强正面，削弱反面，乃制胜天下的不二法门。老子所说"正言若反"是老子对全书中那些相反相成的言论的高度概括。例如，"大成若缺""大盈若冲""大直若屈""大巧若拙""大辩若讷""明道若昧""进道若退""夷道若类""上德若谷""大白若辱""广德若不足""建德若偷""质真若渝""大方无隅""大器晚成""大音希声"等。这些词汇中所涉及的两个变量，本来是彼此相异、互相排斥的，但在老子那里完成了统一。

这涉及人脑的两种完全不同类型的思维方式。第一种叫作无道思维，就是大部分没有开悟的人所使用的"自我中心式思维"，也就是看到什么就说是什么，对孤立的现象下本质性的结论。第二种叫作有道思维，主要表现为三种模式：一是因果式思维，这种思维就是见到现象的结果能够去追溯原因，从而找到事物之间的因果关系，这对于认识事物的规律来说是最基本的模式，也是排除主观臆想的客观式思维，是真正进入高级思维的重要门槛；二是自因式思维，当某种事件与自己有关联时，心灵强大的人知道寻找自己的原因，借机观察自己的起心动念，从而进一步修复或者升级自己内在的程序；三是天道式思维，这种思维模式，融合了有无、主观与客观、现实与未来，是一种时空式的思维方式，是多维度的辩证统一，是各种不同要素组合出来的一个强大的格局和神圣的生命。在这种模式下，一切要素都有正面的功能，万事皆备于我，万般皆助于我，我即大道，大道即我。

总结一下，老子在本章的思想用一句话概括就是：许多人知道，要想把握人生命运，必须自强。可很多人没有找到真正的自强之路，找到的却是僵硬、顽固和自我封闭的绝路。老子在《道德经》中告诉我们，要想成为真正的强者，就不要向外界索求什么，但当命运向他砸来时，他都能平静而感恩地接住，因为那是一份特殊的礼物。跟岁月相处久了，生命中存留的只是平静、无畏和感恩。

【悟道箴言】

形弱实强,柔中藏刚。

弱化自我,悟道自强。

王者为民,国贼嚣张。

正言若反,合道最强。

第七十九章　消解恩怨

世间的事，什么让人最焦心呢？无非就是人间的恩怨情仇，只要沾上一项，恐怕就很难有好心情了！朋友反目，让人痛心，每每想起，就会燃起莫名的恼怨。遇到背叛，犹如利刃穿心，心里流血，日久难以愈合。我们都知道，内心的怨恨一旦生成，想清除干净十分困难。

人生真是苦啊！那欢喜的事，稍纵即逝；那伤人的怨，挥之不去。

【经文】

和大怨，必有余怨；报怨以德，安可以为善？

是以圣人执左契，而不责于人。有德司契，无德司彻。

天道无亲，常与善人。

【释意】

和解深重的怨恨，必然还会残留下怨恨；用德来报答怨恨，怎么可以算是妥善的办法呢？

因此，有道的圣人保存借据的存根，但并不以此强迫别人偿还债务。有德之人就像持有借据的圣人那样宽容，没有德的人就像掌管税收的人那样苛刻刁诈。

自然规律对任何人都没有偏爱，永远帮助有道有德的上善之人。

【核心要义】

消解恩怨。

消解恩怨

在生活中，最可恨的人可能就是赖账的人，最难干的活可能就是追账。涉及人和人之间的利益问题，最容易产生怨恨，也最容易反目成仇。在这种利益争端中，也许让人最尴尬的有两种情景：一种只是有口头的承诺，却没有立下字据，即使诉诸法律，也因为没有契约证据而变得难以处理；二是虽然双方订立了契约，但因为双方之前关系亲密，一旦诉诸法律，也会引得许多人耻笑。这些情况都是让人十分尴尬的。

在这一章中，老子在文字背后隐藏着以下三层意思。

第一，感情归感情，涉及重要的事项，双方要订立契约。如果需要契约规定的事，却使用了口头或者感情模式，就容易出事。

第二，即使是对方真的不还，也不用生怨，否则，一方面吃了亏，另一方面又生了怨，岂不是双重损失。若是因反目而穷追猛打，岂不是人为制造了一场旷日持久的灾难。

第三，老子也告诉我们，不管遇到什么事，只要你是上善之人，俗人损害了你，天道也会补偿你。

看看现实中那些活得很平静、很平安的人，似乎真的就是这样处理人间的恩怨的。

学习了老子本章中的思想，我们可以获得哪些智慧呢？

第一，恩怨常在，常规方法难得圆满。

人生都希望美好，但恩恩怨怨也时常伴随着人们。人生的智慧，一是体现在把正确的事情做正确，二是正确处理人间的纠纷。前者做不好，一事无成；后者做不好，阴云笼罩人生。一件有恩怨的事，会破坏人们生活的心情，尽管还有很多值得人们去珍视的事情，但可以因为一件事情对心情的破坏而无法正常生活。

第二，有情有义，更要注重理性方法。

无情无义的人，活不出正常的人生；有情有义却不注重理性方法的人，活不出快乐的人生；有情有义又有理性方法的人，若是看不开、舍不得，也无法逍遥自在。老子倡导，做事要感情和理性并重，一旦出现理性方法失灵，也不要将感情恶化到不可收拾的地步。

第三，看重私利，最终定是失大于得。

人间的恩怨之所以产生，表面上的原因，无非是关系中的一方不守信用。但从根本上看，是双方过于看重自己的私利，只要一方看得开，关系就不至于恶化到反目成仇。这主要是因为，人们愿意接受正常的情况，却不愿意接受异常的情况，一旦异常的情况发生，自己也就变得异常。在异常的情况下，追求正常的局面和结果，就变得十分艰难和痛苦，甚至可能把事情搞得更坏。

第四，洞察天机，上善之人得天庇护。

人间的恩怨，多起自于利益的争端。看重眼前利益的，必然失去未来的利益。看重物质利益的，必然失去精神的利益。看重小利的，必然失去大利。只责备别人过失的，必然是在掩饰自己的过失。为了私利不饶人的，必定会失去更大更多的利益。肉眼世界中的人们，永远看不清楚天道对人的平衡，实际上，在肉眼世界中失去的，只要保持自己的上善之心，就会在天道的世界中得到补偿。若是非要在肉眼的世界中维持自己的平衡，就必定会在天道的世界里失去平衡。

老子在本章中的思想，可以给我们的现实生活提供以下四个方面的启迪。

第一，恩怨一出，即是对我们智慧残缺的映照。

在人们追求人生美好的过程中，一旦出现恩怨情仇，就是对我们智慧不圆满的一种客观反映。若是此时失去了这种理性，就会死盯一件具体的事情，而看不见具体事情给予我们智慧的启迪。具体的事情只是人生的一道考题，答得好就会升级我们人生的智慧系统，这才是人生最重大的收益。若是就事论事，非但事情处理不好，就连这件事情给予人的启迪，也会完全被忽略掉。到了这个地步，当然就产生了两个损失。如果一旦出事，就认为过错全是对方的，把自己打扮成一个无辜的受害者，就会步入歧途，就无法找到真正的原因。明白了这些，才不会辜负一个个具体的事情给予我们智慧的启迪，也才能避免让自己的整个身心和生活陷入灾难。

第二，重情重义，警惕用感情代替理性的陷阱。

人生真是有趣，看重什么就会被什么所伤。重情重义的人，也往往会被情义所伤。对于"看重什么就会被什么所伤"这一人间悖论，很多人感到困惑不解。实际上，被看重的事情所伤害在向我们昭示一种规律：看重一个方面，往往就会轻视或者忽视另一个方面，就会导致自我内在的失衡。看重自己的，往往会漠视别人；看重利益的，往往会忽视情感；看重情感的，往往又会忽视理性。因为有了看重，让自己的心处在一极，从而会忽视另外一极，而所受的伤害正是在提醒我们另外一极的存在，在提示我们两极的失衡状态，这就是天道的平衡法则。

如果你是一个重情重义的人，要小心自己的短板，你很可能用情感代替理性，最终就会被自己所忽视的理性打脸。一旦被打脸或者被伤害，就要懂得这是天道的平衡法则在提醒我们自我的失衡状态。一旦明白这一点，就能够超越自己的短板，恢复生命的平衡状态，就会感恩挫折和伤害给予我们生命的这份重大的礼物。

第三，一旦出事，需要重新衡量和计算利弊得失。

在现实中，几乎没有人一生不遭遇恩怨，关键的是遭遇了恩怨也不要让自己失控，否则就会辜负这份恩怨。能够懂得恩怨对我们人生意义的人，才会在恩怨中成长、觉悟，以至于明心见性。

如果拥有了面对恩怨的平常心，我们就要平静地面对与恩怨有关系的、出现在我们人生中的人和事，在包括恩怨在内的新的人生局面下，重新审视人生的利益格局，找到这一新格局的最优解，而不是死盯恩怨。将这一道理说得直白一点，就是既然已经发生，就要冷静面对，看看在问题出现之后，如何才能打好一手烂牌。这是一个真正理性成熟的人，在面对恩怨时应该有的最基本的态度和立场。若是不明白这一点，就极容易在恩怨出现之后，出现负面的情绪，一味指责别人，逃避自己应负的责任，忽视这种恩怨事件给自己心性模式的重大提醒，从而失去调整自己生命心智系统的机会。这样做下去的结果，一方面会使事件向着恶化的方向发展，另一方面会使自己落后的心智变得更加顽固，从而产生更加难以收拾的重大恩怨事件。

第四，持上善心，坚信吃明白亏即是得未来福。

我们很多人之所以过不了恩怨这道坎儿，往往都是认为自己吃了亏，所以在自己的内心才过不去。

在面对恩怨这样的问题上，人生有这样四个层次。第一，自己不想吃亏，总想占便宜的，就肯定会不断制造人间的恩怨。第二，迫不得已，找一个吃亏是福的理由，让自己稀里糊涂过关，但心中的恩怨情结并没有消除干净。第三，发生恩怨的事件后，能够控制住负面的情绪，不再一味指责别人，知道反过来反省自身，从而有效遏制住恩怨事件后续的恶性发展。第四，恩怨事件发生后，洞察到是自己的私心和心智水平的缺陷所导致，不仅再一次去除自己的私心，还能够升级自己的心智水平，并且感恩这种恩怨事件带给自己的积极正面作用，从而走出恩怨的阴影，看到更高层面的光明。

我们可以问问自己，当出现恩怨事件后，自己处在什么样的层次上呢？若是处在第一个层次，你的心智恐怕就不是人的层次，而是接近于魔鬼的层次。若是处在第二个层次，"吃亏是福"的人间智慧，就被你歪曲成阿Q精神，你没有借此得到提升，这也就意味着，你以后还会遭遇类似的人间恩怨。若是处在第三个层次，也就是一个比较理性和成熟的人，已经控制住了主动推动恩怨恶性发展的趋势，这也是人生中难得的一种成熟状态。若是处在第四个层次，恩怨变成了你人生中的礼物，你已经破除了恩怨这种表象，进入了另外一个高层次的生命空间里，你的人生将被许多各种各样的礼物和惊喜所包围，那就恭喜你了，这就是悟道的智慧状态。

总结一下，老子在本章中告诉我们，人生百年，每个人都会经历很多意想不到的事情，想明白了，吸纳了营养，收到了礼物，一个一个的意外就会变成人生的故事。若是想不明白，吸纳不到营养，也收不到礼物，一个一个的意外就会变成人生的事故，故事和事故，同样的两个字，顺序不同，给人生带来的却是完全不同的感受和意义。唯有修行悟道，才能把事故变成故事。尽人事，听天命；人损你，天补你。这就是天道的平衡法则，关键看人是否能够接得过来。

【悟道箴言】

恩怨本是天启，俗心难以真正和解。

即使以德报怨，心中怨气依然难消。

人要重情重理，唯有理性能保感情。

人要以情胜理，吃明白亏享未来福。

不用害怕吃亏，人若损你天必补你。

第八十章　复归田园

人从哪里来？又到哪里去？短暂的人生到底要过什么样的日子？

不少人用强取巧夺获得了巨额财富，而与此相交换的竟然是自己的生命与前程。大部分人，没有悟道，不懂规律，要么使用蛮力，虽辛苦难有大成就，要么干脆放弃，过着一种半睡半醒的日子。人类几十年的生命光景，应该追求什么呢？古希腊哲学家柏拉图创作的哲学对话体著作《理想国》，也许有些朋友听说过。实际上，我们每一个人都活在两个世界中，一个是现实的世界，另一个就是理想的世界。

在现实中我们忙来忙去，无非是想过一种我们心目中理想的日子。我们所做的一切，也无非是在找自己理想的日子。贫穷的时候，吃山珍海味是我们的理想；等到吃腻了，吃素食又成了我们新的理想。贫穷的时候，住高楼大厦是我们的理想；住高楼久了，乡间田园里的小屋又成了我们新的理想。贫穷的时候，我们步行；富裕起来了我们开汽车，可又渐渐地开始使用计步器计算自己每天走了多少步。

几十年前，我们感觉穿西装才有范儿；现在穿唐装、汉服、中山装又成了一种高品位的标志。过去，我们以会讲英语或者其他外语作为前卫的一种标志；如今，学国学又成了一种新的时尚。好像转来转去，又转回去了。这样的变化，似乎在告诉我们：我们一直想在现实中活出我们的理想，我们又在现实中一直寻找着新的理想。

【经文】

小国寡民。使有什伯人之器而不用；使民重死而不远徙。虽有舟舆，无所乘之；虽有甲兵，无所陈之。使民复结绳而用之。

甘其食，美其服，安其居，乐其俗。邻国相望，鸡犬之声相闻，民至老死，不相往来。

【释意】

小国家，人口少。即使有各种各样的器具，却并不使用；使百姓重视死亡，而不向远方迁徙。

虽然有船只车辆，却不必每次乘坐；虽然有武器装备，却没有地方去布阵打仗。使百姓再回复到远古结绳记事的自然状态之中。

人民吃得香甜，穿得得体，住得安适，过得快乐。

国与国之间互相望得见，彼此尊重，鸡犬的叫声都可以听得见，但百姓从生到死也不互相往来。

【核心要义】

复归田园。

复归田园

在这一章中，老子讲述的就是一条主线，描绘了一种我们既熟悉又陌生的生活。之所以熟悉，是因为很多人是从这种生活中走出来的；之所以陌生，是因为很多人沉迷于现实生活或者纠结于现实生活，却渐渐忘记了这种生活。老子在两千多年前，就描绘了一幅今天不少人正在追求的田园诗般的生活情景。概括起来，这就是老子道家思想所集中展现的一幅图景：小规模，少工具，安居乐业，备而不战，回归质朴，简单乐生，安分守己。

从古至今，大部分人都追求先进的、奢华的、热闹的生活，可老子却追求质朴宁静的生活。如果说今天的人们因为厌倦了都市的喧嚣，转而追求质朴宁静的生活，还算容易理解，可在两千多年前，生产力的水平还很低，人们的生活甚至可称得上是简陋，老子就教导人们要去追求简单宁静的生活，这到底是观念上的落后呢，还是另有深意？

不少人据此认为老子的思想比较保守，甚至认为老子的思想会阻碍生产力的发展。实际上，这种看法严重误解了老子。老子以洞穿历史发展逻辑的智慧，看透了人类一味外求所导致的心性的迷失。老人家深知，追求物质和经济发展的本能是难以遏制的，但若是人们内心没有平衡这种本能的力量，最终就会导致人类与自然失和，人与人之间也会失去和睦。因此，老人家在深知人们会误解自己的情况下，执着地提醒人们不要失去根本，并以这样一种贯穿历史时空的理性，成为平衡人们追求发展本能的另外一极，因此也成就了老子思想的历史性价值，使得不同时代的人们，每每读到老子这样的思想，都能借此反思，成为每个时代人们平衡自己本能的历史性理性。当我们明白了老人家如此深邃的用意时，我们才算真正懂得了老子。

所以，今天的人们读老子的《道德经》，不应该局限于《道德经》中的文字，而应该透过这些文字去领悟其背后的哲学思想。

第一，关于小国寡民。据说，世界上最幸福的国家可不是那些超级大国，而是与自然融为一体的小国。即使在较为发达的国家里，喧嚣的闹市也只是年轻人追逐的地方。人过中年，就越来越向往那些经济上并不发达的中小城市，甚至田园乡村。当然，近些年来，也出现了一些人，远离人群而孤身潜入到人迹罕至的深山，做起了隐士，过起了最原始的生活。虽然这种现象还不能算是普遍，但也代表了人们的一种趋向。

第二，关于"使有什伯人之器而不用""虽有舟舆，无所乘之"。这让我们想起了有汽车的人经常有车不用却要散步，不再吃高档酒菜却吃农家菜。尽管人们一直追求生活的方便，但好像人们也意识到了，方便的东西使用多了也会给人带来危害。老子的话好像不是说给两千多年前的人听的，倒像是说给今天的人们听的。难怪有很多人感觉老子的思想跨越了两千多年，发出的却像是先知一样的声音。

第三，关于"使民重死而不远徙"。使人民重视死亡，而不向远方迁徙。人类的迁徙，我们会想到近代的走西口、闯关东，也会想到出外打工，包括出国打工，还会想到每逢节假日，飞机场、火车站、高速公路上的拥挤场面。人类一直面临一个两难的选择：只是待在自己的家乡，难以有更大的发展；一旦出外谋生，往往就是留下妻儿老小，正常的家庭生活几乎不复存在。这些年来，农村的空巢家庭、留守儿童和老人，都让我们心中不是滋味。即使是城里的人，天天上班，加班、出差，顾不上照顾老人和孩子，顾不上夫妻的感情，人们的心似乎被一种魔幻般的力量摄走了。人既要发展，又要生活，但最终核心的指向还是生活，可眼前的困境又如何解开呢？

第四，再说"虽有甲兵，无所陈之"。虽然有武器装备，却没有地方去布阵打仗，这就到了太平盛世。看今天的世界，中国的军事力量不断地强大，这源于历史上深刻的教训：落后就要挨打。但是，中国的军事不是用来侵略的，而是用来维护和平的。这跟世界上某些强权国家的所作所为是有着本质区别的。

第五，"使人复结绳而用之"。意思是使人民再回复到远古结绳记事的自然状态之中。老子所说的这样的一些观点，往往会被人们视为不切实际，甚至是开历史倒车。实际上，这只是从老子文字的表面意思来理解的，并没有参透老子文字背后的真意。老子提到了那种原始式的生活形态，我们可以结合现实看看人类当今的局面：我们破坏自然，我们生活在与自然的隔绝和对立之中，我们又让自己活在被自己破坏和糟蹋的自然环境中，这是进步还是倒退？人文环境方面，很难说现在的人们比过去更和谐、更安全、更信任了。如此看来，老人家所说的那种让人看起来不合情理的、无法实现的一种历史情怀，不正是今天激发我们思考现实的一种历史理性吗？

第六，"甘其食，美其服，安其居，乐其俗"。国家治理得好了，就能使人民吃得香甜，穿得得体，住得安适，过得快乐。这给国家治理提出了一个目标，用一个成语来说，就是让人民"安居乐业"，也是广大人民根本的诉求。这也就给政府定了性：政府就是服务人民生活的，而且不要乱折腾，"治大国若烹小鲜"。

第七，"邻国相望，鸡犬之声相闻，民至老死，不相往来"。国与国之间互相望得见，鸡犬的叫声都可以听得见，但人民从生到死，也不互相往来。用句白话来说，就是各过各的日子，彼此尊重，不用总是关心别人的生活，相安无事。从古至今，人类的战争多半是国家与国家之间的战争，一些列强总是不安分，总想着掠夺别国的土地或者资源，甚至妄图称霸世界，从而给人类带来巨大的灾难。这种侵略成性、无耻掠夺的行径，甚至超过了动物和畜生，这能算是文明的人类之所为吗？即使在我们自己平时的生活中，不安分守己，总是羡慕别人的生活，总是攀比，不也是生活动荡不安的一个重要原因吗？也许，在人类强大的追求发展的本能之下，人们很难听进这些话，但终有自己平静下来的时候，想想几十年的人生是不是这样一个道理呢？

老子这一章的思想，给了现代社会中迷茫的人们一些重新思考人生的启迪。

第一，人类的理想国。这一章，是老子心中的理想国，一个中国版的理想国，也是一幅充满田园气息的美好蓝图，也是老子的社会政治理想：没有欺骗和狡诈，民风淳朴敦厚，生活安定恬淡，人们不会攻心斗智，也不必冒着生命危险远徙谋生。有人说，老子的这种设想，只是一种幻想，是不可能实现的。可我们再想想，在人类的生活中，虽然我们只能生活在现实中，但是没有理想指引的现实岂不是一种无奈，甚至可能是一种颓废吗？我们必须要有理想的追求，那是一种精神的指引，一种灵魂的坐标，若是失去了这一坐标，人类的生活也许就跟动物差不多了。

第二，自给自足，知足常乐。老子所描绘的是一种自给自足的理想社会。有人批评老子的思想是一种幻想，或者认为这种单纯的、质朴的社会，实在是古代农村生活理想化的描绘，并不适合现代社会；甚至批评老子尽管在世界观上是唯物主义的，而在社会观上特别是在经济问题的看法上却陷入唯心主义的幻想。还有人认为是老子个人面对急剧动荡变革的社会现实，感到一种失落，才开始怀念远古蒙昧时代结绳记事的原始生活的，这是一种抵触情绪的发泄。看来，圣人不愿意写文字留下来也是有道理的，因为古代的圣人留下来的文字中有相当一部分是被后人曲解和糟蹋的，是后人根据自己的浮躁之心所做出的一种歪曲。我们静心想想，难道现在我们不渴望那种质朴、简单的生活吗？老子哲学对人的欲望与生命感受之间的冲突，不正是我们现在正在经历的煎熬吗？本章开始所提到的对田园生活的回归、隐士般的生活、吃素人群的扩大、朋友圈里晒走路步数的人们，难道不是正好暗合了老子两千多年前对人们的提示吗？

第三，永远把重心放在做好自己上。追逐外部的名利、追逐人间的繁华与热闹，一定会自取其辱，一定会付出沉重的代价。有人说过，难敌诱惑是人的本能，拒绝诱惑是人的本质。人的本能往往是被个人的低级欲望驱动的，与低级动物相比有过之而无不及。若是再失去了人生的正道方向，就可能比低级动物还要坏。看看历史，猛兽的凶残是动物的本能，但猛兽也有感恩之情。人类中受动物本能驱动的人，所做的非人道的事件、制造的人间惨剧，肯定胜过所有猛兽对人类的伤害。过好自己吧，世界不会因你而改变，但你可以改变你自己的世界，你的一切都会因你而改变，这就是人类最重要的历史经验。

如果你追求成为名人，那就将自己置于众目睽睽之下，你的优点会让单纯的人痴迷，你的缺点会被正直的和别有用心的人同时挖掘与放大，最终多半是苦恼连连，甚至身败名裂。如果你的人生想请进来很多人，那你就要做好与魔共舞或者接受一切考验、拷问和接受启示的准备，最终你会发现，悟道者眼中没有魔鬼，得道者眼中没有恶人。实际上，一个人不需要很多，人生得一知己足矣，别人不懂你，你却懂所有人，岂不是人间极乐！人生有几个恩人就够用了，若是遇到不和谐而能反省自己，遇到背叛也能调整自己，懂得别人做什么都是在帮你助你，事事皆是礼物，人间岂不就是天堂！

也许，人生中总会与不少人不期而遇，有你喜欢的，有你厌恶的。如果借万事万人悟道，你就有可能超越小我，就能够让心胸变得宽广，能容下许多人和事，如果你能懂得每个进入你生命的人和事都是你生命中遗失的部分的回归，那么你就能重新恢复自己生命的完整。到了这个地步，也就没有了遭遇，而只有机遇；没有了所谓的别人，全是你的恩人。懂得了这些，就会让自己的心平静下来，充满感动和感恩。

【悟道箴言】

真正的人生，不必把太多的人拉进自己的生活。

工具虽方便，用得多了会废掉自己生命的能力。

繁华虽诱人，闹中处处隐藏着意想不到的凶险。

君子防小人，有备而不战方能保证和平与安定。

世界虽广大，人生只需极有限的一份饮食卧榻。

人生虽百年，想得明白了也就能在喧嚣中安心。

第八十一章　悟道圆满

记得老子在《道德经》第一章开头所说的话吗？"道可道，非常道。"在现在这样一个演讲都被视为生产力的年代，那么多能说会道的人，老子又会怎么看呢？在现在这个很多人相信"知识就是力量"的时代，如何在掌握知识的基础上，进一步上升到掌握智慧的境界呢？在现在这样一个为自己谋利成为社会主流意识形态的年代，在这种自利欲望互相冲撞并制造了很多人间灾难的时代，我们能从老子智慧中找到一条明路吗？

天道高深，以至于莫测，然大道至简，老子那高深的智慧能够给予我们一种最简明的指引吗？

【经文】
信言不美，美言不信。
善者不辩，辩者不善。
知者不博，博者不知。
圣人不积，既以为人，己愈有；既以与人，己愈多。
天之道，利而不害；人之道，为而不争。

【释意】
真实可信的话听起来不漂亮，听起来漂亮的话不真实。真正善良的人不会鼓噪弄舌，花言巧语的人多半不是真正的善良之辈。真正有知识而智慧的人绝不卖弄，卖弄自己懂得多的人不是真有智慧而只能算是有知识。

圣人是不为自己积攒什么的，而是尽心尽力为了别人，因为圣心自足；自足的圣人总是尽力给予别人，自己非但不会减少反而更加会收获满满。

天道的力量只是利于万事万物，绝不伤害它们。圣人的行为都是遵道而行，依道作为却不跟别人争夺什么。

【核心要义】

悟道圆满。

信言、善行、真知三原则。

世间两个相互关联的重要秘密。

"三道"的规律。

三个世界的理论。

悟道圆满

本章是《道德经》的最后一章，应该是全书正式的结束语。老子对全书做了一个总结：第一，针对"言""善""知"三个主题，提出了对信与美、善与辩、知与博三对关系独到的认识；第二，概括出了圣人的行为模式和相应结果的独特逻辑，也是很多人意想不到的一种因果关系；第三，总结了天之道和圣人之道的核心准则。

有的人学习了《道德经》之后，产生了一种难以用语言表达的感觉：老子的思想竟然能够贯穿天道和人心，如同神话中的人物，既能上天又能入地，这很像我们所听说的一种神奇的功夫。老子的思想竟然和大部分人的思维正好别着个劲儿，既跟我们熟悉的思维和想法不一样，但静心想一想，又让人感觉确实如此。真可谓出乎意料之外，又在情理之中。

"信言不美，美言不信"，几乎我们每个人都追求让自己的语言变得美妙，但在生活中，又常常被别人美丽的语言所欺骗。"善者不辩，辩者不善"，我们既追求能够在辩论中让别人哑口无言，又常常讨厌那些善于辩论的人。"知者不博，博者不知"，我们既喜欢卖弄自己的知识，又讨厌卖弄知识的其他人。通过老子的这些话语，我们似乎看到了自己内心中很滑稽的一面，怎么两个相反的方面都有道理呢？我们到底是在什么地方出了错呢？真正读懂了老子的《道德经》，也许这一切就都有了答案。

从古至今，大部分人都是利己的，或者说都是为自己谋利益的。想想看，天天在忙碌的人们都为了什么呢？西汉著名史学家、文学家司马迁在《史记·货殖列传》中有一句流传很广的话："天下熙熙，皆为利来；天下攘攘，皆为利往。"意思是说天下人为了利益蜂拥而上，为了利益四处奔波。可老子却告诉我们，悟道的圣人不为自己，只为众人，自己反而很富足。世上的聪明人，又有几人能明白老子这个思想背后的玄机呢？

老子说"天之道，利而不害"，可为什么会有那么多的天灾让人类苦不堪言呢？老子说"人之道，为而不争"，圣人是悟了道的人，自然明白天道的规律，按照天道的规律去做，当然就用不着跟俗人去争什么。可我们这些还没有悟道的人，不去争还能活吗？如果你还记得或者领悟了老子在前面章节中关于这些思想的解读，也许已经有了答案了吧！

老子的思想很独到，但圣人的心思也很难参透。读了老子这些思想，会让我们陷入沉思，但也未必能够有一个真正清晰的答案。那就让我们一起走进《道德经》，试着读读老子的心思吧。

第一，对"信言不美，美言不信"的疑惑与领悟。对老子的这句话，我们似乎能够理解，但又感觉隔着一层迷雾，很难看清这句话背后的真谛。孔子在《论语》中也谈到了类似的观点："巧言令色鲜矣仁。"似乎这些老人家对于美妙的语言没有什么好印象，基本上都是负面看法。尤其是还有一些很权威、很被认可的观点跟圣人这些话语直接相悖，更是让我们如陷迷雾之中。例如，《增广贤文》有一句名言："良言一句三冬暖，恶语伤人六月寒。"对此我们都有体会。

很多时候，一句同情理解的话，就能给人很大的安慰，让人重新鼓起勇气，即使处于寒冷的冬季也能感到温暖；而一句不合时宜的话，就如一把利剑，会刺伤人们脆弱的心灵，即使在夏季炎热的六月，也会感到阵阵的寒冷。如何将这些话语或者观点统一起来呢？为什么美妙的语言不值得信任呢？多半是因为善于说美妙语言的人，知行不统一，说的和做的是两回事，尤其是再怀着别有用心的目的，那美妙的语言就特别容易蒙骗别人。很显然，说这些美妙语言的人内心不善、动机不纯，所以美妙的语言只是诱人上当的一个幌子。但如果美妙的语言和内心的善良结合在一起呢？就可能产生"三冬暖"的效果了吧！也有人对老子的话进行质疑，如果说美言不信，难道恶言就有信吗？通过上述分析我们知道，核心的关键是内在的动机和与对谈话对象状态的精准把握。一般来说，如果动机是纯善的，有时那些看起来伤人的犀利的语言，却能有效地唤醒人们，被骂的人非但不会恼怒，反而还会感激。当然，还要考虑谈话对象的状态，若是其心理脆弱，就要循序渐进、旁敲侧击、循循善诱。由此可见，这一切的关键是内心的善良与否、对象是否能够消受，二者缺一不可。至此，你对"信言不美，美言不信"的疑惑也许就能解除了吧？

第二，关于"善者不辩，辩者不善"。孔子在《论语》中多处阐释了类似的思想。子曰："君子欲讷于言，而敏于行。"子曰："古者言之不出，耻躬之不逮也。"子曰："君子食无求饱，居无求安，敏于事而慎于言。"子曰："仁者，其言也讱。"这真是让人有些费解，怎么像老子和孔子这样的圣人们对于善辩一事都持负面的看法呢？我们多么希望自己有很好的、高超的辩才啊！尤其是看辩论赛时，看到辩手们那样高超的辩术和精准的语言，很是敬佩和向往。可是圣人们为什么却不是这么说呢？实际上，圣人的话都是在说人们的生活，在生活中，善辩的人总是自己有理，甚至无理也能搅三分，甚至凭借着口才能够把黑说成白、把白又说成黑，让很多人明知道他是错的却又无法辩过他。对于这样的人，我们当然是很讨厌的。若是再加上口才卓越，却说一套做一套，言行不一，就更加令人不齿了。但在古人的修行中，并不是完全排斥语言或者辩论的，比如哲学中针对真理的辩论，比如宗教中的辩经。我们都知道一句话，叫"真理越辩越明"。当然，这跟圣人们所告诉我们的接近真理的方法与内涵都有所不同，人间之辩，辩的是人间道理，但与客观真理相比那就是天壤之别。若能如圣人教我们的那样"虚极静笃"，让自己的心进入空灵的状态，就有希望接近客观的大道真理。

第三，关于"博者不知，知者不博"。我们喜欢卖弄自己所知道的，似乎害怕别人不了解自己，害怕别人小瞧自己，当然也很希望能够赢得别人的赞许。这算是人之常情吧。但是，如果这种行为经常化，就肯定会让人生厌。我们很多人也知道一个词语，叫"静水流深"，说的是很有内涵的人，实际上并不急于表现自己，因为真正拥有内涵，所以并不害怕别人小瞧了自己，自己的实力自然在行动中、结果上和关键的时刻能够呈现。事实能够证明一切，事实胜于雄辩，事实自己会说话。事实的语言，就是无言的大道！

说到这里，我们就清楚了老子思想的关键要点：一是发心要至善，二是出言能入心，三是行动要坚定，四是方法要应机。

第四，关于"圣人不积，既以为人，己愈有；既以与人，己愈多"。按照老子的说法，不用刻意地为自己积攒什么，只要一心一意为了别人，自己也会越来越富有；只要能够不断地增加别人的价值，自己的价值也会越来越丰厚。按照一般人的看法，不为自己积攒，自己怎么会拥有呢？只是想着别人，谁又替我着想呢？只是给予别人，谁又给予我呢？正因为存在这样一些疑问，所以很多人看到圣人的思想后，又生出了新的疑问：圣人可以那样做，可以取得那样的结果，我们普通人又怎么可能做得到呢？

实际上，圣人的作为就是我们的样板，若只是圣人能够做到，那对我们普通人也就没有什么价值了。至此，人们必然会问：圣人能够做到的秘密是什么呢？我们很多人想为自己积攒的是财富，而圣人为自己积攒的是财富之母，有了财富之母，就必然会生产出财富。那财富之母又是什么呢？笼统地说，就是天地和人间大道，具体来说，就是圣人不为自己，所以跟那些只为自己的人就不会有冲突，这首先避免了因冲突产生的人生损失。圣人不仅不为自己，还专心为别人，因而就会成为人们价值的源泉，就会成为人们向往和团结的中心，就能聚集人气，就可以干成大事。因此，越是给予别人，自己的人格就越高贵，而高贵则是人生财富的母体。

第五，最后来说说老子得出的结论："天之道，利而不害；人之道，为而不争。"我们众人所熟悉的都是俗人之道，就是趋利避害、求福避祸，只争眼前利益、只争物质利益。"天之道"则不同，因为在天道中没有好坏，没有祸福，没有利害，一切都是有价值的，是各种各样的价值。悟了天道的人，不管遇到什么，都能找到有利于自己生命的价值，因为各种人生境遇对生命都有着特定的功能和价值。悟了天道的人，不再使用自私的那种求福避祸的信条，因为福也是祸，祸也是福。你看那些得福多的人，趾高气扬，志得意满，扬扬得意，自以为是，这些不都是因为得福太多而不能承受所带来的祸害吗？这样的毛病，不都是在为未来的祸害播下种子吗？在生命时空的综合利益链条中，不修行，不悟道，福也会转化成祸，那种求福避祸的自私心态，恰恰就是没有悟道的表现。再看圣人之道，没有了俗人的自私之心，他们活在生命时空的综合利益格局中，因此，一切唯道是从，也不会再跟俗人去争俗利，不会再计较眼前利益和物质利益，敬畏天道，做事遵循规律，在更大的格局当中布局自己的人生。看起来虽然跟众人不争，却能够达到众人无法与其相争的境界。这就是自在与逍遥。

我们从人之道、天之道、圣人之道的比较中就可以发现，"人之道"是自私而短见的，最终是得不偿失的。"天之道"是公正无私的，会让悟道者富足。因此，只有放弃自己主观上狭隘的追求，才能体会天地大道的公正无私和悟道后的富足无缺。也许，红尘中的俗人用肉眼看圣人时，会觉得他们没有荣华富贵，但正是这样形式上的"缺"，才有了圣人的大成。这也就是前面所说的"大成若缺"。由此可见，圣人之道为我们做出了表率，告诉我们只要放弃自己狭隘的主观，进入到客观规律的大道中，进入到生命时空的综合利益格局中，一切按照规律去做，超越世俗之人竞争的格局和层次，就能上升到更高的生命时空中，过上富足而自在的生活。

老子关于人道、天道、圣人之道的思想，提出了人类行为的最高准则：信实、讷言、专精、利民而不争。人生的最高境界，则是真、善、美的结合。这些源自天道的智慧，对于为政者治理天下、精英们创建事业、普通人的工作与生活，都具有重要的启示作用。

信言、善行、真知三原则

对接一下我们自己的生活，看看老子本章的思想，会给我们哪些启迪吧！本章一开头提出了三对范畴：信与美、善与辩、知与博，实际上是真假、美丑、善恶的问题。有些人机械地理解老子的这三个原则，肢解了老子思想的辩证逻辑，当然也就无法理解老子思想的真意。我们试着用老子自己的辩证逻辑来理解一下老子的三原则。

第一，信言不美，美言不信。很显然，老子的这个观点是针对现实中的花言巧语、伪诈智巧而言的，也就是要让人们小心，别反感那些不美的信实之言，也别被那些听起来美丽的花言巧语所蒙蔽。如此这般，我们的生命就清理出了两个重要的频道：一是不被花言巧语所蒙蔽，避免落入陷阱；二是从那些不美的言语中汲取益处，避免能量的损失。这句话，可以让我们的人生"除一弊，兴一利"，这才是人类健全的理性。当然，很多人都无法一下子就达到这样的水平，仍然会在自己的生活中因被蒙蔽而上当，因情绪而失去机会。大部分人的进步，都来自对错误的觉知，只要我们从蒙蔽当中看到自己的短处，从情绪当中看到自己的弱点，我们就能够回到正道上。这是以我们自己为主体面对外部人和事的一种"反应模式"。如果转换个角度，也就是转换到"主动模式"上，我们就要坚持美言与信言的统一，根据对象的特点、我们与对象的身份关系、周围的环境、对方的意愿、谈话的氛围等因素，来决定我们使用语言的方式，最终能够在对象身上产生美好的积极的效果。这就是善法，也是了不起的智慧，是我们与对方心的精准的沟通和对接。同时，需要纠正我们理解老子思想时的错误倾向。老子说"信言不美，美言不信"，有人就想到了"忠言逆耳，良药苦口"，于是，就生成了一种典型的错误模式：一方面自己喜欢听别人的美言，另一方面又将自己的逆耳之言、苦口之言美化成忠言和良药。岂不知老子说这话的时候是在提醒人们不要因为别人的美言而上当，也就是要小心自己的弱点被利用。同时，老子通篇都在教育我们"善言无瑕谪"，也就是让我们走出自己的主观语言模式，去完成与对象感受或者客观的精准对接，若是需要"霹雳手段"能够唤醒沉睡的人，则不要含糊；若是需要和风细雨般的温存才能让对方领悟，则要有足够的耐心。总之，不要执着于自己喜欢的一种语言模式，而是要看对象，要看效果。

第二，善者不辩，辩者不善。辩者，头脑和口舌之能也。人能够关注的重心往往只有一个，因为一个重心，别的就会被屏蔽，这是大脑皮层神经细胞活动的生理规律。那些将自己的神经兴奋集中在思辨和口头辩论方面的人，往往就会忽视行动和结果的达成。圣人说轻诺必寡信，说的是那些自己将精力集中在承诺别人方面的人，往往会忽略了践行自己的承诺，这样做的结果就是失信于人。由此可见，人生的修行重在于行，而不在于辩。因为结果和事实自身就会说话，就是证明自己的愿望和动机的最好的证据。在人的日常生活中，既有关于事的真理，也有关于人的真理。关于事的真理是不需要辩论的，事实和效果就是最好的证明。关于人的真理，大部分时候是我们如何理解别人，而不是通过辩论让别人来理解自己。若是将关于事的真理和人的真理搞错了方向，就会因为沉迷于辩论而无法让相应的事实和证据来证明自己，又因为在与人的辩论中总是想着战胜别人，而让别人心中不快。一旦产生了这样的结果，我们就会陷入口头的胜利和事实的失败中。

要想解决这一问题，就只有通过修行来改变自己的心智模式，建立辩与不辩这两个不同方面之间的关联关系。圣人们之所以强调"不辩"，主要有两个方面的原因：一是现实中就任何话题都与别人辩论的人实在太多，以至于成了一种人们不易察觉的习性。所以圣人用"不辩"这副心灵药方对治人们的这种疾病。二是把那种没有多少益处的辩论所花费的精力省下来，投入到行动和结果上，让事实自己说话，这就是圣人的"行胜于言"的教诲。

如果在生活中，你遇到什么事儿都要跟你辩论，又总是想在辩论中胜过你的人，跟这样的人相处，你感到舒服吗？这也就是人们总说的那个道理，嘴巴不饶人的人一般命都苦。

从修行悟道的角度来说，那些停留在口头辩论而忽视行动的人，往往只是活在自己主观中的人，还没有打通自己的主观与外部的客观事实之间的联系。总想在辩论中胜过别人的人，实际上是活在自己的自卑中。总之，这样活在自己主观中的人们，说话只是自言自语，根本无法与别人做到真正的沟通。无法与人相通，就是没有悟道，就是无道。

孔子在《论语·里仁》中说："君子讷于言而敏于行。"在《论语·学而》中又说："君子食无求饱，居无求安，敏于事而慎于言。"由此看来，在人生中应该少说多做，这一点孔子与老子的主张是完全一致的。

第三，博者不知，知者不博。你会喜欢抓住一切机会不断卖弄自己的人吗？你看到这样的人是什么感觉？是不是感觉他唯恐别人小瞧了他？这问题出在哪里呢？

实际上，这涉及两个方面的问题。一是关于自己的。我们总想让别人了解自己，但没必要让所有人了解自己，因为很多人即使了解了你也不会有什么效果，但对你这种急于让人了解自己的做法反而感到厌烦。这种意想不到的后果往往是人们忽视了的。二是要让别人有表达自己的机会，在别人的表达中去对接相关的信息；或者，某个场合的主持人可以主持一下对每个人的介绍，将其经历、特长和主要成就介绍给大家，便于大家相互了解。

当然，老子强调"博者不知，知者不博"这个观点的要害，是告诉人们三个要点：一是人所知道的再多，也依然是有限的。若是在弱者面前卖弄自己的知识或者能力，从而得到自己的优越感，实际上是一种心理上的自我欺骗；二是我们所知道的，多半是一些浅层和表面的知识，很多时候是没有经过深入加工的，得出的很多结论也往往是浅层和片面的，传递给别人时也往往容易产生误导别人的负面效果；三是在明白上述两点的前提下，能够把控住自己的主观状态，这本身就是修行了，也唯有如此，才能够悟道。

世间两个相互关联的重要秘密

这两个秘密，一是自我伤害，二是合众大利。我们先说第一个"自我伤害"。大部分人都是围绕自己的私利来考虑问题的，这样的人们一旦遇在一起，就会产生冲突，于是就形成了一个奇怪的逻辑：自私—冲突。这样的逻辑一旦运行起来，就会损害个人的利益，这就是许多人人生中最深刻的一个悖论：越是自私，越是不能利于自己。我们再来说"合众大利"。圣人为我们展示了一个神奇的现象：越是利于别人，越是有利于自己。这背后到底是什么规律呢？原来，在众人皆利己的背景下，一心利于别人的人，就突破了人心的戒备，激活了人心中相互的信任，又因为信任，激活了互利的程序。当然，由于人生活在不同的维度空间，那些高维度的人，总是能够在更大的范围内，在近期与长期、精神与物质、局部与整体、策略与战略等一个立体的空间里进行布局。这样做的结果，既避免个体的孤军奋战，也解决了个体和个体之间的冲突，更重要的是能够将个体整合成一个利益互补和联动的整体，从而在人间形成独特的竞争优势。可以说，相互信任加互利的规则，就是一个人生利益共同体的筋脉，就是一个庞大的超越个体的巨人，或者超人。这也就是"圣人不积，既以为人，己愈有；既以与人，己愈多"背后的秘密，也是人间的一个重要的大道规律。用这样一个模式去观察人间的是非冲突和利益的纠葛，就能明白人间那些很努力地为自己的人为什么不能成功。

换句话说，如果你是想利用别人为自己的人，很不幸的是你也会遇到这样的人，于是就变成了相互利用、互相算计，关键是彼此伤害、无情无义，甚至翻脸，从而在人品和利益两个方面出现"双重损失"的局面。

反之，在一个立体维度空间里进行布局和相互链接的人，就会放大彼此的优点和优势，让每个人都能从彼此那里得到力量，从而形成一个超越个体能力的巨大的超人般的力量。

由此可见，只要超越个人私利，就有机会领悟和感受大道的力量，就能缔造神奇的人生。

"三道"的规律

"三道"是指：一是天道，二是圣道，三是人道。这"三道"的规律，也是整部《道德经》所揭示的规律的核心。天道：利而不害，故而能够大利、普惠众生；圣道：依道而行，为而不争，超越世俗，成就神圣；人道：人道俗道，自私自利，得不偿失，顾此失彼。

老子所揭示的这"三道"的规律，在人世间皆有相应的展现。

第一，天道。先于人类而存在，自由自在，非人力所能改变，却又决定和主宰着人类的生活。人类能改变宇宙的运行法则吗？人能改变一年的四季轮换吗？人能改变事物本身的规律吗？人能改变别人吗？在这样一些问题上，非要与天道对抗的人，肯定是脑子出了问题。宇宙和四季这些纯粹的客观，也许人们不会动脑筋去改变，但对于自己主观之外的人类客观，也就是其他的人，我们不少的人总是想改变。但人类文明的历史告诉我们，人类唯一能够改变的就是自己，只要改变了自己，世界就会随之而变，也许这就是最神奇的天人感应吧！

如果你具有很强烈的愿望和很强大的能力，你是不是总想改变别人？你的痛苦和无奈是不是多半来自想改变别人的想法和做法？你知道自己的人生方向发生错误了吗？若是不知，在错误的方向上努力，会有什么样的结果吗？一个人过去的人生痛苦不都是来自于此吗?

第二，圣道。圣人是为而不争的，也就是说，悟道的圣人，一切作为都是依道而行的。他们借助外在的一切来修炼自己，管控住了自己个人的私欲，将自己的一切奉献出来利于众生，也不用与众人去争夺世俗的利益，因为圣人找到了更加伟大和高级的人生利益与使命。

在这一点上，没有悟道的人会出现五个错误：一是思考和行动完全是按照自己个人的想法，而不是外在客观的规律，于是自己的行动往往与规律相冲突。二是看不清外在一切皆是自己修炼的载体和镜子，因而失去了修正自己和提升自己的机会。三是无法管控自己个人的私欲，随着年龄的增长，能力的提升，成就的积累，往往让自己的私欲又进一步放大，这也是很多人由成功转向失败的内在动力机制。四是没有智慧和勇气将自己奉献出来为众人，因而失去了开启自己智慧之门的机会，却一直陷入与众人俗利恶争的泥潭而不能自拔。五是一直在生存层面上运行着自己的人生，根本无法去触摸自己生命的高级形态，只是年龄在变老，心智却一直停留在过去。用过去落后的心智，一直仰望着未来。也许，人生最大的悲哀，莫过于此了。

第三，人道。也就是俗道，就是上面所说的违背天道和圣道的各种各样的做法。

可以说，天道为我们确定了人类必须遵守的一种法则，圣道为我们开启了在红尘中为人处世的一种智慧，而人道则是在红尘中的一部反面教材。对于在红尘中修行悟道的人来说，若是能读懂违反天道的这部人道反面教材，将从历史到现实中的人道教训吸纳到自己的生命智慧中，就能超越自己个人的知识、经历和经验，这本身就是增进智慧的一个有效的途径。

三个世界的理论

说来说去，老子用五千言的篇幅，引领我们去观察人生要面对的三个世界，也可以叫作老子的三个世界的理论。

第一个世界，就是人道的世界，也就是每个人的主观世界。一个没有走上修行轨道，也没有悟道的人的精神世界，是我们每个人都认为自己有理但无道的世界，这是我们一切苦恼、痛苦、挫折与失败的根源。活在人道世界中的人们，实际上是活在自我的主观世界中的，如同困在茧中的蝴蝶，看到的都是自我和黑暗。走不出自我的人，说的都是自言自语，做的都是自以为是。这种模式，若是一个人独活的状态，倒也无妨，只是现实中没有人可以独活，要么与其他人发生接触，要么与物质或者能量的客观世界发生联系。到了这样的时刻，一个人的自言自语，或者自以为是，就会显得非常可笑，当然也就没有办法进行真正的沟通和融通。想想看，我们与他人说话时，是在说对方的道理吗？我们与物质客观世界进行联系时，懂得与物质世界的联络沟通方式吗？由此可见，活在人道世界中的人，是不可能有真正的人生的，他们所思所言所行的一切，就像一个患了自闭症的人，就像一个目中无人而到处自言自语的人，就像一个忽视世界的一切，以为世界上只有自己一个人的人。这样的画面，是不是让我们看到了一个心灵有病的人呢？

第二个世界，也就是客观世界，包括我们主观之外的人和物，甚至也包括我们自己的主观和生命。我们很多人都懂得一个基本的理念，那就是一切客观事物都是有自身规律的，这种客观规律是不可违背的。人若是违背了客观规律，就会受到客观规律的惩罚。虽然懂得这样一种理念，但在遭遇挫折、失败或者痛苦时，却很少有人回过头来反思自己违背了什么样的客观规律。由此可见，人们知道"客观规律"这样一个词语，却不懂得自己所遇到的一切人和事都是客观规律的一种呈现，因此也就没有办法去顺应规律，甚至可能与规律相违背、相对抗，这不正是人们遭遇挫折、失败与痛苦的原因吗？人的主观世界就在自己的头脑中，就是自己过去的知识、经验、价值判断和欲望。与无限的客观世界和巨大无比的客观规律的力量相比，人的这些想法是那样的渺小和微不足道，这种主观与客观的力量对比，自然也就决定了最终的结局和胜负。因此，修行悟道，也就成了人类此生唯一的一条正确的道路。

　　第三个世界，就是圣道的世界，也是人间悟道者给我们众生所展示的一条人生的光明大道。尽管老子用了各种各样的方法来为我们描绘大道的形象，来帮助我们突破过去肉眼所见的世界景象，但还是显得过于抽象，怎么办呢？作为圣人的老子，当然知道用抽象世界来对接人的肉眼世界是很困难的，于是就将大道这样一个抽象的主题，放置在悟道生命的身上，也就是通过那些悟道的圣人，用他们的所思所言所行这样一种和我们的经验比较接近，用我们的肉眼感官可以观察的方式，来帮助我们理解无形大道的样子。在人间，圣道的作为，如同搭在人道与天道之间的一座天桥，又如同人道的此岸和大道的彼岸中间这条河流中的一艘船，来帮助我们渡过河流到达彼岸，也就是修行悟道。由此可见，虽然老子在《道德经》开篇就讲"道可道，非常道"，可又很无奈地写了五千言，但在《道德经》经文言辞的背后，是老子以道解道、以道传道的智慧方式。

　　明白了老子的三个世界的理论，也就懂得了人间地狱和天堂的处所，也就知道了人间万苦的根源，也就明白了人生的方向。至于那些不相信大道，不相信圣人的俗人们，除了在自我主观的狭窄空间里挣扎，还能做什么呢？

　　人人与道有缘，人人无法脱离大道，只有知道和不知道之分别。

　　学习完《道德经》的朋友们，能够认识大道，重新审视自己主观违背大道的各种想法和做法，早日开启自己生命的天道频道，完成对自我的拯救与救赎，到了这样的时刻，人入大道，大道入命，大道与你同在，这就是生命的圆满。祝福大家，修行悟道，莫负此生。

【悟道箴言】
真人不露相，露相非真人。
觉者不觉己，天下人为之。
圣者济天下，四海皆供养。
天道利不害，圣道为不争。

附录：《道德经》实修答疑

一、如何正确认识自我、完善自我

1.《道德经》真的能改变人生吗？

我们都熟悉一句话："性格决定命运。"这句话说的是，我们的价值观和行为方式，决定着我们的命运。老子的思想就是关于人生观、价值观、世界观的哲学智慧，也是指导我们行动的智慧，而且是经过两千多年社会精英检验过的智慧。学习《道德经》会升级我们的"三观"和行为模式，这正是决定命运的根本，因此，学习《道德经》能够改变人生，绝非虚言。

2.能否具体讲讲修习上善的方法？

这个问题确实很重要。下面我讲讲修习上善智慧的四大重要的法门：知下善之危害而断绝，明上善之大利而定向，修善法之智慧而成事，绝小我之习气而圆满。

知下善之危害而断绝。要深刻认识下善的危害性，才能断绝这种自以为是、害人害己的做法。知道下善行为的增加会把自己的人格卖光、信用耗尽，以致人生前景一片黑暗。唯有深刻认识下善的危害，才能断绝下善这种贱卖自己人格与信用，并出卖自己未来的愚蠢行为模式，真正向着上善的方向转化。**用一句话概括第一法门就是：坚决断绝恶性行为。**

明上善之大利而定向。断绝了低级有害的下善行为，还需真正明白上善的大利，这样才能真正自愿地将上善选定为人生的价值方向。上善之大利主要有四：一是普遍性耕种，二是现在和未来的播种，三是不同时空、不同类型的利益良性强化作用，四是规避负面性能量积累。**用一句话概括第二法门就是：坚定选择综合利益最优！**

修善法之智慧而成事。针对不同的对象，精准诊断、准确寻求，选用适当方式和方法，保障最终效果的绝对良性。**用一句话概括第三法门就是：做好事，尽力把好事做好！**

绝小我之习气而圆满。做到上述三条之后，必然成绩斐然，成就卓越。此时要能够有效管控自我，趋向更加良性，绝不发生恶性的自我变性。如此，一个良性的循环链条就开始运转起来了。**用一句话概括第四法门就是：做好自己不变性，让自己变得更好！**

3.万物运行都遵循客观规律，但是人有主观，有七情六欲，怎么修炼能达到"无我"呢？没有自己主观的意愿，全身心遵循大道，这样的意义在哪儿呢？

这里提出了两个问题：一是怎样才能修炼到"无我"的境界？二是没有了主观只有大道，这样的意义是什么？

关于第一个问题，我们分成以下几个层次来说。

第一，万物都遵循客观规律。因为自然规律强大无比，任何违背客观规律的思想和行动，都无异于以卵击石。

第二，除了动物和人的其他存在，都是与客观规律天然一致的，本身就是客观规律的一种产物和表现形态。

第三，低级动物与客观规律一致，是一种本能，并非主观高级意识主动选择的结果，这叫作生存本能。

第四，人这种高级动物，有了相当发达的主观意识，意识成为生命中一种特殊的能量，但这种能量如何使用，却是人类所独有的问题。如果这种高级意识错误地激发了本能的欲望，就会让人沉迷于七情六欲，变成欲望的加速器和放大器，就会给生命带来危害。若是这种意识能够识别自身内部的规律，能够识别自身与外部的合理关系，能够及时地识别自身出现的错误，就能够保持自我的正常，就能够建立与外界的正常关系，就能够随时调整自己可能出现的各种偏差。

第五，人的主观意识，非常重要的功能是"合规律性与合目的性"的统一，也就是说，人的主观意识首先要能让自己的主观在臣服规律的基础上运行，才能出现符合生命正常目的的行为。否则，一旦违背了规律，也必然会违背人类行为的目的，最终反而造成对自己的伤害。

第六，"无我"就是让自己的主观彻底地臣服于规律，一切按规律做事。至于如何才能做得到，一句话，修行。也就是说，借助于人类文明的成果和圣人的智慧，随时保持对自己主观自我的警觉，一旦发现违背规律，就把自己再拉回来。争取做到不贰过，举一反三，总结提炼和不断演习，使之成为自己的无意识状态。

关于第二个问题，我们通过反问的方式来回答。

首先，有自己个人的主观意愿，但违背大道规律，结果导致白费工夫，或者得不偿失，或者当下快乐却为未来挖坑，这样的人生有意思吗？

其次，若是个人意愿能够合于大道规律，因此能够无为而成，无为而无不为，这样做起来，事事可成，有成就，还能保证自己状态不出现偏差或恶变，这样的人生难道没意思吗？

再者，即使我们想让自己的一切合于大道规律，但几十年人生中又有几人时时刻刻、对事事人人都能恒定地保持这种状态呢？先不用担忧达到无我和事事遵循大道有没有意思，关键是大部分人根本达不到，所以才有人生"苦海"之说啊！

最后，如果我们不能坚定地相信圣人的教导，置历史上许多精英的人生感受和追求悟道的智慧成果于不顾，还是仅仅从自己的状态、经验、知识和个性出发，去质疑这样的人生修行模式，那我们不就脱离了对人类文明的继承，从零开始来思考人生？想想看，仅仅靠自己几十年的人生时光，我们能够完成明心见性的悟道目标吗？

4.越追求什么越会被其奴役，那追求道，也会被道奴役吗？

这个问题问得很有逻辑性，它让我想起了"自相矛盾"的成语故事。《韩非子》中有这样的一个典故，有个人在大街上卖兵器，他拿着手中的矛吹嘘说："这是天下最锋利的矛，什么盾都能刺穿。"然后又拿起一个盾，说："这个是天下最坚固的盾，什么矛都刺不穿。"这时，一个老人走过，就问他："用你的矛来攻击你的盾，结果会怎么样呢？"卖兵器的人一时哑口无言。

可是，修道悟道，与"自相矛盾"这一典故有着本质的不同。

首先，自相矛盾这样的逻辑悖论发生在我们自己的主观幻觉中，而在真实的生活中，我们的矛不是攻击自己的盾，而是攻击敌方的盾。敌对的双方都在研究的是，如何能有一支天下无敌的利矛，也同时拥有一个天下无敌的坚盾，利矛是用来攻击敌方的，坚盾是用来防御敌方的。这才是现实中矛与盾的真相。如果敌方获取了我们的利矛，我们一定会优化我们的坚盾；如果敌方获得了我们的坚盾，我们一定会更新我们的利矛。

其次，我们再来看看"越追求什么就越会被其奴役"的内涵是什么。这句话所指的是，当我们所追求的是外在的物质利益或者各种名号时，当我们将这些看得比生命更重要时，就会让自己陷入被动和痛苦，这是因为外求的模式让人们失去了心灵的自主性。这才是被奴役的本质所在。也正因为外求会让自己被奴役和痛苦，所以很多人才明白，通过修道——在自己心中明了外在的规律，才能摆脱人生的困局。

那么，修道又是什么呢？修道就是从对外在的追求转到内在的提升上，这是一个方向性的转变。我们都有普遍性的经验：同样一件事情，对有的人是难事，而对另外的人则不叫事。看来，难易之说，背后隐藏着一个规律，这就是我们自己的力量与外在事物的难度之间的关系。明白了这一原理和规律，也就清楚了应对的策略：外在事物是客观的，也是相对稳定的，如果我们要改变与它的关系，那就改变我们自己。对于关系的双方来说，只要改变一方，关系就会改变。当我们内在提升了，我们与外在的关系也就改变了。由此可见，"通过改变内在进而改变自己与外在的关系"，这才是人生中的核心规律、核心法则。修行悟道，就是优化内在进而自然地改变关系，从而改变外在对我们的意义，这就是修道悟道最迷人的地方。

如此说来，修行悟道就是优化自心，就是把我们生命的主宰——心灵优化到最高级，最终完成自心与大道的完全合一。到了这个地步，大道在我心中，我心主宰自己，于是我们才会真正成为自己生命的主人，这样才能摆脱外在的奴役。

修行悟道中也有各种偏误。其中一种就是将大道视为外在的力量，是一种在自己之外的近于神的神秘力量，这样的想法和做法，只能证明自己站在了大道之外或者其对立面。想想看，如果大道是我们身外的力量，那我们又是从何而来？我们与大道的关系又是什么样的呢？实际上，我们每个生命都是大道的造化之物，大道就在我们的命中和心中。修行悟道，只是战胜那个低级的主观对我们心灵的蒙蔽，唤醒心中的道灵，让我们命中、心中的道性觉醒。这才是修行悟道的真相。

由此可见，如果将道视为外在的力量，那就证明自己的心灵依然没有觉醒。如此下去，就一定会被奴役，只不过奴役的方式变换了一下，由原来的外在名利转换成了所谓的大道。这是依然没有觉醒的时候出现的修行偏差。在此引用阳明先生的一句话也许是最合适的："圣人之道，吾性自足，向之求理于事物者，误也。"意思是说：圣人所体悟的道，其实就在每个人内心之中，我们自己的本心具足一切智慧和力量，舍却内心力量的开发，一味求助于外物，期待外部力量可以帮助自己实现转机，根本就是错误的。也就是说，改变命运的真正力量，就是我们自己，向外寻求，徒增烦恼。

当然，在修行的过程中，在我们自己的心智还处在过去的低级状态时，阶段性地借助于"我之外处处是大道"这样的理念来战胜心中的小我，这是一个过渡性方法，但终极目标则是借助于这一方法，克服小我，升级到大我、无我的境界。到了这种境界，我与大道合一，小我被融入大道，从此小我不再作怪。如此这般，就不是我们被奴役，而是小我被大道奴役。如此这般，我们就可以摆脱被所追求的外在与小我私利奴役的局面。

5. 把所有人都变成悟道的人，都一样，那人的个性呢？

这个问题也是经常有朋友问的问题。

第一，把所有人都变成悟道的人，这种可能性是不存在的。

第二，生命发展一般可以分成三种状态：一是天性，二是个性，三是道性。刚刚生下来时，是天然之性的状态，与一般动物在表现上没有本质差异。但人终究是社会性动物，随着进入社会生活，渐渐就形成了自己的个性。但随着修行悟道，就会升级到道性（也叫自性或佛性）。

第三，有的朋友担忧一旦悟了道就会失去个性。实际上，我们的个性一直在变化，不同年龄阶段、不同关系之中、不同情境之下，我们的个性也是不同的，因为我们在成长、成熟，因此，个性并非一成不变。

第四，从心理学的角度看，个性，说的是一个人全面的心理属性。而健全的、高级的、智慧的个性，也在我们每个人的成长中不断地完善着、进步着。如果我们把某个阶段的个人特点视为个性，而且是一生不变的，实际上就是生命停止了成长。

第五，不少朋友对个性有一个误解，以为个性就是与众不同。实际上，这说的是一个人个性中的"个别性"或者与他人的"差异性"。而真正的个性中，绝大部分都是与众人相同的，否则，就是精神出了问题。成熟的人，在大部分非原则问题上是跟大家趋同的,而不是处处表现自己与别人的不同,否则,这个人的社会性成熟度就一定是偏低的。

第六,有的朋友还会找出一些天才级的大师或者科学家,来论证人的个性或者个别性的重要,比如凡·高、尼采等。但问题是,这样的人是人类中的极少数,他们个人的生活往往是极端痛苦的,尽管在艺术和思想上取得了非凡的成就,但他们的个人往往是不幸的。请大家不要忽视了人群中比这些个别天才在概率上更大的事件:很多有大成就的科学家,往往也是哲学家;很多有大成就者往往又待人谦和、平易近人。尤其要警惕的是,一些朋友的追求和坚持已经出现了问题:他们只是在个性表现的外在形式上与天才有几分相似,但在境界与智慧上却相去甚远。这是没有得到真传,只模仿了一点皮毛的缘故。正如另一位朋友说的那样,若是学不像,只是人疯了,却没有画出凡·高的画,岂不是人间的笑话!

6.俗话说"好人不长寿,坏人活千年",该如何理解呢?

我过去也有过类似的感慨,甚至是抱怨,当然,现在不会这么看了。

"好人不长寿,坏人活千年"这句话,我们很多人都知道,但是不是真理呢?那我们就来看看。

坏人活千年,谁见过坏人活千年的?坏人遗臭万年的倒是有,活千年的肯定没有。因此说,"坏人活千年"不是事实,臭千年的倒还是有的。

再来说"好人不长寿"。这话也不能随便讲,你看那么多长寿老人,难道他们是坏人吗?相反,这些老人为人平和、生活规律、没有内心的怨恨、来的都不拒走的都不追、生活简朴、保持劳动和自理生活、为人善良绝不害人、懂得珍惜生活和当下、不会因为一事而纠缠不休,等等,正是因为这些品质和习惯,他们保持了身体的健康,所以能够活过百岁。再看看那些早亡的人,多半会与这些百岁寿星的品质和习惯相违背。如果你觉得这些老人的品质和习惯是好的,那自然与此截然相反的就是坏的,因为这样会伤害到生命。所以,一般来说,如果你真的是好人，肯定会长寿的。可这个好人可不是你个人现在认为的那样，而是符合生命之道的那样。

但是有一种特例。我们国家的一些英雄，牺牲了自己成就了国家和我们，他们的生命是伟大的，我们更不能把他们的这种舍生忘死的奉献精神看作是坏品质。就像毛主席题词给刘胡兰烈士："生得伟大，死得光荣。"我们要做这样的英雄，而不能仅仅是为自己活着，因为我们这个国家和民族需要有人护卫，需要有人挺身而出。

怎么样？"好人不长寿，坏人活千年"这个心结能解开了吗？

也许有的朋友觉得意犹未尽，那是因为我们还有一层意思没说：实际上，这句话是一种感慨，并不是在陈述普遍真理。在我们的文化中，人死为大，所以，一般情况下，人一死，就不能再说他的坏话了。所以在为死者致悼词时，都是歌颂和怀念的话。人一死，跟我们的恩怨情仇就全部完结，即使给个"好人"的说法，活着的人有谁会去羡慕嫉妒恨呢？所以，对于早亡的人，我们是使用这种评价模式的，但并不代表着死者是完美的，这一点谁都清楚。至于说"坏人活千年"也只是一种情绪发泄，因为很多人希望坏人早死，在这种情绪模式下，"早死的人说成好人，该死没死的说成是坏人"，比较符合我们的情感要求。

说清楚了这些，我们还是要不断学习。不要以为自己现在就已经是彻底的好人了，因为好人是要一直修行的，有错改错，多做利人的事，保持心绪平和，没有多余的欲望，能够理解不理解的各种人和事情，这样，也是长寿之道。当然，在国家和民族需要的时候，我们又要毫不犹豫地献出生命。这才算是想明白了，就会生得伟大，活得智慧，死得光荣。

7. 在这个金钱社会，我们应该如何正确对待金钱？

恐怕这个说法本身就是个问题。

金钱确实很重要，但人类社会也不仅仅是金钱最重要，还有比金钱更重要的信任和情义。如果我们自己的认知无法突破这一点，那这个金钱问题恐怕就无解了。

下面，我们用拟人化的方式听听钱怎么说吧：我有什么错，还不是你们人自己的错，不知道反省自己，却把一切罪恶都归到我身上。就这一点，你们人类也真是够可笑的了，这样的智力模式，金钱之外也会制造出很多问题的，因为你们不知道反思自己。

是啊，金钱只是一种物质，它本身没有主观意志。使用金钱的是人，钱是干净的还是肮脏的，是正当的还是邪恶的，这跟金钱本身毫无关系，完全是人来赋予它的。正当收益中的钱是干净的，肮脏交易中的钱自然是肮脏的。

金钱，是人类做价值交换的媒介，也是价值的一种载体。你有价值，遇到有需要这种价值的人，可能就会通过货币达成交换，但也可能变成相互的信任、相互的合作、相互的扶持和长久的友谊。如果一个人没有办法为别人提供任何价值，这样的人就很难有收益，极可能沦为乞丐。所以，你的品德智慧、你的专业能力、你与人相处的艺术、你愿意跟人合作的智慧，等等，就是你的价值的表现形态，这也是国学智慧、科学知识、行动能力等这些提升人自身价值的学问之所以有价值的原因，这些学问都是在提升内在的价值，也是金钱之母。

金钱多少是你的人生状态，也在昭示你内在的价值。金钱很少时，你能踏实学习提升自己吗？金钱很多时，你能够保持质朴和乐于助人吗？你能承受金钱很多时对人性的考验吗？金钱少时，伤人骨；金钱多时，伤人性。如果不管钱多钱少，我们都能保持生命的淡定，我们就是金钱的主人。如果金钱的多少与得失都会伤到我们，金钱就变成了我们生命的主人，我们就沦为了奴隶。

金钱的问题，确实很考验人。有的人，为了钱而失去了人品，于是再也不会被人信任，这就是人们常说的"贱命"的本质所在。有的人，因为各种原因失去了钱，但没有失去自己做人的品格，也就是输钱不输人，这就是所谓的"输得起"的人，这样的人一定能够东山再起。

当我们明白了，金钱只是人生价值形态的一种而不是全部时，当我们明白了，还有决定金钱的内在智慧，还有胜于金钱的人间情义时，我们才算是有了一个完整的金钱观。

8.何为成功，何为失败？成功是得到快乐还是得到名利还是得到拥护，失败是失去快乐还是失去名利还是失去拥护？人做事要有目的性吗？

有些问题很难一两句话说清楚，我只能就我能够解答的谈谈自己的看法。

关于成功与失败，全世界至今还真没有一个统一的标准。我就谈谈关于成功与失败的个人看法吧。

第一，成败有个"盖棺定论"的说法。一旦一个人觉得自己成功了，或者别人认为他是成功者，十个人有九个半会出现自我膨胀、心智不清、智力下降的情况。为什么呢？因为几乎任何一个人都想在社会上证明自己，所以，一旦证明自己成功的外部信息多了，个人主观上就会出现一些反应。如果不修行，也就是不能及时省察自己，就会出现主观膨胀，就会启动失败的程序。如果一个人感到失败了呢？也多半会启动消极沮丧，甚至是怨恨、报复或者自甘堕落的情绪。坚定地相信失败是成功之母的人，到底有多少呢？看看新闻报道就知道了，只有极少数人能够调整好自己，真正实现咸鱼翻身。由此可见，成功与失败，对于不修行的人来说，都可能成为主观出错的推动力，最终走向更糟糕的状态。既然主观感觉上的成功与失败都不是什么好事，那就把这两个概念从主观中删除吧。

第二，话虽然可以那样说，但现实中大部分人一时半会儿也做不到。既然没有一个统一标准，那我就先介绍一个中国文化中的"三不朽"标准，这是成圣的标准，也可以算是成功的标准之一吧。"三不朽"，指的是"立德，立功，立言"，也叫"三立"：一个人通过修身成为一个君子，成为圣人，能做人的楷模；一个人兢兢业业、殚精竭虑地服务国家，做出突出成就；一个人能够留下供后世学习借鉴的智慧思想。有些朋友会说，这个标准太高了，我们做不到啊。可是，你能做到的不都已经做了吗？现在要考虑的，不正是那些你向往但又眼前做不到的事情吗？如果认为当前做不到就不去努力，这本身不就是一个失败的心智程序吗？

第三，也是大家既熟悉又陌生的：富贵圆满。有一个说法是"心中无缺叫富，被人需要叫贵"。很多人想象的富是不缺钱，可谁能有钱多到不缺的份上？其实，钱多时要的钱更多。好像有个段子就说了这种情况：一个富翁对儿子说，咱家拥有的金钱三辈子都花不完，咱家的负债八辈子也还不清。所以，羡慕别人一定是自己没见识。所以，真正的富，一定是个人对自己欲望的节制和心智的圆满。再来说"贵"，有的人以为高高在上就是高贵，可如果这样的人以权谋私，你还会认为他高贵吗？恐怕你会鄙视他。因此，中国文化讲的"贵"，是能利人为贵，自己有能耐、有地位、受尊敬、乐于助人、乐善好施。至于说"圆满"，那就是智慧通达心中无忧虑，与人相处和谐无是非，明了天地人心大道有敬畏，灵魂自足无外求，一切和谐无纠结，处处事事皆礼物，行走坐卧皆自在。

第四，就是中国文化中的"五福"。过去人们祝福人会说"祝你五福临门"，代表五个吉祥的祝福：寿比南山、恭喜发财、健康安宁、品德高尚、善始善终。"五福临门"最早出自《尚书·洪范》，所记载的"五福"是："一曰寿、二曰富、三曰康宁、四曰修好德、五曰考终命。"长寿，是一个人基因、生活方式和修行涵养等因素综合的结果；富裕是一个人心性、智慧和修行功夫的证明；健康平安也是一个人德行与智慧的综合体现；"修好德"就是抓住人生的根本，时时学习进步，给自己的灵魂充电；"考终命"说的是"善终"的问题，人到生命最后的几年，还能基本保持安闲自在吗？能够尽量不给儿女添麻烦吗？能够尽量少让自己受煎熬吗？死后能够不给后代遗留是非和严重的问题吗？

说了这么多，请大家结合自己的情况，整合一个适用自己的成功标准吧！

9. 人怎么才能知道自己追求的是生命必需，而不是额外占有呢？这个度要怎么把握呢？看人家啥都有，自己还怎么能有定力？

这个问题提得很实在。

如何知道是必需，而不是额外占有？我当初也不明白。听一个朋友讲了他的故事后，受益良多。

那位朋友以前是公务员，后来下海经商，希望也像很多老板那样挣很多钱、开好车、住五星级酒店、住别墅、穿名牌，甚至还带助理或者保镖。他奋斗了五年后，上述目标都实现了。可是，紧接着就连续不断地出事：孩子得了白血病，太太得了子宫癌，高管中出现了他所说的背叛者（业务骨干跑到竞争对手那里去了），自己经常睡不着觉，最终导致神经衰弱，到医院一看，竟然得了抑郁症。哎哟，你看他竟然得到了那么多——想要的和不想要的全来了！

长话短说，后来他把公司总裁职位交出去了，听专家的话，建立了法人治理体制和科学管理机制，自己有时间去学习了，学习了国学，还参加了高级修行班。现在看着就像个有修行的人，很淡定，富有智慧。因为责任分配出去了很多，自己的智慧增加了很多，事业反而做得更好了。想一想，自己过去一头钻进工作中，什么事都管，财迷心窍，感觉自己很好笑。

现在，修行是他每日必须做的功课。吃饭不再追求山珍海味，而是简单素食，甚至还要辟谷。豪车不坐了，开始骑自行车。名牌不穿了，开始穿布衣。对人不训斥了，只是悄悄地鼓励。公司也建立了每天每周的学习制度，全员都在学习国学。在家里知道做点家务了，吃完饭知道陪太太散步了，知道跟孩子交朋友了。把空荡荡的别墅重新装修了书房、茶室，开始学习品茶。朋友过去借的一点小钱也不要了，员工有困难知道到家里去看看了，知道这才是他最重要的工作。给孩子、家人买了保险，给全家带去了祥和，因为学会了温柔地说话。也给朋友带去了温暖，因为学会了体谅人，懂得别人的疾苦。最终，留给自己的只是简单。

那么，到底什么是必需，什么是额外占有呢？这就要看你做的事、你追求的事，是在伤害你的生命与生活质量呢，还是在助益你的生命与生活质量？知道给需要的人花钱了，自己的内心却更加充实、安定了。过去可不行，因为别人借钱不还，他气得够呛，还要跟人家打官司，骂人家背信弃义。如今，不骂人了，不怨人了，小钱不要了，还懂得主动拿钱帮人，自己的事业、生命、生活、人生所获，反而更加平衡健康了。你说，这不更好吗，这不就是智慧的人生模式吗？

也许年轻的朋友会说，这是什么都有了才会这样的！话可不能这么说。人家当初也是一无所有的，但是人家知道拼搏、学习、多结善缘，若是没有这些内在品质，哪里有成就啊？按照他自己的说法，过去只有钱，现在有精神正常、心情不受影响、家人和睦珍惜，身体越来越好，事业上的朋友也开始升级了，发展比自己过去玩命时更好了。

至于说看着别人什么都有时很难淡定，你说的是既有事业也有抑郁症吗？你说的是整天忙最后家里出事吗？你说的是看上去很有钱心里却难受吗？我们看别人，多半只能看到表面，但人家背后的努力、心中的焦虑、夜晚的失眠，等等，这些你肯定看不见。当然，人家转变了，在不断学习、不断突破自我、调整整个生活的结构、给别人花钱，等等，这些你多半也是看不见的。所以，"看别人什么都有"往往看的是不全面的，没有定力了，也就是不知道如何努力提升自己的内在，只是期望外在的利益。这就是典型的邪道：只知外求，只求私利，只求物质。而那位朋友的转运，不就是转向了内求才实现的吗？

也有年轻朋友说，是不是人都要经历这样的愚蠢和磨难才会明白啊？这个不一定。实际上，经历磨难依然不明白的人很多。只有储备了圣人智慧的人，才会从自己和他人那里汲取人生的智慧，才会有生命和灵魂的升级。

10. 我经常会被过去不顺心的事情困扰，心境很难平静。有没有具体方法，可以使自己不为外物所扰，专心做好当下的事情呢？

这个问题要从以下两个方面入手。

第一个方面，被过去的事情困扰，说明没有想明白，事情虽然过去了，但心理上还处在"欠账"状态。我们经历了但又没有想明白的事情，都属于心灵的"欠账"。想明白的，也就不再纠缠你。至于怎么想明白，这要看你是被什么事情困扰，不同的事情，肯定对策也不同。这里有几个原则可以参考：一是如果自己做错了，就要去找到相关人认错、改错；二是如果找不到具体的人，就自己好好总结，现在做事时改正过来，甚至还要去提高和完善；三是如果一味地认为是别人的错，总在看自己的正确之处，就很难找到问题的症结，因为一个巴掌拍不响，改变别人很难，但可以改变自己。

第二个方面，就是如何增加专注眼下事情的强度，只有这样才能真正把心定住，如草拟计划、确定标准、制订时间表、确定具体行动，甚至找人帮助监督。

在个人修行上很老到的曾国藩告诫人们，一定要读懂这十六个字，否则人生将一败涂地：

物来顺应，事情已经发生就去顺应和面对；

未来不迎，不必为没有发生的事情而焦虑；

当时不杂，专注做好当前的事情；

既过不恋，已经过去的事，无论好坏，都不要纠结了。

二、如何协调人际关系

11. 我在思想上认同老子的《道德经》，其他人觉得我很怪异，表示质疑。我要如何面对？

这种情况也是在《道德经》学习和修行中很容易遇到的，因为修行还不圆满，不究竟，所以一些言论与行为就会让别人感觉与众不同，或者有些怪异。如果你是利他的、不求回报的、不加分别的，就默默去做。

如果别人感觉你总念经、不愿意跟人接触或者交流，那就是你还没有走出自我的模式，或者自视清高而瞧不起俗人。如果是这样，那自己还是在用低级的思维思考，别人觉得你怪，也就不怪了。要想证明道的思想是正确的，你就要和光同尘——不追求跟别人的不同。在与别人的相处中，把自己的上善传递给对方，把自己的不计较让对方感受到，不用去排斥，不用去指责，不要去争论。如果要说点什么，那就说说你对别人的理解与欣赏，说说自己从别人那里学到的优点和感恩，再说说自己的不足和错误。

总之，别人的质疑，就是大道在给我们上课，在告诉我们做的不正确的地方。不能回避，不能指责，一切内求！

12. 如何运用《道德经》去看别人的优点，而不是去看其缺点？

这是个很典型的问题。我们普通人看人都是两分的：优点与缺点。这就是主观的价值评判。实际上，你认为的优点别人未必这么看，同样，你认为是缺点的，别人站在不同的立场也会得出不同的结论。比如，父母看自己的孩子，往往用别人家孩子的优点教育自家的孩子，只是不知道，别人家的父母也正好在用同样的方式，拿着你家孩子的优点在教育他们家的孩子。大家还知道"情人眼里出西施"，说的就是感情因素影响对人的评判这种典型现象。也就是说，我们所说的好与坏、优点与缺点，都是受到个人主观价值观、立场、感情、心情等因素影响的，而不是客观真相。

一个朋友学道中谈到了自己的这样一个变化。起初，他对某个人没有好感，我告诉他，就拿这个人做修行的练习。过了一段时间他告诉我，他原来的看法是错误的，那个人挺好的，现在他们已经是朋友了。原来，随着接触的增多，了解的信息多了，对那个人的理解就更全面了，肯定也在那个人身上发现了自己之前并不了解的很多优点，当然，也就能够体谅他了。每个人都有长处有短处，修行就是拿自己的短处来下手，拿别人的短处来警示自己；警惕自己的长处背后藏着缺点，学习别人的长处把它变成自己的长处。如此这般，长处与短处的变化就进入了一个良性模式。这是一切修行的基本功课！

13. 为什么有人伤害了自己，还要给予他善的回馈？

对待受伤害这件事的正确态度，来自对"伤害"这件事的理性分析。简单地讨论原则与方法，就很容易陷入"公说公有理、婆说婆有理"的逻辑困境。

"伤害"事件的讨论实际上是个很复杂的问题，涉及许多因素，由于时间、篇幅所限，我们只能圈定范围进行讨论，也就是日常生活、工作中没有严重触犯法律而更多集中在低量级和主观感受方面的事件。

从过程分析来看，生活中的"普通伤害"（很多时候限于心理感觉和少量的损失）事件通常具有以下特点。

第一，这是由双方一起来完成的，也就是老百姓所说的"一个巴掌拍不响"。但在这种事件的心理归因方面，受到伤害的一方往往会把全部责任推给另一方，而重新剪辑整个过程，尽量剔除掉需要自己负责任的内容与环节。这是人的自我防卫心理造成的。

第二，受到伤害的一方往往在社会舆论和道义方面占有优势，因为公众同情弱者，所以受到伤害的一方自然会被并不了解全部过程的公众视为弱势一方。

第三，一旦形成这种局面，就会形成一边倒的舆论，指责对方，主张惩罚。请你注意，到了这个阶段，如果已经成为触犯法律的事件而不是一般性纠纷，将会由法律系统来处理。

第四，一旦法律介入，事情就会按照法律程序执行，也不用我们再进一步讨论是否要善待对方的问题。如果仅仅是一般心理感受性的问题，那就要考虑如何才能妥善处理。

第五，心理感受性伤害，如果不能从心理调节的角度进行良性处理，就容易让事件恶化，最终可能加深对双方的伤害。所以，让自己从受伤害的角色中走出来，宽容对方，善待对方，就可能会唤醒对方的良知，从而把关系调整到宽容与道歉的模式上来。

第六，如果一方的能力无法唤醒对方的良知，那就面临两个选择：一是进一步激化矛盾，二是一方主动撤出。正所谓，跟不讲理的人讲理也是一种愚蠢，跟精神病讨论道理是没有好结果的。但第一种选择，就是不服输、不服气，一定要让对方屈服认错的行为，这往往会酿成更大的灾难。

正因为如此,我们在生活中要坚持以下几个原则:

注意自己不要伤害别人,一旦出现问题及时纠正;

不要轻易发展不正常的、非常规的关系,否则很容易出现伤害;

出现问题时也要找自己的原因,一味责怪对方的做法,往往会激化矛盾;

普通生活事件,要主动改正自己,审视自己,不要轻易相信陌生人给予的好处;

不管如何愤怒,也别忘了"解决问题"才符合自己的利益,若是为了一句话的道理发生越来越激烈的争执,结果往往会让人后悔莫及;

及时地识别对方的状态,千万不要和恶人或者状态不正常的人继续纠缠,吃点小亏能够及时撤出,也是一种明智;

化敌为友、化仇恨为宽容,实际上也是让自己得解脱,事情过去了,就不要再做更多的纠缠,否则,伤害会扩大和持续。

14. 对于贪婪的人也要无私吗?

按照这位朋友提问的逻辑推演下去,对于贪婪无度的人若是无私,那无异于试图填满一个无底洞,肯定是愚蠢透顶的。如果以这种极端的情景来否定无私,那我们要反过来选择自私吗?按照这样的逻辑,自私很愚蠢,无私也很愚昧,那又怎么办呢?这不就陷入了一种绝境吗?很显然,对待贪婪的人,自私没有多少胜算,无私也不能解决问题。难道这样的问题就无解了吗?

既然如此,为什么圣人、世间高人还总是强调"无私"呢?是不是这仅仅是理想,而在现实中却行不通呢?

让我们再回到那位朋友的问题上来。对贪婪的人也要无私吗?这似乎是在忧虑,如果无私地对待贪婪的人,自己就会被掏空,而且因为面对的是个贪婪的人,再怎么对他好也不会得到回报,所以,这样无私地对待贪婪之人是愚蠢的。也就是说,对待贪婪的人,不应该无私。

让我们换个对象再来看一下。在家里,如果父母对孩子一味地无私,孩子多半会被溺爱坏了，只会等要靠，因而失去了成长能力。

在朋友中，如果聚会总是你买单，够无私的吧？渐渐地，很多人就习惯了你买单，若是哪一天你不买了，没准儿不少人还会责怪你——好像你买单培养出了人们的一种理所当然的恶习。

看来，照着这位朋友所担心的逻辑，只要无私，多半不会有什么好结果。这背后有什么玄机吗？

我们通常理解的无私，就是一味地对别人好，不要回报，不讲条件。但你知道吗，这在不少的时候，恰恰是一种很隐蔽的自私的表现。这个隐蔽的自私，很不容易被发现，所以很多好心人往往就带着这种隐蔽的自私。那么是什么给这种自私加上了一层伪装呢？

我们熟悉的自私，可以称之为显性自私，也就是处处为自己谋私利，也就是为自己谋好处、多吃多占，等等。还有一种隐性自私，就是什么事都只按照自己的主观意愿去做，根本不管对方的愿望、特点与规律。也就是说，很霸道地将自认为的好处强加于人，自己觉得好的就要对方必须接受，否则，就是不给面子、不识抬举、不懂好歹。比如，有些时候对于一个不胜酒力的人，非要把自己的热情强加于他，对方不喝醉就誓不罢休。任凭对方怎么说明甚至请求，也决不放手。用自己花钱买的酒，把对方灌醉，你说这是无私，还是自私呢？

话说到这里，我们就知道了，这样的热情和付出是一种伪装——强制别人接受和让别人难受甚至出丑，这才是玄机。这不就是老子在《道德经》里反复告诉大家的，用自己的主观代替对方的客观吗？这不就是典型的背道而驰吗？

真正的无私是什么呢？不从别人那里谋取害人利己的利益，不去一味地谋取过分的物质利益，不去谋取招摇于世间的那种名号，取得了成就也不会让主观膨胀到自大自狂。同时，做事待人，考虑对象或者对方的特点与规律，选择适当的方法和时机，来对接对方的感受，以促进对方的美好，而不是只表现自己的美意，这才是真正的无私。

由此可见，老子所说的无私，是一种合于道的智慧，是一种根据具体情况、具体对象的特点与规律，以促进对方良性的感受和正道上的进步为目的的智慧行动。在这种智慧中，既破解了显性自私的愚蠢，也破解了隐性自私的愚昧，如此才是老子所说的无私之真意。

15. 我是一个从小总想给予亲人或朋友关爱的人，但不想接受别人的关爱。这叫自私吗？这是什么心理呢？

只想给予而不想接受，这是一种自私的变种。我之所以这么说，是因为这样做没有考虑到或者照顾到对方的感受，只是想着践行自己的原则，却没有给予对方同样的机会，所以往往会让对方难受。此时的对方已经只是你表达、表演自己情感的工具或者道具，你虽然有实在的付出，但也只是在利用别人来满足自己的心理需要。

我们再来分析一下这种做法或者心态背后的问题。

如果从小就如此，可能就是一种思维和行为的惯性，是自我中心的一种表现。我们知道，只按照自己的想法做事，而不照顾别人的感觉，这是自私而不合道的。

这种想法和做法可能来自过去经历的某些不愉快体验或者心理创伤。比如，帮了别人，也接受了别人的关爱，结果发现对方反而有对你有恩的说法和做法。或者，接受了别人的关爱后才发现，对方另有企图，自己好像被人利用了。

其实，类似的不愉快体验，很多人都会遇到，我们只要作为个别案例来处理就可以了。也就是说，一旦遇到这样的人，今后就减少接触，不要将这种不良印象泛化到所有的人身上，从而形成自己一种新的狭隘规则。

当然，遇到某些十分热情要关爱你的人，自己要把握分寸，不要一味地接受，而要有相应的回馈。如果感觉有点累，也就是说，这种关爱实在有点变成负担了，那你首先就要委婉地拒绝一些这样的关爱，减少与之接触的频率和密度，直到自己感到舒适为止。

总之，当一个人不管是对什么事，或者出于什么原因，只要是单纯站在自己的角度思考问题或者行动，就是不合道的，因为这样做实际上就与客观外界形成了对立。

16. 工作生活中遇到"垃圾人"，最好的应对之策是什么？

"垃圾人"是最近一些年出现的新词汇，形容的是这样的人：他们本身让很多负面垃圾缠身，需要找个地方倾倒垃圾。说得再直白一点就是，他们遇到人总是倾诉负面信息，对很多事情的认知与评价也多半是负面的。

这样的人还是很有杀伤力的。不少朋友遇到这样的人，心情会受到影响。如果不得不坐在一起，就如同被放在火上烤一样煎熬。当他走向你时，你近乎本能地有一种排斥感，不想跟他说话，也不想听他说话，因为你可以预知，他不会给你什么愉悦的信息。

这样的人不是很好改变的。要是遇上了，怎么办呢？

如果是亲人，那真的不好办，因为躲不开，也说不通。他也基本上改不了，所以只能忍耐。必要的时候，请专家做一些辅导，但多半也只是缓解一时，很难彻底改变。

如果是同事，那就尽量减少接触。你既改变不了他，也撵不走他，那就尽量避开点。

如果是你的上司，他会主动找你，你还不能离开，这就有点麻烦了。你若是疏远他，他会对你有成见；你若是迎合他，那他会更频繁地找到你。如果你不想离开这个单位，那就尽量回避。

如果是你的朋友，可以好言相劝，如果没有改进，那就减少交往，直至不再交往。

实际上，垃圾人有一种严重的心理疾病。如果你是他的亲人，还是要引导他去做心理辅导与治疗。如果是其他人，那就尽力避开吧，实在不行就彻底离开他。

17.您说，这个世界上事物没有好坏之分，都是自己的情绪把它定义成好的或者坏的，我们不能顺着我们的主观判断走下去，不然会蒙蔽真相。比如，如果一个人要伤害我，我的情绪肯定先做出判断"他是坏人"，然后做出逃离的动作或者反杀他。如果此时不按照主观判断行动，岂不是会白白丧命？

首先，我当初可做不到对人间事不做是非好坏的判断，后来学习了圣贤智慧，经历了很多人生磨砺，又学习借鉴了很多人的智慧，才搞清楚的。

我们很多人总是活在自己的价值观体系中，以至于搞不清楚真正的好坏和是非。对于很多人来说，所谓好的，就是对自己好的，可是对你好的就没有其他动机吗？所谓坏的，难道对你没有正面作用吗？正所谓"苍蝇不叮无缝的蛋"，我们感觉到别人不好时，会想到这是自己引发的吗，能够借此找到自己的问题吗？

我们跟着这位朋友的描述走，看看问题出在哪里。

第一步，如果一个人要伤害我——注意，这是主观假定。如果轻易地做出这样的假定，你的态度、表情、言语和动作就会表现出相对的敌意。注意，在你假定后，你就已经开始行动了。特别要注意的是，前面是你的假定，后面却是你实在的行动，你的行动一定会给对方发出相应的信号。

第二步，我的情绪肯定会先做出"他是坏人"的判断——注意，是你的情绪在做判断，而不是理性。如果是用情绪做出反应，那就有可能搞坏所有的事。

第三步，基于以上假定、判断、情绪，你开始选择行动：逃离还是反杀。如果前面的假定、情绪、判断都错了呢？逃离是不是有些大惊小怪？反杀是不是有点弄巧成拙，甚至酿成大祸？如果无法逃离呢，如果你没有反杀的能力呢？

第四步，又做了第二个假定：如果不像上面说的那样做，那就会白白丧命。实际上，在现实中，往往都是做了一连串错误判断、情绪反应和不恰当的行动的人，才最容易丧命。

我和一些朋友，在几十年的人生中，化解了许多冲突与危难。其中的诀窍在于：

一是不要被传言迷惑，要让自己冷静；

二是相信没有人想把自己的事情搞得更坏；

三是相信每个人内心总有些许的良知存在；

四是相信平静地站在对方立场对话能化解；

五是像他的灵魂一样给他做出一个最优解；

六是用小动作表示你的真诚、善意和力道。

总而言之，这个世界上的万事万物，哪个叫坏？哪个叫好呢？好坏全是人的主观给事物贴的标签，是我们给命名的。老子说"名可名，非常名"。你往好处看，往好处努力，好的方面就会呈现。如果你认定是坏，按照坏的方式去应对，事情往往就会变得更坏。你是想解决问题呢，还是想给自己制造更大的麻烦呢？

18. 单位总有那种指责别人这里不对那里不好的人（并不是领导），还说很多人都这样认为。问是哪些人，她又说不出，真的很影响人的心情。作为被她诋毁的人，该怎么想呢？

其实，无论你到哪里，可能都会有让你并不如意的人或事物在身边出现。与其深陷负面情绪的纠缠中，不如思考对方所带给你的正面启示。

俗话说："有则改之，无则加勉。"对方所指责的事情，全部都是诋毁，还是有部分事实依据？只是有些夸大，还是方式让你难以接受？其中，你提到她不是你的领导。假设她是你的领导，遇到她的无端指责，你又该怎么去想呢？你会因为对方职务比你高，而对她的行为有所改观或是忍气吞声吗？

一般情况下，人在面对他人所谓的"诋毁"时，往往会以牙还牙，从而发生正面冲突。也就是说，不少人会遵循一种"外部刺激—应激反应"的行为反应模式，双方的情绪就此激化。此时，人会因为情绪的干扰，而采取本能性的直接反应方式。值得注意的是，这样的反应方式，并不能将自身与自身的行为之间拉开一个"觉察"与"理智反思"的距离，反而会轻易被突然涌起的情绪所掌控，被情绪牵着鼻子走，人的大脑会暂时性失控，因而不能理性地对待对方，当然更难兼顾到对方说辞之中可能的合理之处。最终，冲突会演变成双方之间的情绪冲突。

当然，也不排除她确实是无中生有、恶意诽谤的这种可能。如果真的如此，那么她是否是更值得人们去同情的可怜之人呢？

其实，来到你面前的任何人，都是带着他的使命为你而来的。他就是你面对的并身处其中的大道的一部分，而大道又是不以个人的主观意志为转移的客观存在。你的主观认知所能够做的是，在你面对的他及他所承载的"道"中，找到对方给予你的生命启示："你爱的人，在告诉你爱是什么；你恨的人，在告诉你宽容是什么。"打开心结的关键就在于，你能否借助对方所传递给你的"道"，找到对方的"道"，并以此作为镜子，反观到自身的问题，找到个人成长的空间和可能性。

《道德经》中有言："善者，吾善之；不善者，吾亦善之，德善。"《道德心经》说："万物皆为镜，万般皆为镜中我。"总而言之，要找到她对你生命的正面功能，反观与省察自身的行为和问题。绝不在情绪的干扰之下，做情绪的木偶，更不能在与对方发生无意义冲突时做无谓的自我消耗；找到对方的道，接上她的道，你就此也上道了。

进一步结合你的问题，我的具体的认识与建议是：

你同事的行为表现，正是呼唤人们对她的认可，她是缺乏爱的人。这才是本质。

找到她的优点，恰当地给她肯定，让爱的力量温暖她。

可以建议相关领导找她谈话，找到问题所在，给予帮助。

不同频道的人总会有的，这是练习自己功夫的好机会。

19. 一个人的精力、时间是有限的，如果把时间、资源用于对你不好的人，你又有多少精力回报那些真正有恩于你的人呢？

这个问题听起来有道理，那就让我们来分析一下。

首先，作为首要的生活原则，亲近、珍惜、回报对我们好的人，这应该是主流。否则，就会搞坏自己的心情和生活质量。

其次，如果我们只是选择这种心态和方式，那谁有把握一辈子不遇到那些难缠的人和事呢？如果接触的人少，可能概率还会少一些。但即使是在家庭小环境下，有多少人一直是用报恩的心对待自己的那几位亲人的呢？

再次，既然行走在社会中会遭遇各种各样的人，我们就无法完全回避，所以就需要练就一种能力与之相周旋。这就是修炼！如果不愿意做个修行者，那也就意味着，一旦遭遇家庭成员的激烈冲突、在外面跟合作者或者其他人的利益纠葛，我们可能就没有力量去处理。到了这个地步，想逃走都不是容易的事。

你说呢？祝福大家！

20. 爱情值不值得？用《道德经》的思想如何解释？

这个问题好难答啊！历史上，多少人述说过爱情的诡异啊！

如果说世界上人与人之间有什么事最考验人，那当然首属爱情。

爱情出现时，让人意乱情迷，如同鬼迷心窍，可以改变整个身心的状态，甚至改变对整个世界的看法。

爱情，既会给予人无穷的力量与美好，也会同样制造出相反的东西，也就是让人痛不欲生，让人如入地狱。

尽管爱情有这样大的风险，但大部分人追求爱情的决心依然是那样的坚定不移。

在爱情问题上，道家的方法论可以帮助我们做好准备。

一是在极端感情状态下的行为，都是不可能长久的。"飘风不终朝，骤雨不终日"，这是天道。如果希望爱情永远如热恋一般，那就是自己想错了，是自己的主观幻想违背了大道的规律。

二是利用爱情的美好状态，缔造双方的新生活模式，而不能只是简单享受爱情的美好激情，却不善引导这一美好的力量去创造双方共同的人生模式。

三是双方要协同出一个规则，那就是一方状态不对时，另一方要保持冷静，或者脱离接触，等待对方冷静下来。而不是互相激火，彼此互不相让，在一种非理性、不正常的状态下去讨论正常的问题。

四是双方要珍惜这份情缘，相互理解、相互谦让、相互忠诚、相互关爱。不能理解，就会发生误解；不能谦让，就会激化矛盾；不能相互忠诚，就会万劫不复；不能相互关爱，就会走向冷宫。

爱情是相爱的人一场特殊的修行，是对对方命运的交付，是对对方的接纳与容忍，是对对方苦难时的陪伴，是对对方异常状态时的承受，是对自己过错的忏悔和道歉，是对对方的欣赏和一生的服务。

物极必反，注意不要总是追求极端的感情高峰。

虚极静笃，遇到对方状态不对时，不要跟随做出情绪反应。

阴阳和合，彼此有进有退，相互补充，互相靠近，不要人为冷战。

对方是道，多看对方优点，多念对方恩情，多说对方道理，多做自我批评。

不争是道，不要因为小事和细节总是指责对方，否则，爱情就如同泥汤。

空灵是道，不计较过去的过节儿，永远牢记恩情，永远忏悔自己。

利他是道，爱情得绝对利他，唯有做到这样的天道法则，才能让爱情之树常青。

我看过一部电视剧《我的娜塔莎》，我这样一个奔六的人，竟然被感动得稀里哗啦，那种对爱情的忠贞不渝，那种历尽人生各种各样的磨砺而愈加坚定的爱情，是我们灵魂的一种多么强大的力量啊！

三、怎么管孩子、当领导

21. 孩子上初中，不爱学习，有什么好办法？

坦率地说，这个问题具有一定的普遍性。到底有几个孩子能够达到爱学习的状态呢？毕竟学习是要受管制的，跟找人玩玩完全是两回事。当然，不知道这位朋友是否还记得自己小的时候是否爱学习。

面对那么多外部的诱惑和个人生活的困扰，这些因素都会影响到孩子对学习的专注。如果孩子在父母那里感受到的只是压力、指责、要求，而没有关心和鼓励，孩子就可能没有好好学习的心情。如果父母不学习，只是一味地监督孩子，学习就会成为孩子很厌恶的事情。如果家庭关系不是很温馨，孩子的心情更会受到困扰，也就无心学习。如果孩子交往的同学也是这样，或者比他的状况更糟糕，他们之间互相影响、彼此强化对学习的负面认知与情绪，就会加剧他不爱学习的问题。

孩子在学习过程中很需要别人给一些引导与辅导，而父母往往又缺乏能力与耐心，那就会让孩子在学习中积累越来越多的困惑与难题。面对这种情况，如果父母没有找到问题的症结，只是一味地着急、生气和训斥，就会带来越来越糟的效果，甚至会伤到孩子的心理健康。明智的做法是，寻求一下外援，聘请能够跟孩子交成朋友的辅导老师，既能够跟孩子交流思想与情感，又能够在具体问题上帮助孩子。

当然，很重要的一点是，我们学习道家智慧，就要知道凡事都有规律。遇到孩子不爱学习这样的事，我们唯有尽心领悟，或者找人请教，了解这件事的规律，才会有正确的做法。当然，如果只站在自己的立场上，采取呵斥或者强迫的做法，固然会有一定的临时效果，但会对孩子的心灵成长造成不利。上述这个问题，对于家长是个修行的好题目，既要有冷静的分析，也要有温暖的关怀，这才是解开这道难题的钥匙。

22.道理能明白，但有时候却不能自控。比如，今天孩子玩乐高，我叫他半小时后写作业，但一个半小时过去了，他还没有写的意思。此时我刚好翻开一张卷子，发现孩子粗心大意丢了很多分，火噌的就上来了，把他的乐高扔到了地上。事后觉得这样做不好，解决不了问题，但当时就是控制不住发火了，这种时候怎么修心？

作为父母，遇到孩子贪玩就很生气，这是一种近乎本能的反应，我过去也这样。这是源于我们不懂得孩子，或者我们只知道自己的愿望，根本没想着去懂得孩子的愿望和感受，于是在孩子面前耍起了淫威，这就是父母自己修行不够了。

若是不懂得自己这种状态的危害，也不知道这种错误的成因，就很难控制得住自己。若是控制不住自己，就会将孩子作为自己发泄情绪的对象。若是活在自己的愚昧中，肯定不会懂得孩子，也就无法让孩子进步和成长。

孩子都贪玩。我也给我们家孩子买过很多乐高，甚至去年孩子都十三岁了，我太太还给他买过一个很大的乐高。我看着孩子拼乐高，看到了这样的心境图画：孩子拼乐高的那个时刻，他自己是很自在的。孩子跟成年人在一起并不自在，因为家长总是指手画脚的，会让孩子紧张。在孩子玩乐高的那个时刻，我看到了孩子的专注，看到他进入了一个自我创造的世界。我为孩子感到骄傲，为孩子的创作喝彩，因为我懂得了，要给孩子一点时间、空间，让他自在一点，因为我发誓要成为孩子的朋友，因为我最享受孩子把我当朋友的时刻。我也知道，孩子玩，也是在学习，不让孩子玩，孩子就往往缺乏投入学习的力量，因为那份学习可能并不是他喜欢的，但他还必须要去做，所以需要一点心理的放松、需要一点能量的补充和心情的调节。这些都需要作为父母的人能够懂得、能够配合、能够体谅。

明白了这些之后，我们总结一下：

父母要能够识别自己的本能反应，也就是那种不过脑子就做出的反应，是那种做完之后很快会让自己后悔的反应；

要懂得孩子非常需要自己玩的放松时间；

要积极鼓励孩子去玩，甚至跟孩子一起玩，让孩子学会玩，在玩中进步；

学习上看孩子需要什么样的帮助，自己去做助教而不是做监工，如果自己做不到就去请人帮忙；

这辈子要做孩子的朋友，不能做警察、法官和监工。

当然，做父母的自己也要好好修行，读读国学，练练字，养养性情。否则，父母不进步，就无法陪伴孩子一起进步，孩子就会成为父母的出气桶，亲人之间就会相互伤害！

23. 您在《道德经》第三十七章的讲解中说过：通过进入组织的"入模化"，将其培养成组织中的人。请问"入模化"是什么意思？

老子在《道德经》第三十七章中讲到了"无为"，核心思想就是让我们走出自己的主观，走进事物和众人的客观之中去。如果个人不按照客观规律去做事情，那么就一定会出现我们的主观违背客观的思考和行动。所以，老子就是看到了人们这种错误的行为，提出了"无为"的思想。当然，不懂的人可能会问，这"无为"的思想就是什么也不做吗？"无为"当然不是什么也不做。如果谁把"无为"理解为什么也不做，那么肯定是他理解错了。

老子"无为"的思想，有两个核心要点：一是管住自己的主观，不要自以为是地肆意妄为；二是要走进客观，体悟客观规律，并且按照客观规律来做事。

这个思想在实际操作过程中，又面临着两类不同的对象：一是自然世界，二是人类社会。自然界因为没有人的主观，所以一定是按照自身的自然客观规律生存和发展的，一旦到了人类社会，事情就有点复杂了。之所以变复杂，就复杂在人们都有自己的主观，而且主观中都有很多的想法和各种各样的念头。当然，我们都知道，每个人的主观都不全面，都是有限的。尤其是一些不修道的人，不仅没有意识到自己的有限性，而且还会把自己的有限当成是绝对的、真理性的，这就出现了傻瓜式的自以为是。若是任凭这样的状态自行发展，人类社会就会变成像自然界一样，大家各行其是。一旦变成这个样子，人类社会就会失去秩序；人类一旦变成动物，社会就会出现丛林法则。而人类社会一旦出现丛林法则，就会出现混乱局面，人类自身也会陷入悲惨的境地。从古至今，那些悲惨的地方都是在执行悲惨的法则，根本没有人类社会中的道义存在。所以，人类社会就需要一种运用规律和智慧的治理形式。需要这样的治理，就相应地出现了社会的治理机构，尽管这些机构的工作一直很难让人们完全满意，但离开它们，社会的基本正常秩序也很难维持。

对于社会如此，对于企业来说也是如此。一家企业中的人来自五湖四海，不仅仅是模样不一样，而且每个人带着自己的主观经验和想法聚集到一起，成为企业的员工。在工作中，如果企业不组织员工进行协商、讨论乃至于争论，或者向优秀的企业学习等，形成众人的优秀思想和智慧的集合，并且使集合起来的优秀思想变成众人共同认同、共同遵守的集体契约，那么这家企业组织的秩序就无法建立。当然，如果企业没有秩序，那么它的运行效率就无从保障。

所以，在企业管理领域，一些专家就提出了企业文化，也就是集合了众人价值观与行为准则的企业模式。这个模式就像一个"模子"一样，任何人要进入企业，都要经过"模子"进行选择和筛选；一旦进入企业之后，还要进行"入模化"培训，就是要让个人的想法、念头和经验与企业共同认同的这套模式进行对接。

很多人可能会问，这样不就是在给人"洗脑"吗？实际上我们不要轻易地使用"洗脑"一词，因为"洗脑"有它特定的含义、特定的用处。你说我们去上学，不是在改变自己的想法吗？那么上学、看书就是"洗脑"吗？如果是那样的话，就把"洗脑"这个概念泛化了。

有的朋友会问，进入企业都要适应集体，那么人的个性会不会因此而被消灭了呢？当然不会，因为想消灭一个人的个性没有那么容易。其实，寻找人和人之间一些共同的东西，尽可能地达成一致，在这样一个共同的基础上，才能更好地让每个人发挥自己的个性与特长。如果没有共同的基础，各自放开去发挥，那么这个企业一定会乱成一锅粥。"入模化"，就是让进入企业的每一个人，能够让自己的主观适应集体的模式，把个人有限的经验融入企业的集体智慧，从而提升效能，弥补个人的短板。

我们都知道，任何一个人无论怎么追求独立和个性，都是离不开家庭、组织、人群和国家的。只要是组织和群体，就会有或清晰或模糊的行为模式。一个好的企业，一定是行为模式很鲜明并且有优势的。一个伟大的企业，背后必然有其伟大的文化。

有人可能会问，这样一套模式如果用老子的思想衡量，符合客观大道吗？

实际上，做管理和领导的人，能够把众人的优秀智慧和共识设计成一种程序化、标准化的模式，这本身就是尊重人性、尊重众人智慧、尊重大道的体现。如果"企业文化就是老板文化"，没有经过众人的讨论形成共识，那么这样的企业文化就不能被称之为企业文化，而应该称为"老板文化"。在企业规模比较小的时候，可能"老板文化"用起来会优点大于缺点；如果企业规模扩大了，人数增多了，老板还像以前一样霸道，还认为自己的就是最好的，那么这个企业文化就一定是有问题的。

所以，做企业文化，就需要企业的领导者对众人智慧、人性和他所面对的大道有清醒的认识。这样一套系统形成一种自动化、制度化的协作方式，就是人群工作过程中最为典型的效率模式。这就是我们所说的"无为"所依据的"入模化"机制。

24. 领导的仁义，未必就会得到员工的回报。就像男女双方的感情一样，她爱他，他未必会回报以同样的爱。可以说，《道德经》点化不了整个企业的人。那么，领导要仁义吗？

从提的问题来看，这个朋友还没有对《道德经》完成系统学习，因为这恰恰是老子在《道德经》中重点讲过的问题。

老子在《道德经》第十九章中说："绝智弃辩，民利百倍；绝伪弃诈，民复孝慈；绝巧弃利，盗贼无有。"

老子为什么要教导人们这样做呢？因为老子看到，社会中那些人为的道德准则，已经严重扭曲变形，甚至沦为虚伪。比如，领导对下级的关心和爱，已经被部下看破——那只是激励他工作的一种方法。那些所谓的仁义和爱，都只是诱饵，是为了换取更多、更大的回报。这样的算计与交易，已经不是什么秘密，自然也就没有什么效力。

这个朋友提到，领导关心员工、爱员工，未必能够得到他们的回报，因此断言老子的《道德经》点化不了整个企业的人。实际上，可能恰恰是他自己想错了、做错了，而不是老子说错了。

学了老子的《道德经》就知道，老子反对的是那种带着功利心的仁义，反对的是那种假仁假义，也就是我对你好你就必须对我好的交易型仁义。对于这样的假仁假义，别说你的部下了，你会喜欢别人这样对你吗？当别人对你的好都带着附加条件，你会不会有恶心的感觉？那当你对部下如此时，部下也是这样的感觉。你若是明白了这个道理，也就知道了，为什么善有时不会有善报、爱不会得到爱的回应。

朋友可能还会问，难道就不用做什么了吗？当然不是。这里有符合大道上善的两个核心原则。

一是你对人的仁义和爱不能附加条件，不能中断，要持续进行，如此才是人格的证明，而不是一时一事的功利行为。

二是让爱成为大家的文化，教会人们去爱别人，既不是单纯地等待着别人来爱自己，也不是仅仅接受领导的爱。这里有三个关键点：第一个关键点是把爱的原理和价值让大家讨论清楚，从而使大家在心里真正认可，而不是受外部强制；第二个关键点是教会大家爱一切人的能力和具体方法，因为很多人明白道理，但缺乏爱的能力；第三个关键点是要定期相互交流爱别人过程中的感受、方法和疑惑。这样爱的文化就会逐渐变成大家的一种人格与习惯。

25. 高明的领导像空气，离不开他，却又感觉不到他的存在。光说得道是不行的，具体要知道到底做了什么。

是啊，光说得道，那得道又是什么样的呢？怎么做才算是得道了呢？

第一，就是价值方向上的定位。 明白一切利他、随时利他，善待每一个相遇的人，才是符合天道的法则。坚信、坚持不动摇，这是前提，如果失去了这个前提，其他的就都无从谈起。

第二，就是用内求的方式自强不息。 只要个人放弃了进步和升级，放弃向真理接近，那么一切都会停留在低级的水平上运行。因为，没有从真理和大道那里获得能量，只靠自己有限的知识和经验，是没有足够的能量来应对现实问题的。保持谦卑和好学，既是对自己品德能量的发挥，也是吸纳能量强大自身，并与周围建立和谐关系的必由之路。否则，一旦走上傲慢、自私、狭隘的道路，就无法解决问题，而只会让问题复杂化，甚至还会制造问题。

第三，遇到任何人和事，都能保持心灵平静。用心做事，事不乱心，能冷静、柔和地处理。冷静能让自己进入到人和事的规律之中去，掌握其变化演绎的动态，这样才能找到处理人和事的妙法，妙法就来自于自己的冷静和对规律的把握与运用。

第四，无贪欲、无得失、无怨恨、无纠结，心灵一片光明。这需要通过学习圣贤智慧，通晓人间一切事物的正面价值，对外无求，对人无怨，对事无悔，一切顺其自然，唯有内求和自我突破与升级。

第五，将学习圣贤智慧和修行设置成自己的固定精神生活。学圣贤，做圣贤，在遇到的所有事上修炼，保持心灵整理的习惯，把人生变成修行。

第六，功夫练到一定程度，进入禅定而通达一切的境界。致虚极，守静笃，涅槃寂静，连接万物，联通人心，与世界一体。这就是生命的和谐与圆满。

26. 领导境界是否要与企业发展阶段相适应？"太上，不知有之"是在企业成熟之后，还是一开始就应如此？

这是一个比较经典的问题。不少人认为，企业的不同发展阶段，应该对应不同的领导类型，呈现不同的领导境界，领导似乎不能跨越发展阶段。其实，这就是我们头脑中的习惯性认识在作怪。

到底是企业阶段决定着领导的境界呢，还是领导的境界决定着企业发展的阶段呢？毋庸置疑，领导者对于企业的生存和发展发挥着至关重要的作用，甚至可以说，领导者的境界、格局和视野，直接决定着企业的现实走向以及未来的发展局面。因此，不是企业不同的发展阶段要对应不同的领导境界，而是你作为领导者处于什么高度、什么境界，决定了企业的境界和发展高度。

其实，老子所描述的几种不同的领导者，折射出来的就是领导者"有道"

还是"无道"的状态。现实中不少领导往往会将个人的意志凌驾于众人之上，又总是盲目地亲力亲为、事无巨细地发号施令，更为严重的是，领导独断专权、霸道无理。这样做，不仅让部下的聪明才智得不到发挥，而且长此以往，还会使部下得不到自主性发挥空间，进而心生怨怼，进一步就会导致上下沟通不畅和梗阻，组织力量涣散，最终阻碍企业长期、健康和可持续发展。也就是说，这样的领导往往"累死了自己，却废了部下的武功"，成了阻碍企业健康发展的"天花板"。

因此，企业领导者需要明白，那种保姆式的领导与管理，很难让部下健康成长。领导者若是悟了道，就懂得不以自己的主观意志作为企业管理和经营的唯一旨意，走出自己的一孔之见，充分发挥企业中每个人的积极性、主动性和创造性，集合众人之智形成团队合力，"自无为而促他为"。而众人的智慧总和、行动力及其所承载的能量，一定大于一个人的智力和能力，这也正是"无为型"领导和"无为"管理的真谛所在。

有道的领导者不会阻塞自己和众人、个人意志和客观规律、自我和大道之间的通路，能够走出自己，找到自己的"领导"——那就是客观规律、大道和众人的心，接受自己的"领导"对自己的引领。不盲目地用个人有限的经验、经历和知识来做决定或是管控他人，因而会放下自己的有限，步入无限，帮助众人去发挥他们的聪明才智，推动众人共同努力、创造成长与推动进步。

当然，作为一般领导者来讲，现实水平可能还达不到"太上"之境界，但遵循客观大道，向成为有道的无为型领导这个终极进化方向努力，不可动摇，不能偏移。否则，累坏了自己，又荒废了部下，这样的领导就是有罪之人了。作为企业领导者，不可不察，更不容忽视。

有人说，悟道的领导者就没事做了吗？当然不是。悟道的领导者，知道自己之外的人和事物都是大道的呈现，能够静心读懂众人之心，甘愿去做服务，鼓励和奖励部下自发组织起来，设立机制让大家比学赶帮超，这样就会形成生龙活虎的局面，这就是无为型领导的基本模式。如此这般，轻松了自己，解放了生产力，促进了部下成长，这才真正是智慧型的领导啊！

总结一下：做有道的领导，走出自心的局限，调动众人的合力，促进众人的共同成长，众人的共同成长就能造就企业的健康和可持续的发展。否则，离开众人的成长，企业就难以基业长青和永续发展。

27.如何将《道德经》运用到人才管理和人际交往上呢？

这个问题有点大，我简要回答一下。

人才管理，不是人才管控，是要选才、育才。当组织形成了很好的学习氛围，大家都在学习、交流，查找自身问题，交流改正和进步的体会与做法时，人们就在一种健康的氛围下工作。如果不学习、不自省，总是互相责怪，自身问题不敢面对，自身毛病不断加重，那人最后也会因为短处的不断积累，导致长处也无法正常发挥。因此，组织的领导者一定要明白，如果任凭每个人活在自我中，就无法与他外部的世界相连通，也就是不合道，这样的人实际上是个有缺陷的人，时间久了，人才变成木材。

在人际交往上，我们要把别人当成大道的呈现，把尊重别人当成尊重大道，谦卑让人，学习别人，尊重别人，向别人请教，诚恳地承认自己的不足，这就是悟道者的风范。否则，自以为是，心高气傲，对人冷漠，非议别人，指责别人，甚至算计别人，就是自己与大道相对抗，自然就会启动背离大道而自毁的程序。

实际上，不仅仅在人际交往中，在所有面对的问题上，我们都要始终坚持大道的法则，这样才能借事修行，从而在践行大道的法则中，掌握万事万物的总规律，进而不断地提升自己的智慧。

28.在管理中处处顾及别人的感受，就会与制度相违背吧？

这个问题很有趣，也是不少管理者在工作中常遇到的问题。

在管理中要不要顾及别人的感受呢？当然要。否则，把别人的感受搞得越来越糟，还谈什么管理呢？

那问题就来了，如果处处顾及别人的感受，往往又会与制度相悖。这个问题似乎是个无解的难题，也是管理中最为常见的问题。但在道家智慧面前，还是有解法的。因为，道家的智慧，就是在一般人看似矛盾的关系中找到解法，阴阳合和的方法论，正有如此的功用。

有人会说，顾及别人的感受与遵守制度之间这种不可调和的矛盾，也能合在一起吗？实际上，这个扣系在两个地方，而这两个地方恰恰是解扣的关键。

第一个扣是别人的感受。这要搞清楚是什么感受。如果是没有创造高价值却还要高收入，或者各种蛮不讲理的思想与行为，这是对方的认知出现了错误，这不是顺应他的问题，而是开导他的问题。否则，岂不是照顾了个别而损害了大众？管理者若是采用这样的做法，就会激发出一种四处蔓延的恶习。管理者是没有这种权力的，这样做就是对管理准则的背叛。

在这个问题上，关键是管理者是否能够首先认识到，一些人的感受到底是什么性质的：如果是建设性的，当然要顾及；如果这些感受是自私的，那顾及这些人的感受就是管理者自己不明事理，就会产生恶性的蔓延。

第二个扣就是制度问题。我们大家似乎都知道制度是什么，但又很少有人注意到制度的本质。我们熟悉的制度，就是约束人的一系列规则，但制度的来源与本质往往被人们忽视了。实际上，制度的本质就是集体契约。也就是说，制度不是哪位领导或者少数几个人制定出来约束别人的，而是大家一起制定出来约束每一个人的，是人的集体理性的产物。如果制度的制定者是根据制度的这一本质来操作的，那每个人就都是制度制定的主体，制度一旦形成，每个人就把个人理性交给了集体理性，此时，原来制定制度的主体也就转换成了制度的客体，也就是制度制约的对象。这样，对于每个人来说，就不是集体的制度在强迫某个人，而是所有人都自愿接受制度的制约。当然，制度也并非一成不变的，也要随着各种条件的变化不断地进行修正和完善。

制度一旦在集体契约的基础上建立，我们通常熟悉的被动地接受制度制约，就变成了主动地接受制度制约。如果个人有违制度的规定，上级只是提醒，个人要按照制度要求做自我处罚，上级只是负责核实和确认而已。如果当事人在规定时间没有进行自我处罚，那按照制度的规定，处罚力度就会加大。

当然，处罚不仅仅是经济性的，还包括自我反省、改正措施与承诺。

在实际工作中，管理者是部下的一个辅导者，一个教练。在部下遇到问题时负责指导和辅导，包括在具体技术、认知方式和心理感觉上给予支持和疏导，但没有权力去改变制度或者法外施恩。这是组织中的管理者与部下都应该明白的道理。

总结一下就是：**人情不是私情，应该是在可以公示的制度框架里**，否则，私情必然破坏制度。同时，**制度不仅仅是理性，也应该对人情做制度化规定**，如此这般，一切都在阳光下，才是健康而能持久的作为。

29.《道德经》跟道商之间有什么联系？

《道德经》和"道商"的关系，是很有趣的话题。

李海波先生写过一本书就叫《道商》，书中说，道商就是秉承"道"的思想与精神，运用"道"的规律和力量来经商治事，实现人生大成的智慧商人。

道商的始祖是范蠡，又名"陶朱公"。他出生于春秋时代，跟随当时中国第一位战略经济学家计然学习"计然七策"，即如何从经济学的角度来发展国民经济。而计然的老师则是老子，所以说范蠡从计然那里学到的是正宗的黄老道学。中国人民大学葛荣晋教授《道商——老子的水性管理》一书中提到了"道商"的一些特点，如"水善利万物而不争"，施舍即是播种，播种自然能获得。"柔弱胜刚强"的智慧论也告诉我们，弱化主观，贴近客观，即是近道，得道之助即获天力，天力不是害人而是助人，助人即是助己，如此，可得"大智若愚"之真谛，也是"上德若谷"之妙处。还有"光而不耀"的品格，可以让有所成就者不至于被成就所伤。还有"无为而治"的最高管理智慧，更是去小我而至无我有道的境界，了悟人间大顺之要妙。在竞争上，"不争而善胜"，乃是提升竞争空间，进入无争的境界，才是人类摆脱恶争的出路。胡孚琛教授在全国老子道学文化研究会中专门设置了道商企业家委员会，更是体现了对道商的重视与推崇。

在商业竞争领域，人们总说"天下熙熙，皆为利来；天下攘攘，皆为利往"。当代道商代表，海尔的张瑞敏先生一针见血地指出，企业应当先谋势，再谋利，正所谓"小老板做事，中老板做市，大老板做势"，这也是道商在更高空间谋划企业发展的智慧大道。道家"道法自然""上善若水""无为不争"，也是在告诉我们要"顺势而为"，"势"者，大道之动也，顺势而为，也是在告诫人们不要做"逆势而动"这种枉费心机的愚蠢行动。有人说，道家的经典是倡导逆向思维，这不是顺势啊？实际上，这个问题很简单，因为大部分人只要不修行，多半就是在逆道而行，将其反过来就是正。也就是说，大部分人搞反了，反着反的来做，不就是正吗？

中国道家智慧，不是简单地倡导仁义道德，而是在教给我们经商的规律，而只有顺从规律，才会有真正的道德境界。希望大家关注道商，从道家智慧获取经商的力量，让自己成为道商的样板。

30.《道德经》第七十九章讲"和大怨，必有余怨"，推广到社会上，恩怨是非说不尽。那么，为官任政，又应该如何处理社会的矛盾？无论怎么处理，总是会有人不满意，不处理又恐积怨埋患，这样的情况下又该怎么办？

这是个很现实的问题，相信很多朋友都遇到过，或者正在经历。

第一，许多事情是没法让每个人都满意的，让人人满意，只是个理想目标，不可能在现实中的具体事情上那么容易实现。就连历史上的圣人、伟人和英雄，还都有那么多人感到不爽，更何况我们这些普通人呢？对此，心中要有个长期的考虑。

第二，虽然现实确实如上述第一条所说的那样，但还必须竭尽全力化解每个人心中的不满，这是个现实原则。必须有毫不动摇的耐心去做细致的工作，因为人们面对个人利益，不会那么快速地一下子就想明白。千万不能因为无法让人人满意，就开始独断专行，或者少数几个人决策。也不能说我已经尽力了，你再不满意，也与我无关，还是要尽量让人人满意。

第三，让每个人把正确的道理说出来，集合成众人的智慧。让每个人把自以为正确的道理说出来，再听听其他人的反驳。让每个人参与最终决策，让每个人成为身在其中的人，而不是旁观者。

第四，形成集体契约要进行集体签署，并做公开承诺。有机会的话，安排大家做主题演讲，让人们从台下的观众变成台上的演员，变被动为主动，就会产生意想不到的好效果。

第五，分层次进行组织，拿出意见进行逐级整合，再让每个人签字确认。如果涉及重大利益，那么还要引入法律程序，进行公证，或者履行其他法律手续。

第六，个别人的问题，干部要重点做工作。

这就是老子《道德经》中的"圣人执左契，而不责于人"的智慧。

以書中列文字，分建人老目錄

天喜文化